出版基金资助项目

亚太国家海上军力建设思想转型研究

潘远强◎著

A Study on the Transformation of the Maritime Force Construction in Asia-Pacific Nations

时 事 出 版 社
北 京

图书在版编目（CIP）数据

亚太国家海上军力建设思想转型研究/潘远强著 . —北京：时事出版社，2018. 8

ISBN 978-7-5195-0238-6

Ⅰ. ①亚… Ⅱ. ①潘… Ⅲ. ①海军—军事力量—军队—研究—亚太地区 Ⅳ. ①E305. 3

中国版本图书馆 CIP 数据核字（2018）第 150840 号

出 版 发 行：时事出版社
地　　　址：北京市海淀区万寿寺甲 2 号
邮　　　编：100081
发 行 热 线：（010）88547590　88547591
读者服务部：（010）88547595
传　　　真：（010）88547592
电 子 邮 箱：shishichubanshe@ sina. com
网　　　址：www. shishishe. com
印　　　刷：北京朝阳印刷厂有限责任公司

开本：787 × 1092　1/16　印张：18　字数：242 字
2018 年 8 月第 1 版　2018 年 8 月第 1 次印刷
定价：108. 00 元

目　　录

第一章　海上军力建设思想转型的分析框架

国际关系的历史经验表明，海洋安全战略的发展历程跟海上军力形态的发展演变密切相关。马汉曾直接提出：“海上力量的历史，很大程度上就是一部军事史。”① 在这部波澜壮阔的历史画卷之中，人们逐渐认识到海上军事安全关系着国家安全、商业贸易和资源开发利用，关系着国家的繁荣、稳定和发展。在马汉、科贝特、戈尔什科夫等思想家的影响下，世界各国自近代以来尤其强调海上军事实力的重要性。围绕海上军力建设问题，几乎所有的国家都面临着一个共同的问题：应该分配多少资源，以何种路径建立一支何种形态的海上军事力量，如何运用这支力量达到何种战略目标？为了研究方便，本书把上述内容界定为广义的海上军力建设思想问题，且将其作为本书的研究主题。

第一节　海权理论与西方海上军力建设思想

与其他的军力建设过程不同，海上军力建设呈现周期长、资源消耗大、技术革新快、调整弹性弱等特点，需要预先从比较长远的角度进行筹划。戈尔什科夫曾指出：海军是最难恢复的一个军种，其损失的补充、军舰和舰上武器的再生产，均需耗费很多的时间和巨大的物力财力。经济上强大的国家在战争进程中完成这一任务，

① （美）马汉著，一兵译：《海权论》，北京：同心出版社，2012 年版，第 1 页。

也只有在特别有利的军事政治条件下才能办到。[①] 因此，分析和研究西方海上军力建设思想的经验教训不仅可以解析各国海上安全战略的目标、意图和实施路径，还可以从国防建设的角度探讨如何维护海洋安全的规律特点。

西方海上军力建设思想受海权理论的影响颇深。马汉在《海权论》中频繁地使用“海权”这一概念。到底什么是海权呢？马汉在其著作中提出：“海洋最引人注目的地方就是它四通八达的海上航线，如同一条宽阔的大马路或者辽阔的公有地，你可以朝着任意的方向往前走。只是在这块辽阔的土地上，你之前走过的路径可能会受到某种条件的制约和控制，让你不得已选择其中的某些道路作为贸易航线。”[②] 从这个意义上来说，海权是指对海上航线的制约和控制。如果从更广的意义上来说，海权可以理解为己方自由使用海洋，而拒绝或者限制他方使用海洋的能力。说到底，海权就是对海洋的控制权。

任何理论都是历史环境因素的产物，都是人们在特定历史环境下基于威胁和利益驱动进行抽象总结的结果。马汉提出的海权论也不例外。马汉之所以系统地提出“海权论”主要受到如下三大因素的推动和影响：一是来自于对美国安全环境的忧虑。1890 年，马汉在巴拿马运河开通后表现出对美国安全的担忧。他认为：运河开通后，欧洲国家将把战略重心转向加勒比地区，美国的西海岸将直接暴露在它国海军的攻击之下。可见，海权论的提出反映了美国战略界对未来海上潜在威胁的回应和准备。[③]二是美国国内扩张主义的兴起。19 世纪末，美国的工业生产总值跃居世界前列，各种扩张主义思潮开始抬头，提出要与欧洲老牌帝国主义国家争夺世界的市场与

---

① （苏）谢·格·戈尔什科夫著，房方译，《国家海上威力》，北京：海洋出版社，1985 年版，第 336—337 页。

② （美）马汉著，一兵译：《海权论》，北京：同心出版社，2012 年版，第 17 页。

③ （美）乔治·贝尔著，吴征宇译：《美国海权百年：1890—1990 年的美国海军》，北京：人民出版社，2014 年版，第 7 页。

殖民地。基于这个考虑，新兴崛起的美国亟需一套理论来为其帝国主义扩张政策服务。显然，海权论为美国的对外扩张政策提供了理论依据。三是马汉个人的经验。马汉长期在美国海军系统任职，对海洋的重要性有着充分的认识，对于海军的建设机理有着非常深入的研究，这为马汉提出系统地海权论提供了知识支撑和经验背景。

马汉认为："生产、航运和殖民地"三者密切相连。生产可用于交换，继而获得商业利益；交换需要航运才能完成，所以说航运是贸易的血管；殖民地扩大了航运，这是资本主义和帝国主义国家扩张的主要对象。要保证这三者，马汉的结论是必须有一支健全的海上力量（舰队）去获取海权。在马汉看来，有两大因素影响了一个国家是否能够获得海权，这也构成了海权的基本要素。

一是地理位置、形态构成和领土范围等自然因素。马汉认为发展海权的优势地理位置是：所处的位置非常便于战略进攻，有能够轻易地进入公海，同时还控制了世界航运的一条咽喉要道，那么这个国家的地理位置就具有非同寻常的战略意义。[①] 马汉认为英国位置优越，可集中力量发展海权；而法国和德国则需同时处理陆地和海洋方向的利益和威胁，可能面临资源分散、力量不够集中的挑战。在形态上，马汉认为一国要有漫长的海岸线，同时要有可用的大型港口，并在沿海地区形成"权力中心"，让民众愿意进行海洋利用开发。二是人口数量、国民特征和政府特征等人文因素。马汉所指的人口"不单单指从事海洋事业的人口数量，还要加上这些船舰上的水手、雇佣工人以及生产海军物资的人员"。在这其中，马汉特别重视后备力量的作用。马汉提出："一个国家的舰队几乎就能够代表这个国家的军力，若是惨败的话，那么这个国家的命运就可想而知了"。因此，"后备力量的差距深刻地影响着一场战争的成败，这甚至比活动在海上的力量更重要。因为一支活动在海上的舰队需要的不光是技术精湛的海员，还需雇佣一大批从事各种制造和修理的劳

① （美）马汉著，一兵译：《海权论》，北京：同心出版社，2012年版，第12页。

作人员，他们做着修缮各种海洋上的装备或者跟海洋有关的行业。”[①]此外，马汉还认为政府和国民对于海洋和海上贸易的热情也直接决定了海权的成败。

结合西方的理论观点来看，国家寻求海权有三种目的：商业、安全与资源。世界历史表明，重商主义推动了西方国家的经济贸易发展，殖民地和商业贸易为西方崛起所需的资源和利润创造了条件。海上航线是确保商业贸易活动的有效途径，这必然成为各国追求海权的动力之一。在技术高度发展的今天，海上运输依然是大规模、低成本物资转运的重要平台。在新航线未开通之前，海洋是国家的“安全堡垒”。但是，随着航海技术的发展，海洋反而成为安全威胁的来源和跳板，如果没有海防，就没有国防。对于海防脆弱或者没有海防的国家来说，“海洋潜藏着我们知道或不知道的威胁”。对于帝国主义国家来说，宽阔的海洋成了其推行世界扩张和追求霸权的通道。除此之外，海洋还是重要资源的来源渠道，为人类的生存和发展供给了大量的食物、石油、天然气和矿物质，这成为最近几十年来世界各国更加重视海洋的重要诱因。事实上，人类目前对远洋地区、深海空间的认识并非像大陆一样深刻，这些领域可能成为资源开发利用的新来源。然而，安全、资源和商业都是相对稀缺或者分布不均的，极易带来分歧、矛盾、武力和冲突。马汉提出：“海权的历史是对国家之间的竞争和相互间的敌意，以及那种频繁在战争过程中达到顶峰的一种叙述”。“对立双方都试图分到更大的商业好处，这种利益冲突产生的愤怒情绪，必然导致一场血战；另一方面，无论是什么原因挑起战争之后，是否掌握了海上霸权都成为一个决定胜负的关键。”[②] 从这个角度来看，西方海权的实质就是海上军事优势，建设一支强大的海上军事力量往往是各国的优先选择。基于如何建设海上军事力量的问题，西方理论界主要围绕如下几个问题展开争论。

---

① （美）马汉著，一兵译：《海权论》，北京：同心出版社，2012 年版，第 32—33 页。

② 同上，第 1 页。

其一，陆上军力与海上军力建设的关系问题。从各国海军的历史经验来看，除了少数几个岛国之外，大多数国家都面临着陆海资源配置的难题。这首先是一个战略层面的问题，即需要确定国家战略的重点方向，以便为战略资源投放提供指引。例如，作为一个陆海复合型国家，俄罗斯需要投入大量的资源处理陆地方面的问题，与此同时，俄罗斯也在长期致力于寻求出海口。自近代以来，西方在波罗的海和黑海方向保持着强大的海上力量存在，对俄罗斯的海上力量形成牵制和封锁。在资源相对有限的条件下，如何兼顾陆海方向的资源投入分配平衡，如何应对来自欧洲国家的海上压力，这成为俄罗斯这样一个陆海复合型国家在发展海上军事力量过程中始终面临的一个难题。在此过程中，俄罗斯既有建立“大海军”的尝试，又有建设近海防御力量的实践；既有通过渐进积累来实现海军发展壮大的主张，也有依靠核潜艇的纵深打击能力来威慑对手的政策。除了俄罗斯，在近现代时期的欧洲大陆，同样是陆海复合型的西班牙、法国和德国，也始终面临着类似的难题。

如今，在陆地和海洋之外，航空、航天等新兴战略领域的重要性日益凸显，这就使战略资源分配问题涉及的维度更广、更宽、更复杂。随着科学技术的不断发展，不同空间领域内的战略力量又呈现相互融合、相互渗透的特点，如何科学统筹各战略领域的资源配置问题，这需要纳入战略决策的考察范围。那么到底该如何处理资源的平衡与配置问题呢？科贝特给出的解答是：要根据战略形势和战略目标来决定战略重点和资源投放。科贝特指出：陆上因素与海上因素之间微妙的相互作用形成一种错综复杂的形势，这种形势是那些笼统的准则难以解决的。能否正确应对这些形势取决于最广为适应、最基本的战争原则。这是清楚地、毫无障碍地认识和把握各个因素之间相互联系的起点，只有这样的战争理论才会发挥最大价值。[①] 从这个意义上来说，有必要将海上军力建设纳入总体国家战略

① （英）朱利安·S. 科贝特著，仇昊译：《海上战略的若干原则》，上海：上海人民出版社，2012年版，第12页。

的统筹范围，根据国家总体战略目标、威胁挑战、利益需求和综合国力，有选择地科学统筹海上军力与其他领域力量的资源配比问题。

其二，海上军力建设目标与手段之间的关系问题。当战略家制定战略计划之后，最重要的是选取恰当的手段来实现计划。海上军力建设是沟通海上安全战略目标与战略手段的桥梁，它不仅反映了决策层的战略意图，又是落实其战略目标所必须组织实施的过程。如果没有建立一支完备的海上军事力量，那就根本没有实现其战略目标的物质基础。当定下战略决心之后，海上军力建设的目标、路径和结果将在很大程度上决定能否拥有可靠的物质条件来实现既定的战略目标。需要指出的是，海上军力建设仅仅是实现战略目标的手段，其范围和程度受海上安全战略所支配。而海上安全战略的目标则由国家安全战略所决定。也就是说，国家安全战略如何认识、判断和评估海洋方向的利益和威胁，如何界定海上军事力量的职能任务，这是指导海上军力建设的总体原则。

有观点提出：集中探讨政策目标有助于明智地选择用于海军建设的资源，有助于确定战术上和财政上的优先顺序，有助于选择合适的武器系统，有助于保证海军成员注重海军整体而非部分，这样人们才能更明智地讨论海军采用的大量战略战术。① 结合前文的分析，西方早期海权理论把海上军事力量建设的目标集中于商业和殖民地扩张，且要求二者相互兼顾。马汉提出，法国路易十四虽然组建了一支纯军事性的海上力量，但并未振兴海上商业运输。“从表面上看，这支海军威风凛凛，但实际上它就如同没有根的浮草一样，没多久便会枯萎。”② 马汉的同事史蒂夫·鲁斯也提出：海权，从军事意义上来说，是商业的子孙而不是它的父母。③ 显然，他们二人均认为海上军事力量建设是手段而非目的，其最终的目标是为了获得

---

① 雷湘平等译：《海军战略》，北京：海军出版社，1990 年版，第 10—11 页。

② （美）马汉著：《海权论》，北京：中国言实出版社，1997 年版，第 63 页。

③ （美）乔治·贝尔著，吴征宇译：《美国海权百年：1890—1990 年的美国海军》，北京：人民出版社，2014 年版，第 13 页。

殖民地或商业利益等战略目标。后来，K. 布思把海军的职能任务扩展到支持外交谈判、控制形势、维持威信、战略威慑、战略防御、兵力投送、维护秩序、灾害救援等方面，这进一步明确了美国海上军力建设的方向和要求，对冷战结束前后美国海上军力建设产生了重大影响。当然，各个国家的国情不同，对海上军事力量的任务界定会存在差异，其海上军力建设目标的优先顺序自然也会不同。

其三，海上军力各要素的结构比例问题。在明确战略目标和战略重点之后，还需确定海上军力各要素的结构比例。海上军事力量的构成比较复杂，涉及水面、水下、空中等多维空间，涵盖作战、后勤、支援等多个领域，包括进攻、防御、保障等多重力量，还要考虑本土基地、海外站点、前沿战场等多个区域环境。如何科学地进行统筹规划，合理搭配海上军力各要素的结构比例，这需要更多地考虑战役或战术层面的问题。目前看来，如下两大因素发挥的影响较大：一是自身的资源禀赋。这不仅包括现代化的工业基础、造船技术水平和庞大的资金支持，还包括是否有着便利的海上力量发展条件。显然，综合实力强的国家在海上军力建设过程中拥有较大弹性。二是关于对手或者潜在对手的评估。历史上的许多国家往往都把对手或者潜在对手作为海上军力建设的参照目标，这有时甚至成为某些国家进行防务建设的主要考虑和衡量标准。从更广泛的意义上来讲，只有把对手的实力和意图进行科学评估之后，才能确定对手军力的结构、优势和弱点，才能有针对性地筹划己方的军力建设蓝图。可以认为，科学的评估工作在很大程度上是科学实施海上军力建设工作的前提。

19 世纪末至 20 世纪初，西方海军受两条作战原则所影响：（1）战列舰决定制海权；（2）巡洋舰是舰队之眼。战列舰用于摧毁对手的海上主力，巡洋舰对于保护交通线制不可或缺，二者相互补充方能取得制海权。然而，在海战计划和指挥过程中，如何最大程度地发挥二者的功能效用却并非易事。英国海军中将霍雷肖·纳尔逊（Horatio Nelson）就曾遇到了这样的资源配置难题：即如果为了确保战列舰的有效行动而为其配备大量的巡洋舰，那么就会削弱实施控制的连续性和有效性。如果为了增强控制的效果而投入大量巡洋舰，那么就会减少与敌人接触并打败敌人的机会，而这又是确保完成交通线任务的唯一手段。在总体情况基本确定的情况下，如何有效分配战列舰和巡洋舰的数量比例，成为当时海军指挥官面临的难题。对于这样的两难困境，科贝特给出的解决思路是：根据力量对比和敌方舰队的行动，以及敌人可能的意图来进行资源配置。因为如果不能正确估计夺取制海权所必须具备的各种要素，如果不具备精确判断各个要素相对重要性的能力，那么我们就永远不能得出正确结论。[①] 纳尔逊在作战指挥中面临的问题实际上需要在和平时期的海上力量建设过程中进行提前筹划，即根据海上力量对比来确定军力建设的重点、结构和比例，同时预估对手的行动和意图。从这个意义上来看，摸清对手实力，预估对手意图，对敌我力量进行科学地净评估，这是合理建设、配置海上军力结构的重要环节。另外，从历次世界大海战的经验来看，拥有较强的海上巡逻、监视、通信和信息获取能力的一方往往占据了较大优势，这个问题在平时的海上军事力量建设过程中也需要重视。

其四，海上军事力量建设的路径选择问题。在特定的时空条件下，各国海上军力建设的路径选择会呈现鲜明的个性特征。例如，建国初期，美国在很长一段时间内把战略重点放在北美大陆，对海上军力的资源投入并不多。当海上战争威胁来临之时，则急剧投入资源大幅增加海上军事力量建设。当战争结束之后，大幅削减海上力量部署，回到大陆防御的战略。之所以选择这条路径，主要是因为美国当时的战略重点放在大陆扩张上面，认为在“两洋堡垒”的保护下，美国可以在近海拒止从海上而来的进攻。19 世纪末，美国的综合国力急剧上升，加上“海权论”等思想的推动，美国加大了海上军事力量建设的投入，逐渐发展成为一支攻势海军。在这个时

---

① （英）朱利安·S. 科贝特著，仇昊译：《海上战略的若干原则》，上海：上海人民出版社，2012 年版，第 86—88 页。

期，美国具备了支撑建设“大海军”的国力基础，加上两次世界大战削弱了传统的海上强国，为美国的海上军力崛起创造了条件。美国海上军力建设经历了一个综合积累的过程，逐渐从近海防御走向全球进攻，这跟其整个国家战略目标的演变轨迹基本一致。

在资源投入总额总体确定的前提下，历史上的一些国家为了击败海上对手，往往考虑采用一些非常规路径。例如，日本在两次世界大战之间为了同美国竞争亚太海上霸权，在总体数量弱于美国的情况下，采取“以质换量”的做法，通过挤压保障性船只建设资源，集中力量发展战列舰，希望在具备形成局部力量优势后同美国在西太平洋地区进行主力决战。这种极端的海上扩张战略是不正义的，必然走向失败。在欧洲，为了与英国竞逐海上霸权，受“青年学派”观点的影响，德国曾尝试集中力量发展鱼雷和潜艇等新型装备，试图以封锁、突袭等战术抵消英国主力水面舰艇的优势。随着大型战列舰舰队防护能力的逐步提高，加上反潜技术的不断发展，这些战术在战争后期的效果开始递减。可见，战略目标、综合实力、威胁判断、作战理念和国际环境等问题是影响海上军力建设路径选择的重要因素。

第二节　海上军力建设思想转型的内涵

尽管存在一定的路径依赖，许多国家的海上军力建设思想仍然不断经历着转型发展。从历史角度来看，大多数国家的海上军力建设过程都有一些标志性的转折点。比如，美国在19世纪末、20世纪初开始筹划建设全球“大海军”，苏联海军在戈尔什科夫时期得到大发展；印度在20世纪60年代之后将战略重心从陆地转向海洋；澳大利亚在2000年之后提出要在大陆防御和远征作战之间寻找“第三条道路”。此外，在战术层面，各国海上军力建设思想转型的案例也层出不穷，从结构配置到舰船设计，从数量规模到质量性能，从火力打击到舰船防护无不体现着其中的变化和调整。

一、海上军力建设思想转型的内容

海上军事力量是一个相对宽泛的概念，本书以海军作为主要研究对象，同时论及与海军相关的后勤、支援、保障和后备力量。海上军力建设不仅包括人员培训、装备建设和制度构建，还要考虑船坞、仓库、港口、基地、航线和锚地等其他要素。观察各国海上军力建设的历程，既可以发现海上技术装备的发展创新，也可以发现海上军事力量部署的规划布局，还可以发现新型战略战术的实践运用。在此过程中，无论是海上军力建设目标的调整，还是对军事组织体系的改组，抑或是对新技术、新装备和新战法的创新实践，均可视为海上建设转型的具体表现。这些转型的具体行为折射了战略目标、建军思路、作战思想的变化，可以进一步解释其转型的逻辑。

为研究方便，本书将海上军力建设思想定义为：各国为落实海上安全战略目标，在建设海上军事力量的过程中逐渐形成的理性认识和思想方法，具体涉及海上军力建设的目标原则、资源调配、路径选择、实施方法等内容。军事转型可以被界定为：根据任务和形势的变化，对原有军事技术、军事组织、作战理论进行变革的过程。转型具有典型的标志性意义，它意味着产生作战效能的模式、规律和机理与传统的做法相比发生了显著的变化。从本质上来说，成功的海上军力建设转型在很大程度上是一个技术创新、制度创新、理论创新、战略战术创新的过程。无论是军事技术，还是军事理论或者军事组织创新，它的本质都是为了赢得战争的胜利。因此，迈克尔·麦克纳尼（Michael McNerney）将军事创新定义为一种对战斗效率（combat effectiveness）有着绝对影响的新作战理论、组织与技术的变化。[①] 围绕海上军力建设思想转型这一主题，本书重点探讨与海上军力建设创新相关的理性认识和思想方法，同时也将分析导致海

① Michael McNerney, "Military Innovation during War: Paradox or Paradigm?" *Defense and security Analysis*, Vol. 21, No. 2, p. 202.

上军事建设转型失败的部分案例及其影响因素。一般来说，如下三种因素能够在海上军力建设过程中产生增效作用。

（一）海上军事技术革新

军事技术革新是海上军力建设转型最活跃的领域之一。观察历史发现，每一次社会领域内的技术革命都会给海上军事技术带来巨大进步。从领域来看，海上军事技术革新主要围绕如下几个方面展开：一是提升火力打击的毁伤性和精确性。从早期的实心弹到后来的高爆弹，从火炮发展到水雷、鱼雷、导弹及核弹头，海上火力毁伤的距离和范围大幅提升。在射击技术方面，从早期依靠人力和经验射击，到后来的光学测距、激光技术直至如今的精确制导武器，海上射击的准确性和时效性大幅提高。二是改进海上作战平台的动力性能。从平台上看，主战装备从早期的水面风帆木船演变到后来的铁甲船、战列舰、驱逐舰和航空母舰，扩展到可在水下航行的潜艇和在空中作战的飞机。从动力上看，从早期的人力与风帆相结合，到单气缸复式蒸汽机、高压复合蒸汽机、蒸汽轮机，直至后来的核动力，舰船的航行速度和续航能力得到了显著增强。三是通过革新指挥、通信和侦察技术来增加情报优势和决策优势。近代海上通信主要依赖旗语或者提前商定的作战指令，这限制了作战过程中的协同作战和临机应变能力。随着无线电等通信技术的发展，空中、水面和水下力量可以联合协同，海上兵力与火力集中的优势得以体现。有观点提出：海军的集中不是如羊群般聚集于某处，而是在同一目标的基础上分配兵力，然后将每个单独舰只所拥有的有效能量结合在一起，处于集中状态的船只如同不断开合的扇子。在这种意义上，集中不是一个均匀分布的体现，而是一个受共同核心支配的复杂有机体，具有足够的灵活性，能够覆盖宽广的地域，同时又以不牺牲各个方向之间的相互支援为代价。① 显然，信息技术的发展使上述理

① （英）朱利安·S. 科贝特著，仇昊译：《海上战略的若干原则》，上海：上海人民出版社，2012 年版，第 101—102 页。

论变成了可操作的具体样式，分散各地的海上力量可以联合起来对目标发动集中打击。四是海上力量防护技术的发展。从早期增加舰船的吨位和厚度等被动防御技术，到如今防空反导等主动防御手段，世界海上军事力量的防护和抗打击技术在稳步提高。每一轮的军事技术革新往往使原有的海上军力建设方式发生转变，继而带动新的军力运用和战略战术思想转型。

（二）组织形态与军事制度变革

海上军事组织变革主要包括领导组织体系、力量编组方式和相关制度的调整改革。16 世纪，英国君主亨利八世在欧洲率先建立了隶属于王室的常备舰队，并专门设立军械部和海军委员，开启了现代海军管理制度的先河。制度上的创新为英国获得海上霸权奠定了基础。有人在总结 1588 年英国战胜西班牙“无敌舰队”的原因时提出：英格兰在武器上的优势，不过是其与西班牙人在更基本层面上的不同表象而已，这得益于其更有效的海军管理。① 可见，制度创新对提升作战效能具有显著效果。西方国家在海上力量的编组方式有许多实践，出现过以战列舰为核心的主力舰队编队，也有以航母为核心的特混舰队等等。几百年来，各国出台了为数不少的海上军力建设制度，主要可分为管理制度、训练制度、战备制度、装备采购制度、作战相关制度等几大类。从美国、日本和俄罗斯等海上强国的历史活动来看，创建强有力的海上军事力量领导管理体系，设置系统的选拔、训练、考核、作战以及学术研究制度，建立完善的造船、维修、保障和采购等配套措施，围绕提高作战效能这一目标科学编组海上力量，往往是加强海上军力建设的重要环节。

（三）作战理论变革

新的作战理论也会推动军事力量建设的转型。自从炮战成为海战的主流样式以来，西方海上军力建设的竞争重点就集中在火炮的

---

① （美）马克斯·布特著，石祥译：《战争改变历史：1500 年以来的军事技术、战争与历史进程》，上海：上海科学技术文献出版社，2006 年版，第 41 页。

射程、炮弹的杀伤力、舰船动力航速和防护能力等问题之上，“舰队决战”理论更是推动了“大舰巨炮”时代的形成。受空战理论的影响，飞机和航母在第二次世界大战后期成为海上作战的主战装备，加上远程精确制导武器的发展，出现了水面作战、舰队防空、导弹防御等新的作战形式，海空联合、联合反潜、垂直攻击等新理论相继出现，推动世界各国海上军力建设进入新的调整变革期。可见，海上军力建设的内容会随着作战理论的创新而调整。有观点指出：构成舰队不同级别的舰艇是而且应当是特定时期占主导地位的战略和战术思想的物质表现。构成舰队的舰艇类型不仅因为战略和战术的不同而不同，而且因为当时流行的材料而不同。从更宽泛的意义上来说，它们根据战争理论的变化而变化，而海军思想往往又会自觉地受战争理论主导。……即使是在战争理论尚未成形或含混模糊的时代，战争理论也对舰队的编组产生了一定的影响。①

二、海上军力建设思想转型的影响因素

如前文所述，海上军力建设思想转型是关于理性认识和思想方法的革新。那么，结合漫长历史的实践经验看，是哪些因素驱动了海上军力建设思想的转型？目前来看，每个国家的具体情况均有所不同，需要具体问题具体分析。这其中可能是国家战略目标调整的结果，可能是受到外部因素的竞争或威胁，也可能来自于新理论和新思想的驱动，还可能是因为防务规划的建设思路有所调整。总之，这是一个多重因素复杂作用的结果。

（一）对海上利益和威胁的认知判断

如果把国家假定为完全理性的行为体，那么其海上军力建设思想的转型必然跟其对海上利益和威胁的认知变化有关，这就为解释海上军力建设思想转型提供了一个观察视角。利益是关于自身海上

① （英）朱利安·S. 科贝特著，仇昊译：《海上战略的若干原则》，上海：上海人民出版社，2012年版，第82页。

安全需求和目标的综合，威胁是关于对手挑战和威胁的判断。这二者往往结合在一起形成了西方国家海上军力建设认知逻辑的起点。例如，日俄战争之后，美国和日本都把彼此作为亚洲地区扩张的主要对手，双方的海上军力建设在很长一段时间内都将对方作为主要的威胁，相互参照对方的海上力量开展军事建设。美日为此展开了旷日持久的海上军备竞赛。美国提出要总吨位上对日本保持绝对优势，日本则把主力舰吨位达到美国的70%，且享有质量优势作为建设目标。冷战期间，美国把苏联作为主要的海上威胁，提出不仅要加强针对苏联的海上威慑力量建设，还把反击苏联的潜艇和对苏联进行海上封锁摆在突出的位置，据此发展了规模庞大的“核海军”。苏联则在加强近海区域控制能力的同时，重点发展核动力潜艇，将其作为对美国战略威慑的主要手段。可见，对利益和威胁的认知判断将直接决定海上力量建设的资源投送重点，也可能决定海上军力建设的结构分布，甚至会引发新一轮的技术、战术和战略革新。

（二）对过去战争经验的总结反思

在海上军力建设的过程中，人们始终会受到历史、传统、文化和过去战争经验等因素的影响。通过反思上一场战争的经验与教训，往往可以将其作为未来海上军力建设的参考依据。例如，尽管美国取得了美西战争的胜利，但海军上尉西姆斯却从中发现火炮射击成功率偏低的问题，提出要加强火炮射击训练。其改革建议最终被美国高层所采纳，推动了美国海军射击装备和射击技术的革新。然而，如果单纯地按照上一场战争的经验来指导未来战争，那么就可能陷入被动局面。1967 年 10 月 21 日，以色列驱逐舰“埃拉特”号被埃及两艘导弹艇发射的“冥河”导弹击中沉入海底。尽管埃及军舰的吨位无法同“埃拉特”号相比拟，但凭借“冥河”导弹依然实现了“以小打大”的目标。此次战役使各国开始重视导弹在海上作战中的地位和作用。但在第四次中东战争之中，尽管阿拉伯国家的舰艇向以色列发射了近 50 枚导弹，以色列的舰艇却无一伤亡，而阿方却损失了 16 艘导弹艇，其原因在于以色列不仅加强了本国舰艇的导弹攻击能力，还装备了先进的电子战系统，使其有了更强的信息作战能力。①可见，如何在海上军力建设过程中既吸收过去的经验，又跳出经验的禁锢并在继承中创新和发展，这其中的机制、理念和动力需要进行总结和研究。

（三）海上战略战术的变化

战略战术也能推动海上力量建设的转型发展。在单层大帆船时代，海上作战多强调短兵相接，多用短距离快速袭击、迂回包抄等战术。这就对战舰的机动性和操控性提出了很高的要求。蒸汽船取代传统木制帆船之后，动力的优势使其可以采用多点射击、轰击碰撞等战术。轰击碰撞战术又对战舰的机动性、火力的毁伤性、船体的坚固性提出了新的要求。后来，英国海军以永久“战斗指令”的形式规定现代战斗的纵队战术，把火力打击的能力提高 5 倍左右。1800 年，霍姆·波帕姆提出的“信号－旗系统”被英国当局所接受，纳尔逊提出的“混战”战术与波帕姆的控制方法结合，进一步完善了帆船海战方法。在炮战成为主要的作战样式之后，围绕火炮系统建设的转型不断发展，17 世纪中叶，英国用绳子来制止火炮后坐力，改进了大炮射击技术，提高了弹药装填效率。19 世纪 90 年代，各国使用无烟火药发射高爆钢弹，使用液压装置旋转炮台，使用提弹机进行炮弹装填，进一步提升了射击效率。在制导武器出现以前，指挥官不得不依靠增加武器数量来增强攻击效果，而核武器的出现则改变了这个游戏规则，只需数枚核武器就可造成大规模的毁伤，以至于冷战期间的核海军成为美苏两国竞逐的目标。如今，海空联合、一体作战等新的作战样式不断发展，对海上军事力量的侦察、通信、指挥、协同技术提出了新的要求，要求在军力建设过程中更加突出其信息化能力。如果马汉时代对海军能力的定义取决于大炮的射程和视觉通信，那么工业化则使海军认识到动力和钢铁

① 凌翔、杨晓鑫著：《21 世纪海战》，西安：未来出版社，1999 年版，第 15 页。

的作用，使空中技术和水下的潜艇成为海军新的作战手段。[①] 工业革命带来的创新有利于火力、战略的机动性和战略联络。工业革命逐步改变了战争中时空的意义，使武器具有越来越大的杀伤性，打击目标也愈来愈精确。[②]

（四）科学技术革命的影响

科学技术是军事作战的力量“倍增器”。得益于黑火药的发明，火炮取代人力成为海战的主战武器，加盖的舷侧炮使火炮可以安装在舰体内部而非甲板上。四轮炮架便于移动，使装填速度较野战提高了1倍以上。这两项发明使传统的接舷战让位于炮战，舷侧齐射成为当时标准的海战战术。[③] 第一次工业革命催生了铁甲蒸汽动力舰艇，配以高爆弹和线膛炮，世界海上军事力量开始进入蒸汽钢铁时代，西方国家围绕“大舰巨炮”优势展开了全面的军备竞赛。19世纪与20世纪交替时期，在汽油发动机和蓄电池被发明后，水下推力问题得以解决，潜艇、水雷、鱼雷先后在战争中得到运用，海上交战的空间从水面拓展到水下。第二次工业革命使航母和飞机成为海上军事力量的主角，加上雷达、声纳、密码破译等技术的发展，现代海战中增加了电子战、密码战和情报战等新的样式。二战结束后，世界海军向核海军转型，除了突出航母特混舰队的作用之外，精确巡航导弹、超空泡鱼雷逐步取代管式火炮，制空权的作用更加突出。法国战术家莫罗古斯（Morogues）甚至提出：“海军的战术是建立在各种条件之上的，改变这些条件的主要原因是武器装备，武器装备的变化能够引起战舰构造的变化、战舰操纵方式的变化，从而引起整个舰队的变革”。[④] 需要特别指出的是，我们不能忽视科学技术的

---

① David C. Gompert, “Sea Power and American Interests in the Western Pacific,” *Rand Corporation*, 2013, pp. 119 – 120.

② （美）威廉森·莫里等著，时殷弘等译：《缔造战略：统治者、国家与战争》，北京：世界知识出版社，2004年版，第673页。

③ （美）马克斯·布特著，石祥译：《战争改变历史：1500年以来的军事技术、战争与历史进程》，上海：上海科学技术文献出版社，2006年版，第100页。

④ 转引自（美）马汉著，一兵译：《海权论》，北京：同心出版社，2012年版，第7页。

突出作用，同时更要认识到人的因素才是推动海上军力建设转型的核心变量。

（五）海上军力建设的策略选择

海上军力建设的策略，既是相关主体根据目标、资源和环境进行理性选择的结果，也会受到战略文化和传统思维等主观因素的影响。军事问题带有突出的博弈对抗性质，海上军力建设的策略往往是将对手情况进行衡量、对比、评估之后进行主观选择的结果。军备竞争是对手之间不断进行战略互动的过程，竞争参与方根据彼此的实力对比和策略偏好选择竞争路线和回应行为。军备优势会随着时代环境、技术变化和政策调整等因素发生变化，促使竞争各方不得不动态地调整策略以应对新情况的出现。在这个过程中，有的竞争主体往往采取一些“剑走偏锋”的策略来取得优势。第一次世界大战结束后，列强主要围绕战列舰的数量和性能展开竞争，尤其突出对火炮射程的重视。各国在战舰建设的过程中非常强调在敌方利用舰炮、鱼雷等武器发挥出最大火力之前，率先发挥出己方的最大火力。在亚洲地区，英国把日本作为主要的假想敌，时常跟踪日本的造舰动向。然而，日本的发展速度很快，其主力舰队的射程和航速很快远远超过英国的主力舰艇“伊丽莎白女王”号和“纳尔逊”号。为抵消日本战舰远程火力的效果，英国试图在一些其他领域突破，以赢回对日优势。具体办法包括：一是试验无线电干扰设备。由于战列舰远距离射击需要空中侦察校射飞机的配合，侦察校射飞机通过无线电跟水面舰艇联系，英国试图通过无线电干扰来阻止日本的海上通信；二是利用战列舰搭载的飞机驱逐敌方的侦察飞机；三是使用鱼雷战术干扰敌舰艇的远程射击；四是通过释放战场烟雾来降低对手的射击准确性。此外，当其他国家都强调火炮的绝对射程时，英国注重发展飞机校射和光学观测等手段，利用海军火力指挥控制系统来标绘目标，强调抢占有效射击距离和位置，突出火炮的实际毁伤效果。① 实践证明，作战效能并非是单纯的力量和和规模之间的比拼，如果能够准确抓住其效能产生的机制途径，并能在核心节点上寻找破解、革新和超越的思路和方法，这也是推动海上军事力量建设思想转型的重要途径。

三、关于西方海上军力建设成功转型的解释

纵观世界各国海上军力建设思想的转型过程，每个时代都酝酿着创新。然而，有的国家跟上了潮流，有的却与机会失之交臂。这其中的原因很值得研究。实践证明，从思想上树立转型创新的理念并不困难，但是把理念转化成具体行动却非常具有挑战性。有观点甚至直接提出：当技术变革初露端倪之时，就像桨船时代出现了帆、风帆时代出现了蒸汽机以及战列舰时代出现了航空母舰，你或许已经知道该如何去做，但要抓住新的机遇，说起来容易，做起来仍然是极为复杂的。②

据亚当·格里森（Adam Grissom）的研究，西方学界主要从四个角度来解释军事创新的路径：军民模型（Civil - Military Model）、军种间模型（Interservice Model）、军种内模型（Intraservice Model）和文化模型（Cultural Model）。它们分别认为高层决策者的介入、军种间对稀缺资源的争夺、军种内部的相互竞争和对文化的重塑是军事创新的四大动力。③斯蒂芬·皮特·罗森发现了美国海军和海军陆战队为什么能够进行内在创新的两大原因：一是发挥智力影响，重新定义整个军事组织认识下一场战争任务的方式。高级官员把关于新军事能力的原则和影响转化为整个军种的任务和使命；二是设定

---

① （美）弗里德曼著，肖丁、彭英武、毛翔译，《海军火力：巨舰大炮时代的舰炮和技术》，北京：航空工业出版社，2013 年版，第 246—251 页。

② （美）韦恩·休斯著，易亮译：《舰队战术与近岸战斗》，北京：海洋出版社，2016 年版，第 189 页。

③ Adam Grissom, "The Future of Military Innovation Studies," *The Journal of Strategic Studies*, Vol. 29, No. 5, 2006, pp. 908 – 919.

新的、稳定的职业道路，使年轻军官不完全屈从于老的作战方式，在不影响他们职业道路的同时使其能够掌握新的技能。[①] 例如，在太平洋战争爆发前，美国扩大了航母和海军航空兵的规模，要求海军学员接受航空方面的训练，并明确指定了分配海军人员承担航空任务的相关政策，要求全体少校军官必须接受10小时的飞行训练，并取得飞行证书。这些举措实际上已经把航空作战作为海上作战的重要形式，同时要求年轻军官必须掌握相应的技能，这无疑为美国在太平洋战争后期运用航母和舰载机作战奠定了理论基础和储备了人才资源。

可见，军事创新至少离不开三个要素：对作战增效因素的认识判断能力；对新技术、新战术和新技能的实际运用能力；对敌人的针对性分析研究。创新的本质是提高作战效能，如果在变化的时空条件下无法判断哪些因素会增进作战效能，哪些因素阻碍着作战效能的提升，那么就很难实现军事创新。这种认识判断能力可能来自历史经验，可能来自专业知识，还有可能来自理论研究。在认识到这些增效因素之后，要将其分解成具体的技术、战术、技能和组织形式，将其转化应用到相应的战斗要素和实践环节之中。其中，新技术和新装备的投入和运用相对比较容易，难点在于如何通过研究和实践形成关于新战术、新技巧和新组织的认知判断，并且用可操作的形式将其固定和运用于实践，并将其作为军事人员训练水平和职业道路的判定依据。此外，军事活动高度的对抗性，要求对抗双方在增强自身优势的同时，也要不断寻找对手的漏洞、弱点和不足，并相应地寻找取胜之策。据此，如何根据对手探索出新的技术、战术和组织形式来取得作战胜利也应纳入军事创新的范畴。

重构战争获胜理论也是军事创新的重要过程。有观点提出：西方军事组织是一个复杂的政治共同体（Political Communities），它把取得战争胜利作为其基本的价值，因而需要在创新的过程中构建一

① Stephen Peter Rosen, "New Ways of War: Understanding Military Innovation," *International Secutity*, Vol. 13, No. 1, 1988, p. 136.

套新的“胜利理论”（A New Theory of Victory）来描述未来战争的面貌以及获胜方式。新理论最终会转换成新的任务来影响部队的实际行为。如此以来，军事组织就可通过规划军事力量未来发展的路线图，为获取更多的预算资源而进行军事创新。二战结束以后，美国把核武器作为国防力量建设的重点。美国空军被赋予承担主要的核打击任务之后，宣称海军的航空母舰“毫无用处”。面对着如此形势，美国海军提出自己不仅能发动核攻击，还能发动对岸攻击，极力强调其在未来战争中的地位和作用。在这套“胜利理论”的推动下，美国海军提出了“由海向陆”的思想并逐步向核海军转型。

海上军力建设思想创新的根本目的是为了提高军事效能。提高军事效能的路径无非就是以新理念牵引新战法，从新的组织体制中挖掘作战潜能，以新的技术装备来提高战斗效率。无论是理论、组织和技术创新，其最终落脚点是要将其转换为作战能力。能够做到这一点的关键是人的因素，即能在多大程度上把政治、经济、人力和技术等资源转换成战斗力，这要求比对手更加具有敏锐性和灵活性，更加能适应外部环境中的不确定因素。其实，除了上述解释之外，军事创新还跟历史环境、时空背景、社会结构变化、人才智力等因素有关，是各种因素“合力”形成的结果，其背后的动力机制、催化因素、演变过程，无疑值得深入研究。

四、关于西方海上军力建设失误的解释

从历史的角度来检视海上军力建设转型的过程，很容易注意到成功的案例。事实上，许多国家在此过程中有的错过了工业革命或信息革命带来的转型动力，有的被传统思想所束缚而停滞不前，还有的转型不够彻底，导致海上军力建设并不成功。其主要表现在：忽视了新技术对军事技术建设的影响；对作战效能的增效因素判断不够准确；未跟上对手的转型和革新步伐；用传统的作战理论指导新的作战样式；作战组织结构形态不能适应新的形势需求；认识到变革因素却无法将其转换为增量的作战效能。总结起来，这背后可

能有如下具体原因：

一是高度专业化的工作性质带来了转型难度。海上军事力量建设工作是一个高度技术化和专业化的过程，需要成熟稳定的工业基础和技术支撑。然而，新技术、新理论和新战法的形成并不是一蹴而就，而是伴随着许多不确定性因素，这就给防务的规划和决策带来了难度。在技术和战术尚未完全成熟的条件下，如果贸然进行大规模的转型，可能会对原有的军事作战体系造成损害。有观点提出：正如 16 世纪的造船者不愿放弃划桨，导致帆桨混合船只风靡一时一样，19 世纪的造船者不愿放弃风帆，第一海军强国英国直至 19 世纪 80 年代才停止建造装备风帆的战舰。这并非完全处于无知的守旧，因为要舍弃旧的推进系统，必须等待新系统臻于完善，否则毫无意义。①

二是机械根据过去战争的经验来指导建设。瑞士军事理论家若米尼提出："一切科学都有自己的原理，唯有战争还毫无原理。要理解战争的原理，必须要有丰富经验。"② 人们往往从过去的战史中汲取指导下一场战争的经验。然而，战争也时常充满偶然性和变化性，如果片面用某一场战争作为指导未来战争的普遍经验，那么就容易导致转型失败。1866 年，意大利与奥地利发生了利萨海战。双方在海上的炮战打成平手，奥地利战舰最后通过撞沉意大利旗舰而获胜。这场海战的经验导致英国皇家海军教科书的作者断言："撞角正在迅速取代舰炮的重要性"。这个理论观点曾在一段时期内影响了西方海上军力建设的重点，各国的舰船上又重新出现了撞角。但后来的海战实践表明，撞角战术在密集火炮面前毫无还手之力。③

三是对作战增效因素的认识和预判不准确。战争具有不可重复

① （美）马克斯·布特著，石祥译：《战争改变历史：1500 年以来的军事技术、战争与历史进程》，上海：上海科学技术文献出版社，2006 年版，第 171 页。

② （瑞士）A. H. 若米尼著，刘聪、袁坚译：《战争艺术概论》，北京：解放军出版社，1986 年版，第 15 页。

③ （美）马克斯·布特著，石祥译：《战争改变历史：1500 年以来的军事技术、战争与历史进程》，上海：上海科学技术文献出版社，2006 年版，第 174 页。

的独特性质，人们在某个时期对于当时的新技术、新材料、新观念、新制度是否会增进作战效能会存在认识上的分歧。加上缺乏有效的检验和试错渠道，容易在这些方面出现判断失误。这或许就能解释为什么坦克诞生在英国，却在德国的“闪电战”中得到了大规模应用。美国的商船大规模采用蒸汽动力之时，军舰却依然主要由帆船构成。有研究发现：军事技术攻防优势不会自然导致军事战略的转型。因为军事技术最终是由军队来使用的，在技术向战斗力转化的过程中，国家对技术变化的认知与解读起到重要作用。如果国家不能正确解读技术对战争的影响，就不能制定出与之相适应的军事战略，所谓“新瓶装旧酒”的现象在历史上并不少见。①

四是决策规划层内部的分歧和矛盾。如果从防务决策角度来分析西方海上军力建设的过程，可以认为这是一个不同决策个体与部门或利益集团之间相互合作、竞争、妥协以及最终形成共识的过程。在西方国家内部，海上军力建设资源的规模极其庞大，如何进行分配将直接决定各兵种、各部门和各利益集团的影响力。如果这些主体因为资源分配、思想理念、作战原则等问题产生分歧，就有可能产生阻碍海上军力建设得以科学发展的因素。例如，蒸汽战船出现初期，由于受到传统风帆力量的抵制，有些国家的蒸汽船未能得到大幅发展，即使已经部署的蒸汽船也不得不接受帆船的指挥，这在很大程度上阻碍了海上军力建设思想转型的进程。

如何有效推进海上军事力量建设创新，同时有意识地克服其阻碍因素，这是一项具有挑战性的工作。目前来看，至少有如下两个方面的问题值得重视。

一是重视建设规划的前瞻性。海军的物质技术兵器建造周期长，舰艇的服役期限又相对较短，以及与此相联系的海军兵力易于老化过时，这都对科学谋划提出了特殊的要求，要求它为海军建设指明

---

① 徐进：《军事技术变化与军事战略转型》，载《国际政治科学》，2005 年第 3 期，第 70 页。

几年甚至几十年的前进道路。[1] 这要求根据国家战略科学谋划海上军力建设的目标，根据其他国家的实力和意图确定发展重点，建立一套能够将新技术、新理论、新方法吸纳进来的常态化机制。二是重视建设思想的创新性。如今，强国之间的战争在很大程度上依赖于总的经济实力和技术创新，这不亚于在战场上直接取得的成功。经济实力和创新能力又取决于“人力资本”——从数学家和“纯”科学家到工程师和有文化的生产线工人，取决于国家组织教育、研究以及生产体制的技能，取决于对至关重要的原料的控制或拥有。[2] 可见，谁善于把新理念、新思想、新技术、新的组织方式和高级人才资源应用到军事领域，通过军事创新来获取其对军事作战带来的先发优势，就能拉开与对手的军事差距。

第三节　作战指导与西方海上军力建设思想

海上军事力量建设的根本目的是基于作战考虑，如何从作战的角度来考察军力建设的任务、需求、内容和形式，无疑是必不可少的一环。作战原则和作战样式是影响海上军力建设的重要因素。根据科贝特的观点，海战的典型样式分为三类：获得制海权、阻止对手获取制海权、运用己方掌握的制海权。获得制海权的方法主要有两个：进行战略决战和实施封锁；阻止对手获取制海权主要通过积极防御行动，运用“存在舰队”（Fleet - in - being）阻止敌人获取和行使对预订目标的控制权，同时也包括运用鱼雷和进攻性水雷进行小规模反击等；运用己方掌握的制海权包括：控制敌方入侵陆军的运送通道；为进攻敌方贸易或保护己方贸易而控制贸易路线或终

---

① （苏）谢·格·戈尔什科夫著，房方译：《国家海上威力》，北京：海洋出版社，1985 年版，第 309 页。

② （美）威廉森·莫里等著，时殷弘等译：《缔造战略：统治者、国家与战争》，北京：世界知识出版社，2004 年版，第 673 页。

点；为支持远征部队的行动，控制海上交通线。[1] 对于不同的样式，所需军力和作战方法是不一样的，所体现的建设思路也应有所不同。

一、海上进攻的力量建设与运用

对于获取制海权的方法，大部分的观点主张通过海上决战的方式来赢得战争，这要求海上军事力量拥有较强的目标寻找能力、海上决战能力、海上封锁能力和力量投送能力。这些进攻性战略的核心是“抵达”，即要求武器系统拥有可持续的作战范围和打击力，海上军事力量拥有强大的后勤保障能力，能够对相关力量进行有效的命令和控制。[2] 显然，这对海上进攻力量的建设质量提出了极高的要求。

早期舰船的目标寻找能力主要依靠船只的机动性能，通过舰船上的人力目视观察发现敌人情况，后来依靠陆地起飞或战列舰上搭载的侦察飞机来发现目标。如今，随着各类光学和电子设备的出现，陆基、空基、天基和海上的侦察平台均可发现定位海空目标，这就要求在海上军力建设过程中要注重把各个领域的传感器整合起来，使海上力量的目标寻找能力更加优化。“海上决战”思想一直受到西方海权理论家的重视，他们大都认为这是夺取海权的必要手段。马汉认为：一支弱小的海军，无论如何集中兵力，都不是国防问题的解决之道。战斗才是海军的终极目标，集中力量发动攻势才能从根本上阻止敌人设置任何封锁或者造成任何侵略和威胁。[3] 基于这个指导思想，西方国家在两次世界大战期间一直把主力舰作为海上军力建设的重中之重，各国把水面舰艇的吨位、火力、射程和防护能力

---

① （英）朱利安·S. 科贝特著，仇昊译：《海上战略的若干原则》，上海：上海人民出版社，2012 年版，第 119—127 页。

② （美）罗杰·W. 巴尼特著，吴东风等译：《海军的战略和文化：海军所想所为为什么不一样》，北京：中国市场出版社，2009 年版，第 56 页。

③ （美）乔治·贝尔著，吴征宇译：《美国海权百年：1890—1990 年的美国海军》，北京：人民出版社，2014 年版，第 8 页。

作为主要的竞争指标，试图一举通过歼灭对手主力舰队而获得制海权。如今，海上决战要求的能力从过去相对单一的技术指标转移到舰队一体化能力的竞赛，比拼的是如何将各要素整合起来发挥更大的作战效能。海上封锁的形式多样，从最初的依靠水面舰艇捕获商船，到后来利用潜艇进行封锁袭击，以及运用水雷布防等等。封锁往往采取突然袭击的方式，把位置选择在些重要的港口、航道和关键航路之上，其目的在于定位对手的海上力量并阻止对手分散的海上力量集中，为夺取制海权创造条件。封锁和反封锁作战对海上军力建设要求较高，要求潜艇、飞机和舰艇等装备具备高度的隐蔽性、机动性和长时间的续航能力。海上力量投送也是进攻作战的一种形式，具体表现为：两栖作战、航母和导弹攻击、特种作战、靠近敌方海岸线扫雷等其他支援行动等等。海上力量投送对战场感知、战略运输、部队防护、火力支援、海基后勤等能力的要求很高，需要在军力建设过程中加以重视，尤其要用补偿性“军事—技术优势”抵消投送区域内防御方所拥有的自然、地理和环境等天然优势。①

二、海上防御的力量建设与运用

有观点提出，海上防御的形式主要可以分为三类：其一，运用潜艇和商船袭击舰发动攻击，以打击对手的商业、贸易和交通线。其二，建设一支可产生威慑力量的“存在舰队”。如拥有一支“存在舰队”，尽管其他对手的舰队在力量上存在优势，但如果贸然对其发动进攻，最后失败的可能性较大。这套理念要求海上军力建设并不寻求主力舰队的绝对优势，而是在配备一定主要力量的同时，发展一些小规模反击或者非对称的能力。20 世纪初，英国海军部第一海务大臣约翰·费希尔（John Fisher）在推行改革的过程中，围绕保护海上贸易和本土安全两大任务，提出建立两支不同舰队：以战

① （英）杰弗里·蒂尔著，师小芹译：《21 世纪海权指南》，上海：上海人民出版社，2013 年版，第 246—247 页。

列巡洋舰为核心的机动舰队用以保护海外贸易。本土防卫则主要交给低成本的潜艇、鱼雷艇和驱逐舰等小型舰队，以威慑敌人战列舰的入侵行动。[①] 当然，对于“存在舰队”的作用和地位，理论界的看法存在分歧。例如，马汉就不赞成“存在舰队”能够进行战略威慑的主张。他提出：防御为主的海军战力在战术选择上往往“将可用的兵力配置在为数众多的易受攻击之点，以此来试图保卫陆上边境，而不是将海军集中于中央位置”寻求进攻机会，因此当“为数众多的港口防御交由海军承担，经验证明在这些港口之中的海军势必一再被分散”。“单纯用于防御的海军，几乎等于发展为数众多的小型舰船的海军政策”。[②] 其三，运用混合手段进行海岸防卫。早期的海岸防卫主要依靠岸基堡垒和火炮等手段进行防御，后来发展到运用岸基飞机、导弹，以及在近海活动的各类小型舰船。海岸防卫的核心要求各种力量的协调统一和快速机动，运用灵活的战术对敌方进行消耗、干扰甚至是歼灭，所以对各类力量的指挥控制和通信联络有较高要求。其弱点是对远距离海域的控制力不够，进攻方在识破战术意图后容易在外线进行封锁或者进攻，或者运用机动的战术寻找防卫薄弱点，从而降低和抵消海岸防卫的作用和效能。

三、海上控制的力量建设与运用

海上控制是从制海权发展而来的一个概念，最初强调对海洋的绝对控制。随着军事技术和国际海洋法律及规范的发展，理论界认识到任何一个国家获得绝对制海权的可能性越来越小，即不可能随心所欲地对海洋进行控制和使用，因此人们开始提出只能在有限的时间和空间内获得相对的制海权。

美国军方对海洋控制作战行动的界定是：运用海上武装力量，

① 胡杰：《约翰·费希尔改革与英国古典海权的终结》，《武汉大学学报（人文科学版）》，2011 年第 5 期，第 104—112 页。

② （美）马汉著，萧伟中、梅然译：《海权论》，北京：中国言实出版社，1997 年版，第 142—146 页。

在陆地和空中力量的适当支援下，达成关键海区的军事目的。这种作战行动包括摧毁敌方海上武装力量、打击敌方海上贸易、保护关键海上通道和在海军作战行动区内建立起具体军事优势。[①] 可以认为，这里的海上控制包括两个维度："海上利用"和"海上拒止"，即允许己方利用海洋或阻止对方利用海洋达成战略目的。海上利用的落脚点在于利用海洋实现其战略目标，具备包括确保工业供给、为从事海外行动的部队提供增援补给、为盟国提供战时供应，为遂行"向岸投送力量"的海军部队提供安全保障等等。海上拒止则强调防止对手利用海洋。有观点认为：海上拒止是一支明显处于劣势的舰队击败一支优势舰队的方法。意在拒止的海军指挥官会在选定的时间和地点出击，以达到最大的突然性。随着技术的发展，借由非对称作战能力可以伤害强大的敌人。[②] 由于现代战争节奏的加快，现在已经很难区分海上控制、海上进攻和海上防御之间的关系。

对于如何实现海上控制，可以从如何"保交"和"破交"这一焦点问题来管窥一二。在保卫海上交通线这个问题上，美国在两次世界大战中有很多实践经验，总结起来有三条经验值得重视：船只保护、要点防卫与源头攻击。有观点提出：保护海上交通线不是保护区域，而是保护船只。第一次世界大战期间，英美为了保护商船免受德国潜艇攻击，运用驱逐舰、岸基飞机等装备在大西洋接力分批护航的做法就是其典型代表。当然，船只最容易受到攻击的区域当属港口入口和海峡咽喉口等地方，这往往是对手进行遏控、伏击的重点区域，需要加以重点防卫。一战中，面对德国潜艇大规模分散活动、集中攻击的"狼群"战术，美国在讨论反击策略时就曾产生过是"围绕蜂巢捕黄蜂"还是"直接捣毁蜂巢"的争论，即到底是在茫茫大海上展开大规模搜索反潜还是直接对德国本土海上基地

---

① 范虎巍、李进编译：《美国海军作战构想》，北京：航空工业出版社，2012 年版，第 79 页。

② （英）杰弗里·蒂尔著，师小芹译：《21 世纪海权指南》，上海：上海人民出版社，2013 年版，第 193—194 页。

进行打击。这可能对美国海军的“源头攻击”思想产生了一定影响，即认为在敌方港口泊位、机场、潜水艇船坞或要塞摧毁敌军远远胜过等它们分散以后再在战场上寻找他们更容易。①

冷战结束后，美国还提出了基于威胁考虑，运用联合手段来实现海上控制。美国海军认为，为应对柴电及核动力潜艇、装备鱼雷和反舰导弹的新型水面舰艇、战区反介入武器、滨海地区的区域拒止武器、太空和网络系统破坏武器带来的挑战，需要加强海上各军种的应用联合。具体手段包括：整合弹道导弹防御、高效反水下作战、应用整合或外接的武器系统，部署大量随时能作战的平台，通过改进能源管理和利用效率来扩展作战行动的范围和自持力，增进联合部队的可互操作性，建立弹性的通信、导航、情报监视和侦察及目标指示系统，等等。②

火力、机动、防护等传统作战原则适用于海上作战，但海洋空间的独特性又赋予了其有别于其他作战样式的典型特征。这要求我们在海上军力建设的过程中也要认识到这个问题。马汉很早就曾观察到：

> 在海战方面，集中意味着全部火力对敌人的一艘舰只进行彻底攻击直至毁灭，然后再解决其他舰只；甚至在军舰的设计上，也同样适用集中的原则。在一定的吨位内——一定的建造吨位相当于陆军部队或海军舰队的一定规模——不可能做到既有最快的速度，又有最强的火炮，又有最厚的装甲，又有最远的续航力，在这些目标中吨位只能达到其中的一种。一个人如能领悟到集中这条军事原理也可适用设计舰船，组建舰队或在和平时期部署海军，

---

① （美）罗杰·W. 巴尼特著，吴东风等译：《海军的战略和文化：海军所想所为为什么不一样》，北京：中国市场出版社，2009 年版，第 56 页。

② 范虎巍、李进编译：《美国海军作战构想》，北京：航空工业出版社，2012 年版，第 86 页。

> 而且会像将其用于计划战役或制定作战程序那样富有成效，他就会获益匪浅。[①]

如果说两次工业革命给海上作战指导和军力建设思想带来了革命性变化，那么信息革命带来的冲击更大，这其中有三个方面的问题值得注意：一是网络化影响。数字通信与卫星和计算机网络可以使地理上分散的海军在作战能力上进行整合，继而在减少自身脆弱性的同时增强作战效率。网络可以使各军种、各领域的力量连接整合起来，使其可以共享数据、联合作战，这逐渐取代了传统上关于舰队集中的做法。二是信息技术也导致了定位和追踪目标能力的提升。通过数据融合，打造“传感器—射手”网络，在诸如 GPS 等导航系统的指引下进行精确打击，这无疑加快了海上的作战节奏。显然，网络提高了军事决策的优势，将会对战争胜负带来直接影响。[②]可见，“网络和目标革命”（The Networking and Targeting Revolutions）对海上军力建设思路提出了革命性要求。三是对联合作战能力的要求更高。新的时空技术条件必然带来新作战形式。如果说，过去制海权的争夺是“海军决胜”模式，现代海权作为一种制权与其他制权包括陆权、空权和太空权形成相互弥补和相互配合的关系，在争夺制海权的过程中，海军需要借助其他军种，与其他制权手段实行联合作战。[③] 目前看来，未来的海上作战形式可能朝着融入一体化、智能化、无人化的联合作战方向发展，这也相应地要求海上军力建设更加注重智能、联合和一体化能力。

---

① （美）马汉著，蔡鸿幹、田常吉译：《海军战略》，北京：商务印书馆，2003 年版，第 44—66 页。

② David C. Gompert, “Sea Power and American Interests in the Western Pacific”, Rand Corporation, 2013, pp. 119 – 121.

③ 石家铸：《海权与中国》，上海：上海三联书店，2008 年版，第 25 页。

第二章　美国海上军力建设思想的转型过程

与欧洲传统海权强国相比，美国海上军事力量的发展历史并不算长。如果从 1775 年算起，美国仅用了 150 年左右的时间，就在 1921 年变成了与英国平起平坐的海上霸主。在这个过程中，美国如何从一个没有海军的国家发展成为全球海上霸主？其背后的动因是什么？美国海军建设思想在这个过程中经历了哪些调整转型？这将是本章尝试要探讨的问题。

第一节　美国建国初期的海上军力建设思想

总体而言，美国建国初期的海上军事力量建设历程是复杂而曲折的，其建设思想并不连贯。美国国内对于要不要建设海军，如何建设海军，建设什么样的海军分歧很大。然而，就是在这样的争论过程中，美国海军的发展居然并没有大幅落后于欧洲列强。这可能来自于频繁战争带来的刺激和革新，也可能来自美国内部的发展和积累。美国海军建立以来，先后进行了独立战争、美法战争、英美战争、美国内战等多场战争，期间还有过打击海盗、与其他国家发生武装冲突等事件。当一场战争结束后，美国海军往往会因为国内政治形势的变化而被解散，或者新的发展计划被决策层所搁置。但是当新一场战争来临时，美国海军又能够在很短的时间内集结一定的力量投入战争。当然，在 1890 年之前，美国海军与欧洲主要国家的差距较大，仍在缓慢地向前发展。

一、独立战争期间的小型快速舰队建设思路

随着独立战争的打响，英美双方的战场从陆地延伸至海洋。随着战争的深入，双方都认识到海洋的重要性。英美双方所有的军事力量都来自于海上补给，所以乔治·华盛顿甚至认为："在当前的战争中，陆上部队所做的努力再大，海军仍然有决定性的作用。"① 然而，在力量对比方面，英国已经在海上驰骋数百年，不仅积累了丰富的海上作战经验，还拥有压倒性的海上军事力量。而美国当时竟然没有一支成建制的海军。华盛顿甚至感叹："敌人在舰艇及制海权方面拥有令人惊异的优势，往往使我们茫然不知所措防不胜防。"② 为了保护海上的商业利益和自身安全，1775 年 8 月，罗德岛州正式发起筹建美国海军。1775 年 10 月 13 日，大陆会议决定购买装备"安德鲁·多利亚"号和"凯布"号战舰。2 个月后，大陆会议批准建造 13 艘战舰，开启了美国海军建设之路。

独立战争期间，美国海军建设面临的首要课题是如何快速组建一支可投入实战的舰队。显然，仓促组建的美国海上舰队无法与英国舰队相抗衡。在这个过程中，美国借助了一些其他力量与英国展开海上对抗，具体手段包括：一是动员私人武装商船打击英国的海上贸易交通线。二是动员各州海军参战。在北美 13 个殖民地中，许多州拥有自己的战舰。面对英国海军的海上封锁，这些战舰比较灵活，时常能够穿越英军的封锁线为大陆军队提供补给。当然，由于各州力量比较分散，缺乏统一调度，加上各州的舰船吨位很小，根本无法与英国战舰进行全面对抗，本质上并不能从全局改变战争态势的走向。三是依赖法国海军的援助。当时，真正能够与英军抗衡的是法国海军，借助美法同盟的密切关系，法国海军为美国提供了

---

① （美）内森·米勒著，卢如春译：《美国海军史》，北京：海洋出版社，1985 年版，第 8 页。

② （美）拉塞尔·F·韦格利著，彭光谦、张孝林、赵汉生译：《美国军事战略与政策史》，北京：解放军出版社，1984 年版，第 22 页。

不少支援，客观上支持了美国的独立战争。上述几股力量在打击英国海上交通线上取得了一些战果。1777 年，据格林纳达岛的一名居民报告说，一支拥有 60 艘船只的船队，只有 15 艘载着给养安全抵达英国在加勒比地区的领地。他惊恐地说："天知道，如果这场美洲战争再继续下去，我们都要饿死了。"①

对于美国而言，在弱势的背景下发展海上军事力量的思路是：选择发展小型快速舰队，即在轻型军舰的基础上配置具有一定毁伤效果的武器，这样既可以依靠灵活机动打击英国的海上交通线，还能节省建造成本和时间周期。从数量和吨位上来看，当时美国海军在短时间无法达到作战需求，因此选择增强军舰的机动性来提升作战效能。因为，殖民地想要建立一支与（英国）皇家海军相同规模和性质的海军，显然在短时期内不可能实现。由于资源太少、时间太紧，客观上只能选择建造或购买更多的小型军舰。有观点提出：美国海军的先驱们需要的是时间：试验的时间，以合理的速度进行试验的时间以及积累经验以便指导他们稳步地、缓慢地创建海军的时间。②

除了造舰的规模、吨位无法与英国相抗衡外，美国军舰当时装备的大炮门数较少，口径与英国军舰也有不少差距。如果按照英军的标准，美国这些军舰一般只能用来进行侦察巡航，而非进行海上作战。但是，美国军舰尽管战斗力较弱，但其航行速度快，机动灵活，便于快速袭击和快速撤离。有观点提出：

> "由于我们（美国）海岸和港口的情况及其水深在某种程度上有别于欧洲，以及我们海军的规模在相当一段时间里将小于他们，我们就要顾虑多大尺寸的军舰才是最强

---

① （美）内森·米勒著，卢如春译：《美国海军史》，北京：海洋出版社，1985 年版，第 12 页。

② （美）斯蒂芬·豪沃思著，王启明译：《驶向阳光灿烂的大海：美国海军史（1775—1991）》，北京：世界知识出版社，1997 年版，第 13 页。

大的，才能压倒敌人的军舰。在恶劣条件下，这种快速帆船将能压倒双侧甲板的军舰，在微风条件下则可逃避战斗。换言之，应当有超级快速帆船，它能把轻型军舰的速度和中型军舰的武器结合在一起。这对于数量上处于劣势这样一个有代表性的海军问题，这个答复是有代表性的。”①

二、常备海军与“要塞海军”之间的争论

独立战争结束以后，美国国内围绕海上军事力量建设问题展开了激烈争论，其焦点是：美国海军的功能和性质到底是什么，即应该建设一支常备海军还是仅保留一支维护海岸线的海军。这两种观点反映了美国国内在“海军对美国安全是否重要，美国海军该如何构建组成”等问题上存在明显分歧。

以联邦党人为代表的观点强调建立一支常备海军，他们支持建造大型战舰，使其不仅能够保护海上交通线，还能威慑欧洲国家对美国本土的进攻。1794 年，美国建造了 6 艘原始快速帆船。1797 年，美国通过海军建设法案，加快了新舰的建设步伐。1798 年 12 月，美国海军部长斯托德特提出远景建设规划：建议建造 12 艘两层甲板、拥有 74 门炮的战列舰，建造同等数量的快速战舰，以及 20—30 艘小型战船。他指出：“如果说几年前想拥有这样一支海上力量是毫无把握的冒险，那么在今后必须这样做。否则，在整个战争期间——如同欧洲目前发生的那样——我们由于海上贸易遭到劫掠而损失的金钱将四倍于建设海军的经费。”②斯托德特提出要建设大型战列舰，其直接目标是为了保护海上交通贸易，更深层次的考虑还包括缩小与英法两国在大型舰队方面的差距，同时在海上对欧洲国家

① （美）斯蒂芬·豪沃思著，王启明译：《驶向阳光灿烂的大海：美国海军史（1775—1991）》，北京：世界知识出版社，1997 年版，第 65 页。

② （美）内森·米勒著，卢如春译：《美国海军史》，北京：海洋出版社，1985 年版，第 40 页。

进行战略威慑。在此阶段，美国海军开始调整独立战争期间依靠机动性与英国海军进行对抗的应急舰队建设思路，逐步考虑建设一支拥有主力战舰且具备威慑反击能力的“存在舰队”。

“与大英帝国和法国在水上保持航行的大量战舰相比，12艘装备74门大炮的大型战舰只是一个小数目。但是，如某一欧洲势力敢于试图侵略美国，为此目的，在大型战舰方面必须使用超过美国一倍以上的兵力。那么美国就有把握在岸上消灭入侵之敌，并保持海上交通畅通无阻。假使国家另外遭受广泛入侵的危险，相信任何欧洲国家对美国入侵所付出的代价将远远大于他可能得到的收益。因此，斯托德特表示：“有朝一日，美国拥有12艘装备74门大炮的战舰和二倍此数的强大的快速炮帆船，以及具有众所周知的增加舰艇生产的手段和设备，美国的海军力量就会鼓励这种自信心。那时我们可以避免那些无利可图的战争而且决不会任人掠夺。”①

对于这种观点，以杰弗逊为代表的共和党人却持不同意见。其主要理由有两个：其一，美国有两洋护持，受到的安全威胁并不严重。在1787年的制宪斗争中，共和党人认为即使没有海军，美国也可以远离欧洲战争，并阻止欧洲国家将战火烧到美国本土。曾任杰弗逊政府的财政部长加勒廷曾表示：“（由于大西洋的屏障）我们与欧洲距离遥远，这足以防止我们被卷入到欧洲的复杂政治旋涡中去，没有陆军和海军，我们照样可以和平地生活下去。”② 可以看出，共和党人的“孤立主义”倾向比较明显，他们担心因为过多卷入欧洲

---

① （美）拉塞尔·F·韦格利著，彭光谦、张孝林、赵汉生译：《美国军事战略与政策史》，北京：解放军出版社，1984年版，第57页。

② 转引自薛向君、马爱国：《美国建国初期海军军事思想争论析评》，《南京政治学院学报》，2009年第4期，第90页。

失误而无法自拔，同时认为大西洋和太平洋可以作为自然屏障保护美国免于海上威胁。其二，对于海军力量的构成和来源，共和党人主张建立一支临时的海军力量。由于美国独立初期经济萧条，债务问题突出，加上内部阶级矛盾严重，建立一支强大的海军势必使联邦政府财政吃紧。基于这些因素的考虑，共和党人认为平时不需要维持一支强大海军，如果发生战争，临时征召水兵参战即可。杰弗逊当选总统之后，解散了原有的海军舰队，并修改了前任政府批准的海军建设计划，大幅压缩海军建设规模。杰弗逊政府推行的方案是“炮舰方案”，先后建造了200多艘成本较低的炮艇分散部署在沿海的各个港口。其基本考虑是：平时依靠这些炮舰及其舰艇上的水兵骨干维持港口秩序，战时则临时征召港口民兵参与作战。

自独立战争以来，美国开始建设“袖珍海军”，杰弗逊政府的“炮舰方案”是这种海岸防御思想的延续。总体看来，“炮舰方案”对海军的任务职能定位于海岸防御作战，基本思路是通过保护海上港口等要塞堡垒来挫败对手的进攻。尽管建设成本相对低廉，但“炮舰方案”在后来被证明存在很大的局限性。随着美国与其他大西洋国家的海上冲突升级，加上时常受到海盗的袭扰，美国的海上交通线变得越来越脆弱。然而，这200多艘炮艇仅能在美国海岸线附近开展近海巡航，不能到公海截击对手或者保护己方商船。建造炮艇看上去节约了经费，实际上随着数量规模的扩大，其总体成本依然很高。美国国内后来就有观点批评“炮舰方案”，认为这是个失败的战略。“炮舰方案”是历史形成的产物，受当时美国国力、国内政治因素以及国家环境等多重因素的影响。当然，反对维持常备海军的观点反映了美国国内当时的一种军事思潮，他们认为堡垒要塞才是保护海岸安全的根本依托，这是美国海上军力建设历史过程中的特定产物：

联邦政府将设置要塞保卫沿海的主要城市和海港。这些要塞如所期望的那样，将保护沿海最重要的地点不受任何敌方的突然袭击，并在美军调集起来迎击可能到达的任何入侵势力时，迫使敌人在无关重要的地点登陆，同时将给美国海军提供基地和掩蔽场所。优良的海岸要塞往往能击退海军舰艇的进攻，这是一句长期以来为人们公认的并为大量事例所证实的军事名言。要塞筑有稳固的炮台，而舰艇则没有。相对来说，要塞上部署得当的少量炮火就能消灭整艘舰艇及其全部大炮，而舰艇则不得不令人厌烦地努力一个炮台一个炮台地甚至一门炮一门炮地去打掉要塞上的火炮。坚固的砖石建筑和土木工事对于舰炮的密集射击可以提供相当大的防护。尽管要塞是一个静止的目标，然而在实质上也是舰艇，因为航行的舰艇对要塞保持攻击状态时，不可能过多地机动。由于要塞保障了美国沿海要害部位的安全，美国海军就可以自由地出海巡航，在入侵的远征军到达美国海岸之前，就对它们构成威胁，也可慑止其登陆企图，同时也可以保护对于经济发展极其重要的水上贸易，并骚扰敌人的贸易。①

三、1812年英美战争与美国海军建设的转型

1798年，美国亚当斯政府设立海军部，着手建立美国的“近海防御”体系。不过，美国此后依然倾向于缩减海军的规模。许多军舰要么被出售，要么被闲置。1809年，詹姆斯·麦迪逊就任美国总统。此后，随着美国海上贸易的不断发展，对海上交通线的重视日益突出。另外，英美之间并未完全理顺关系，双方在安全和贸易问题上矛盾不断积累。美国不得不重新重视海军建设问题。

在1812年英美战争爆发前后，美国海军与英国海军的差距依然

① （美）拉塞尔·F·韦格利著，彭光谦、张孝林、赵汉生译：《美国军事战略与政策史》，北京：解放军出版社，1984年版，第55—56页。

很大，围绕如何与强大的海上对手过招的问题，美国国内有两派观点：一是采取单舰行动的战术。主要思路是通过提高单舰的操作性能，利用舰艇的机动性来打击英军。二是组成快速战舰舰群来袭扰英国海上贸易线。最终，美国海军选择了第二种方案。从本质上来说，这两种手段依然是传统的近海防御战术。在战争初期，美国海军取得的胜利超出了预期。对于为什么出现这样的原因有两种解释。英国史学家威廉·詹姆斯认为：英方的失利原因归之于“对舰员缺少火炮训练”，“当时英国海军三分之二以上的舰艇都存在着类似的情况，而这在一定程度上又是英国海军过分削减火药、炮弹供应，限制了实弹射击训练所造成的。”① 还有一种观点就是，美国海军自独立战争建立之初，就十分重视快速帆船的建设，这使得美军在舰船的机动性方面有很大的进步。后来，英军曾捕获了一艘美军军舰，经研究后甚至评论称“美国在快速帆船方面确实走到了英国的前面”。

然而，单纯通过保护港口以及破袭对手交通线的战术并不能完全主导战局，因为这无法削弱英国的海上主力舰队，当然也无法获得局部或者全面的海上控制权。面对美国的袭扰战术，英国海军很快调整了策略。依靠其强大的海上力量，英军不仅从军事上打击了美国的舰队，还利用海上封锁对美国经济造成了严重伤害。有资料对美国当时遭到的损失进行了描述：

> “……整个沿海贸易被摧毁了。……南部各州和中部各州的种植园主，发现他们的产品在本地没有市场，于是他们就装上马车，跋涉数百英里的路程，到北部和东部各州去寻求销路，要么就任由产品在手中腐烂掉。而他们所需要的来自联邦其他地区的大部分日常产品价格高得惊人。南部和中部各州的贸易严重失衡，这种不平衡迅速蔓

---

① （美）内森·米勒著，卢如春译：《美国海军史》，北京：海洋出版社，1985 年版，第 74—75 页。

延到北部和东部地区，我们银行发行的钞票根本无法运用。……那些银行的金库已经亏空，因为西部和东部将金库锁上了，只有和平的到来和贸易的恢复，西部和东部才会将金库打开。”①

英美战争结束以后，美国海军发展开始走上欧洲的模式，逐渐形成了常备军制度。美国海军也加大了对战列舰的重视程度，开始拥有了3艘74门炮的战列舰。虽然仍奉行沿海防御和保护海上交通线的基本战略，但美国海军先后组建地中海分舰队、太平洋分舰队、南大西洋分舰队、东印度分舰队、本土分舰队和非洲分舰队，先后抵达中国、日本、欧洲和俄罗斯等地，还开启了考察南极的尝试，其影响辐射的范围日益扩大。此外，美国还改革了海军招募制度，完善了训练制度和管理制度，使整个海军建设更加科学规范。

四、工业革命与美国海军的缓慢发展

19世纪早期，对世界海军发展影响最大的因素来自于以蒸汽动力为代表的工业革命。1807年8月，美国工程师罗伯特·富尔顿主持研制的“克莱蒙特城”号轮船在纽约哈德逊河成功下水试航，标志着有着实用价值的蒸汽船正式诞生。虽然蒸汽船诞生在美国，同时美国西印度舰队早在1823年就用改装商用气船来打击当地的海盗。但是，美国装备蒸汽船方面的步伐明显落后于英国和法国海军。1836年，美国海军委员会才开始提议建设25艘汽船。1839年前后，当时美国国内有700多艘汽船，而美国海军拥有的蒸汽动力船却少得可怜。直到1839年，美国国会才通过了建造两艘蒸汽快船“密西西比”号和“密苏里”号的法案。

为什么美国海军革新步伐会落后于欧洲国家。其背后的原因可

① 转引自薛向君、马爱国：《美国建国初期海军军事思想争论析评》，《南京政治学院学报》，2009年第4期，第92页。

能有如下几个方面：一是国内政治因素的影响。当时美国仍然处于大陆扩张阶段，国内推行“西进运动”成为其政策重点，加之奴隶制引发的种族矛盾和南北矛盾正在显现，导致美国无暇迅速将新技术用于海军建设。二是经济因素的影响。1812 年英美战争以后，美国经济形势比较严峻，美国国内要求缩减军费开支的呼声渐强，不愿意投入高额军费建造军舰。三是海军委员会的影响。尽管当时其他国家的海军技术不断革新，甚至在此后的时间里出现了自带动力的鱼雷、优质的装甲钢板、大口径的膛线炮、复式发动机等新技术，但美国海军委员会的高层依然比较青睐帆船，甚至出现过把蒸汽军舰从属于风帆舰艇指挥的现象。这背后反映了美国海军内部“帆船派”对新技术的忽视和抵制，担心新技术出现会影响到他们的既得利益。四是受长期以来近海防御思想的影响，美国当时并没有非常强的动力去利用新技术打造一支强大的海上舰队。在当时的美国看来，海军的主要功能在于近海防御、保护交通线或者是获取海上商业利益，所以革新海上军事力量建设思路的动力不强。

尽管存在上述阻碍因素，但美国海军也没有完全错过这轮技术革命。其背后的原因可能是：蒸汽革命首先来源于民间，且发源于美国国内。这种技术储备为将其转化为军事装备提供了基础和条件。此外，这也有可能跟接下来的美国内战有关。随着内战的爆发，美国海军对战舰的性能和规模有了强大的需求拉动。1861—1864 年发生的美国内战促使美国海军得到空前发展。美国海军舰艇的规模达到 700 艘，这其中包括 200 多艘蒸汽船，还成功研制了潜水艇和鱼雷等新装备。内战结束后，美国随即进行海军大裁减，将近 700 艘舰船压缩至 52 艘。此后几十年间，美国海军建设又回到了缓慢发展的路径，舰队的总体规模不大。此时，美国的海军战略继续坚持从乔治·华盛顿总统任上继承下来的堡垒防御战略：

依靠海岸防御工事在遭到海上袭击时保护沿海城市并在全民武装起来之前把外国入侵限制在无关紧要的地区；

依靠海军，在堡垒可以把它从海岸防卫中解放出来让它承担其他职责的限度内，用它保卫美国海上贸易并袭击敌国贸易。①

1775—1890 年之间，如果根据时间的先后顺序来观察美国海军的规模结构，会得出如下结论：在这段时间内，美国海军的规模随战争爆发而增长，随战争结束而压缩。这样的解释可能是受到了“两洋堡垒”思想的影响。对于美国来说，任何欧洲国家要对美国本土发动大规模的袭击，必须通过海上途径进行力量投送。如果美国能够保持海岸安全，依托沿岸的堡垒进行沿岸防御，并且派出快速军舰对敌方海上交通线发动袭击，即可挫败对手的战略企图。即使在内战结束之后，美国依然并不认为欧洲国家对其国家安全造成了巨大威胁，继而解散了规模庞大的舰队。另外更宏观的解释可能是，这段时间美国忙于北美大陆扩张，加上长久的孤立主义传统，对海军投入的资源自然要相对少一些。从战舰的质量来看，美国海军并没有完全忽视，而是呈现一个螺旋上升的态势，从最初的快速帆船到蒸汽船、战列舰，舰艇的作战能力在不断提升，总体上跟随了欧洲国家的发展步伐。

第二节　制海权与美国攻势海军的建设思想

19 世纪 90 年代，美国海军战略思想发生了重大转变，即战略目标从保护海上交通线变成了维护国家安全并逐步向海外扩张，海军作战指导思想从近海防御向远洋进攻转变，海军建设重点从发展巡洋舰转变为以战列舰为中心。为什么美国海军在之前的历次发展都没有这次转型深刻？为什么会在这个时间节点开展如此大规模的海

① （美）拉塞尔·F·韦格利著，彭光谦、张孝林、赵汉生译：《美国军事战略与政策史》，北京：解放军出版社，1984 年版，第 201 页。

上扩军战略？其基本的理论思想、实践动因和现实路径有哪些？这将是本章将要讨论的问题。

一、美国全球扩张战略的影响

19 世纪 60 年代—90 年代，美国海军酝酿着大转型。其背后最根本的因素来自于美国作为崛起的一个地区性大国开始进行了全球性的扩张。虽然说美国海军依然坚持传统的近岸防御战略，但美国海军自 1812 年英美战争之后就开始把触角伸向拉丁美洲、非洲和亚洲，其主要目的是保护美国的商业利益，同时协助进行海外殖民扩张。作为后起的帝国主义国家，美国在瓜分世界殖民地和寻找市场的过程中与老牌的欧洲帝国主义国家产生了激烈矛盾，因此开始调整原有的军事战略进行防范和对抗。有史学家指出：

> "19 世纪 80 年代和 90 年代（美国）的新问题是自由活动的范围正在缩小，因为欧洲帝国主义者在加紧夺取殖民地和排斥其他国家的人。这样，对美国海军来说，下一个敌人很可能是某一支欧洲的帝国海军，而不是某一个亚洲港口好斗的'暴民'，很明显必须采取新的战略和技术。"①

具体而言，美国与欧洲列强在如下问题上存在矛盾。一是美国试图占领加勒比海上的战略岛屿遭到反对。南北战争结束以后，美国试图把自己的影响扩张到北美大陆以外，特别是获取加勒比海上的战略岛屿，其典型的代表人物就是安德鲁·约翰逊政府的国务卿西沃德。在美国看来，向风海峡和莫纳海峡等大西洋到加勒比海的主要通道对美国至关重要。南北战争的那个危机关头以及在墨西哥

① （美）托马斯·帕特森著，李庆余译：《美国外交政策（上册）》，北京：中国社会科学出版社，1989 年版，第 209 页。

和圣多明各的外国干涉使美国政府确信在加勒比海上必须拥有足够的海军基地来阻止将来可能发生的这种入侵。这些基地还有利于美国在太平洋和远东扩充贸易。[①] 显然，欧洲国家也认识到这些岛屿的战略意义，因此与美国围绕这些岛屿的争夺日益激烈。二是与欧洲国家在拉美问题上的矛盾比较严重。尽管美国很早就在《门罗宣言》中声称“美洲是美国人的美洲”，但无论是法国、西班牙还是英国，都不会轻易地放弃在拉丁美洲的利益。在古巴、危地马拉、墨西哥等国家，美国进行了大量投资，美国将其视为重要的势力范围。美国因此对欧洲国家在拉美地区的活动十分强硬而敏感，不时派出军舰巡航“炫耀国威”，同时又在军事上加强防范。1879—1883 年，智利为了争夺盛产硝酸盐的地区同玻利维亚和秘鲁爆发战争。美国派出海军向智利国内的反对派施压，并拒绝承认随后取得执政权的智利新政府。更为明显的是，美国始终怀疑“拉丁美洲的竞争对手——英国正在加强同智利新政权的密切联系”。[②] 三是在太平洋上与列强的矛盾。美国长期以来都对太平洋上的夏威夷十分感兴趣，最后不惜采取非法手段将其兼并。其他列强也对太平洋上的岛屿觊觎已久，美国与德国、英国产生了比较严重的冲突。在宽阔的太平洋上获得地理位置极为重要的中途补给站点，是在太平洋上取得海上优势的关键要素，因此列强之间的矛盾和竞争不可避免。美国还把“提康德罗加”号军舰派往非洲和亚洲“鼓励并扩大美国的贸易”，这都反映了作为后起的帝国主义国家的美国与欧洲传统列强的分歧和矛盾。

可见，在政治上有比较突出的因素推动了美国海军在 19 世纪末的转型。美国开始完成大陆扩张，崛起成为新兴的区域强国，把扩张的方向转向了加勒比地区、拉美地区、太平洋和非洲地区。在这

① （美）S. F. 比米斯著，叶笃义译：《美国外交史（第二分册）》，北京：商务印书馆，1987 年版，第 203 页。

② （美）托马斯·帕特森著，李庆余译：《美国外交政策（上册）》，北京：中国社会科学出版社，1989 年版，第 236 页。

个过程中，海军往往是美国打开当地海关市场的工具，也是其为了所谓的“保护并扩大贸易”而进行“武力炫耀”的手段。美国与英国、法国、西班牙等老牌殖民国家将无可避免地发生冲突和矛盾，因此转而采取军事上进行竞争和对抗的战略。总之，海外扩张是推动美国海军转型的重要动力。有著作描述了美国国内的这种政策倾向。

> “19 世纪 90 年代，美国远比 1865 年要自信和趾高气扬得多，并且远比以往更有决心运用其在最近几十年建立起来的力量，特别是在拉丁美洲。曾经破坏了早期的帝国主义冒险视野的反帝国主义情绪，到 19 世纪 90 年代已经削弱，民族沙文主义、国际竞争的诱惑，产品过剩的理论，19 世纪 90 年代的萧条，以及美国无情的扩张，都使这种反帝国主义情绪失去了力量。美国的扩张已使得衣阿华州农场主生产的谷物出现在英国，传教士出现在中国，胜家缝纫机出现在加罗林群岛，麦考密克的收割机出现在俄国，军舰出现在朝鲜和巴西，探险家出现在非洲，甘蔗种植者出现在夏威夷和古巴，矿业公司出现在墨西哥，水兵出现在智利。”①

基于上述因素的影响，美国军舰在 19 世纪 80 年代进入“钢铁蒸汽”时代。1883 年 8 月，美国国会拨款建造了 3 艘护卫舰：“亚特兰大”号（3000 吨）、“波斯顿”号（3000 吨）和“芝加哥”号（4500 吨），以及 1 艘通信船“海豚”号（1500 吨）。1885 年，美国建造了 2 艘 4000 吨的护卫舰，分别是航速高达 17.7 节的“查尔斯顿”号和“纽瓦克”号。1886 年，美国开始建造 2 艘国产装甲巡洋舰，分别是“德克萨斯”号和“缅因”号。在这之前，美国海军建

---

① （美）托马斯·帕特森著，李庆余译：《美国外交政策（上册）》，北京：中国社会科学出版社，1989 年版，第 237 页。

造的主要是快速风帆木船，其功能是用于近海防御和袭击商船，作战的方式也以单舰作战为主。随着上述舰艇的建造，美国的舰队开始逐渐由铁甲战列舰和钢壳巡洋舰构成，装备膛线炮的舰艇攻击能力大幅提升，具备了进行远洋作战的能力。

在这之前，美国国内对于到底该建造何种战舰、用什么材料建造新舰、如何界定新舰的用途和功能等问题存在较大分歧，各方展开了持久而激烈的辩论。即使欧洲出现了钢造舰和后膛炮，美国国内的主流观点也认为要等这些技术成熟以后再上马。但是，没过多久，美国的造舰政策的步伐就大幅加快，力求建造一支“新海军”。这背后的原因可能有三个：一是来自国内部分利益集团的游说。年轻的海军军官——“武装进取派”——和政治家、造船业主、军火制造商、商业扩张主义者一起为扩建舰队进行游说。美国海军领导人当时披露，海军在船壳、引擎和大炮方面比不上欧洲的技术先进……当欧洲人建造加强火力和装甲的快速战舰时，美国的慢速木壳巡洋舰和炮艇落后得简直可笑——欧洲军官嗤笑它们是流动博物馆。[①] 二是英国炮击埃及港口的刺激。1882 年 7 月，英国舰队炮击埃及的亚历山大港，把该处的防御工事炸得粉碎。这一事件无疑对美国的海军建设思想产生了重大影响。英国军舰的火力使美国认识到新的技术革命正改变着原有的作战思想、原则和战术，必须加快力量革新的步伐。三是美国获悉英国船厂正在为智利海军建造护卫舰“埃斯梅尔达”号。该舰装备钢铁甲板、10 英寸的后膛炮、航速达到 18 节，美国军舰在性能上无法望其项背。[②] 美国把智利作为其在南美扩张的主要障碍，担心该舰完工后会削弱美国的海上优势，因此不得不加快新型舰艇的建设步伐。

从战术上来讲，后面两个因素带来的挑战是革命性的。长期以

① （美）托马斯·帕特森著，李庆余译：《美国外交政策（上册）》，北京：中国社会科学出版社，1989 年版，第 210 页。

② （美）内森·米勒著，卢如春译：《美国海军史》，北京：海洋出版社，1985 年版，第 172—173 页。

来，海军曾秉持的信条是：军舰切忌与堡垒对战。知名的铁甲炮舰设计师约翰·爱立信（John Ericsson）道出了个中缘由：“一发炮弹可以击沉一艘军舰……”而100发炮弹也未必能摧毁一座城堡”。[①]但是，新型火炮的出现大幅提高了舰艇轰击港口的能力，这对于当时的美国海军来说是“印象深刻”的。因为，埃及亚历山大港的防御工事比美国港口的工事要坚固得多。在很长的一段时间内，美国在“堡垒舰队”的思想指导下把海军的任务定位于保护海岸和港口安全。当目击了英军炮击亚历山大港的过程，这无疑大大改变了美国海军的传统认知，即其长期认为的“两洋堡垒”在蒸汽动力时代并不能成为完全抵御海上威胁的天险，传统海岸工事不再是坚不可摧的岸防堡垒，反而极易成为海军炮火的巨大标靶。在拉美地区，美国绝不允许其他国家挑战自己的霸权。美国在1879年派出海军使团试图说服智利停止与玻利维亚和秘鲁之间的战争，以维护自己在秘鲁的利益。然而，美国使团却遭到了智利的强硬回击，这加剧了美国与智利的矛盾。智利建造“埃斯梅尔达”号无疑会影响美智之间的海上军力对比，美国显然绝不愿意智利拥有比己方速度更快、威力更大的军舰，自然把新舰建设计划列上日程。

二、美国海军军事科学建设的开端

在美国国内扩张主义情绪高涨的同时，美国海军军事思想也在系统化地酝酿与成熟。最初明确提出要系统总结归纳海军作战思想的代表人物是美国海军学院前院长斯蒂芬·卢斯。卢斯在内战期间曾参加对查尔斯顿的保卫战。当时，谢尔曼将军对他说：“你们海军3年来一直在攻打查尔斯顿，但是，在我进入南卡莱罗纳前还是等着吧。我将切断它的交通线，这样，查尔斯顿就会像一只熟透的苹果掉到你的手里”。此事对卢斯的启示是：在军事行动中，有某些必

① （美）韦恩·休斯著，易亮译：《舰队战术与近岸战斗》，北京：海洋出版社，2016年版，第15页。

须遵守的根本原则，这些原则无论在地面还是在海上战斗中都是普遍适用的。① 正是这些经历和反思，刺激了卢斯创建美国海军学院，并试图像若米尼创建陆军军事科学体系一样构建海军军事科学体系的愿望。卢斯的目标是把海战经验提升为科学系统的知识，并将其用于指导海上作战。1884 年 10 月 6 日，在罗德岛新港的一所平民窟里，美国海军军事学院正式成立。卢斯提出：

> "海军军官不仅应该懂得如何用他自己的战舰作战，如何组编若干艘战舰并把它们投入行动，他还应该懂得在掌握一支力量的时候，把它放在何处才能使它发挥最佳的作用。换句话说，他应该有一些战略原则观念，这样他就可能能够领悟到在其行动范围内哪些是要害地点，从而要么占据它们，要么阻止敌人占据它们……。"②

在很长的一段时间内，美国海军军事学术带有很强的经验主义色彩。指挥官的经验、阅历和临机处置能力在很大程度上决定了海上作战的效果。卢斯的主要贡献是把这些海上作战经验上升为系统的学说体系，供后来的学员研习借鉴。在此过程中，卢斯特别强调两个问题：一是从海战史中汲取营养，从中寻找和归纳海上作战的理论原则。我们从后来马汉等人的著作中也可以发现，他们花了大量的篇幅去探析历史上重要海战的详细过程，在此基础上总结归纳海上作战的特征和规律。二是强调人的因素在海军军事科学的探索中的作用，认为这是奠定这门科学的基础和前提。卢斯曾表示：

> "在教师班子中起关键作用的是海军史讲师，他将引导

---

① （美）斯蒂芬·豪沃思著，王启明译：《驶向阳光灿烂的大海：美国海军史（1775—1991）》，北京：世界知识出版社，1997 年版，第 282—283 页。

② （美）拉塞尔·F. 韦格利著，彭光谦、张孝林、赵汉生译：《美国军事战略与政策史》，北京：解放军出版社，1984 年版，第 206 页。

军官们对那个科目进行‘哲学上的研究’。”

“……懂得了我们自己正走在通向建立蒸汽时代海战科学的道路上，那么让我们充满信心地来寻找这样一位卓越的智者吧，他将为这门科学奠定基础并为它做出若米尼曾为陆军军事科学所做过的贡献。”①

在此之后，对美国海上军力建设思想产生重大影响的思想家当属马汉。前文对马汉关于海权的观点有比较详细的描述，这里不再赘述。在马汉的《海权论》中，作者花了大量的篇幅探讨历史上的海战战例，从中总结出相应的经验教训。之所以这么做，马汉认为大多数人对海战比较生疏，所以研究不够深入。另外，马汉还是一位历史主义者，他认为历史可以给未来提供一些启示和教益。马汉甚至引用拿破仑的名言称“战场上最愉快的灵感，仅仅是历史的一种回忆而已”。当然，针对海军作战和建设战略的问题，马汉的主要观点体现在他的《海军战略论》一书中，其主要的观点如下：

其一，兵力集中与舰队决战原则。马汉非常强调兵力集中的意义，它提出集中兵力是“一个可以说包含全部军事艺术的词汇，就这种概括能力而言，其他词汇无出其左右。”② 马汉在《海军战略论》中将集中细分为“信念集中”“决策集中”和“兵力集中”三大要素。他认为俄国在日俄战争中败于大西洋和太平洋的地理环境，这是因为波罗的海和太平洋舰队不能相互照应，导致日本才能将其一一击破。在美国问题上，马汉反对将美国海军分为两洋舰队，坚定地宣称“永远不要分散一支舰队”。

其二，攻势制海原则。马汉在研究日俄战争的历史过程中得出结论：俄罗斯舰队败于日本的主要原因就是开始消极避战，俄罗斯

---

① （美）拉塞尔·F. 韦格利著，彭光谦、张孝林、赵汉生译：《美国军事战略与政策史》，北京：解放军出版社，1984 年版，第 207 页。

② （美）乔治·贝尔著，吴征宇译：《美国海权百年：1890—1990 年的美国海军》，北京：人民出版社，2014 年版，第 9 页。

采取陆战中的类似“要塞舰队”战术使自己被日军堵塞在旅顺港内被歼灭。在马汉看来，只有通过发动海上进攻并消灭对手的主力舰队才能取得制海权。纵观美国后来百余年的海上发展历程，基本遵循了“攻势制海”这个发展思路。

其三，前沿部署原则。除了上述原则之外，马汉还提出要重视前沿部队的存在，认为海军要拥有位置险要、重兵防护的基地，这样不仅能够控制海上的交通线，还能够在美国的领土之外解决问题，也就是把战火引向他国而非自己的国土。这样，舰队既成为维护海上安全的一道屏障，又是干涉和威慑他国的一个工具。正是在这些思想的影响下，美国通过美西战争占领了加勒比海上的要道，控制了关岛、菲律宾、冲绳等海上要冲，而后又把活动范围扩展到澳大利亚和印度洋等地。目前，美国控制了世界上主要的海上交通要道，在世界各地进行前沿驻防和巡航，这无不受到马汉思想的深刻影响。

三、攻势海军与美西战争

19 世纪末，美国海军在行动层面也展开了巨大转型。美国海军部长特雷西在《1889 年度报告》和《1890 年度报告》中提出建造 20 艘战列舰，并要求战列舰“必须随时做好在所辖海域内任何地域集结的准备”，在敌人靠近美国之前出兵迎击。从此，舰队实力和攻势制海成为官方信条，奠定了美国此后的海军战略。①

美国能够把上述两条原则转化为行动，依赖于三大因素：思想引导、高层支持和经济支撑。马汉的制海权思想之所以能够被美国海军接受，政治上它契合了当时美国国内的扩张主义主张，军事上为美国海军提供了一套所谓的“胜利理论”。马汉提出要建立一支“攻势海军”来获取制海权，这从理论上描绘了美国海军的未来发展道路，这为美国海上军力建设描述了具体的目标。

---

① （美）乔治·贝尔著，吴征宇译：《美国海权百年：1890—1990 年的美国海军》，北京：人民出版社，2014 年版，第 16 页。

另外，攻势海军力量建设还离不开美国政治高层官员的推动。防务创新倡议被提出来后，还需要得到组织成员的认同。也就是说，高层政治官员需要将技术创新方案或者新的“胜利理论”转化为整个防务系统的整体共识，并将其作为指导创新的原则和参照标准。斯蒂芬·皮特·罗森（Stephen Peter Rosen）提出，赢得战争的新途径只能够由拥有政治权力的高级军事官员来创造。创新只有在高级官员代表新的战争方式获取政治权力来形成和执行成功的战略时才能够发生。[①]美国海军在19世纪末得以快速迅猛发展离不开西奥多·罗斯福总统等人的强力推动。他指出：海军是美国国防和对外扩张的最主要的力量。如果我们（美国）拥有一支令人畏惧的海军，那么，为了坚持“门罗主义”而被拖入一场战争的机会实在是很小的。如果我们没有这样一支海军，战争可以在任何时候降临到我们头上。因此，美国必须建立一支强大的海军。“我们认为拥有这样一支海军是和平的最可靠的保证。”[②] 西奥多·罗斯福担任美国总统期间，提出建造“无畏”级战列舰，打造一流“大舰队”；扩大海军招生数量，增加征兵数额；建立海军技工学校，储备造船专业人才等措施，这使美国海上扩军计划进一步得到扩展。

最后，美国经济实力的上升使美国海军有能力建设一支大型舰队。自南北战争结束后，美国的经济实力得以跃升，工业总值在19世纪90年代跃居世界首位，是英国、法国和德国的总和。强大的财力使美国能够支撑巨大的海军造舰费用。美国海军军费逐年攀升，从1890年的1408万美元增加到1897年的3940万美元，总额扩大近3倍。美西战争前期，美国总统麦金莱描述了当时的美国海军规模。他提出：当时海军可以立即动用的兵力，共有一级战列舰4艘，二级战列舰2艘，还有其他包括装甲巡洋舰到鱼雷艇的舰只48艘。正

---

① Stephen Peter Rosen, “New Ways of War: Understanding Military Innovation,” *International Secutity*, Vol. 13, No. 1, 1988, pp. 141 – 142.

② 杨生茂、冯承柏、李元良编：《美西战争资料选辑》，上海：上海人民出版社，1981年版，第50页。

在建造中的有一级战列舰 5 艘，鱼雷艇 16 艘和潜水艇 1 艘。另外，麦金莱总统还要求美国国会拨出 1 笔款项，授权为太平洋舰队建造 1 艘战列舰，同时增建几艘鱼雷艇。[①]

对于美西战争，后世从军事角度对其进行的评价不一。有的认为这是通过取得制海权获得成功的一个案例，日本等国家还专门派出人员进行模仿学习。也有的观点认为：美西战争在军备、战略和战术方面，都没有做出任何突出的贡献。干脆一句话：强的打败了弱的。同时，弱的表现了许多弱点，而弱的本身没有力量取得胜利，即使暂时在狭小地带也不能取得胜利。[②] 也就是说，美国取胜的原因是当时的战场力量对比太悬殊。据俄国参谋总部派到在古巴的美国军队中的上校报告：1898 年 4 月至 5 月，美国拨款 5000 万美元，把常备军扩大到 62597 人，志愿军人数达到 216500 人。美国还加固了海岸要塞，增加 185 门新的海岸炮和臼炮，修建了 13 座临时炮垒，在 28 个海港放下了 1500 枚鱼雷，在海岸建立信号所等等。西班牙在古巴驻扎的实际人数只有 8 到 10 万人，且受瘟疫困扰，战斗力有限。西班牙海军主要由一些陈旧的船只构成，其舰队指挥官雪尔维上将甚至预言自己必须和“唐·吉可德一样去和风车搏斗”。[③]

姑且抛开这些争论，围绕美西战争至少有两个问题值得讨论：一是为什么美国把古巴作为扩张对象，其军事意图是什么？二是既然列强与美国在海外扩张领域有很大的矛盾，但是为什么没有欧洲国家选择进行直接干涉？

针对第一个问题，可以从马汉关于对加勒比地区的形势分析文章中找到答案。对于美国来说，在拉美两大区域有重大利益：密西西比河和中美地峡。这两处的交叉区域既有重大的经济利益，又有

---

① 杨生茂、冯承柏、李元良编：《美西战争资料选辑》，上海：上海人民出版社，1981 年版，第 163—164 页。

② （苏）尤·斯辽兹金著：《1898 年的美西战争》，上海：生活·读书·新知三联书店，1959 年版，第 133 页。

③ （苏）尤·斯辽兹金：《1898 年的美西战争》，上海：生活·读书·新知三联书店，1959 年版，第 71—73 页。

重大的安全和地缘利益。古巴就是这个区域内的咽喉地带。1897年10月，马汉撰文提出：在试图控制加勒比海的三个具有可能性的基地中，古巴的作用最大，牙买加次之，安的列斯最差。马汉提出：军事控制主要依靠两个东西：阵地和机动的军事力量。凭借阵地来控制你的国土以外的一个目标，就时间而言，有赖于该阵地靠近本土和没有能够稽延和阻挠接近它的障碍物。根据这些原则，古巴是控制墨西哥湾的要冲，而且还控制着通往加勒比海的三个入口：尤卡坦海峡、向风海峡和莫纳海峡。入口、主要目标（牙买加和地峡）以及通往那里的航线，构成了从军事上控制加勒比海的主要实体。①

至于第二个问题的答案，这可能是欧洲列强对利益精确计算权衡的结果。对于意大利和匈牙利而言，虽然同情西班牙，但却并没有能力和机会介入美西战争。俄国国内有媒体尖锐批评美国，但俄国方面认为“俄美之间没有一点毗邻”，宁愿容忍美国在拉美的扩张也不愿与其发生争吵。法国与西班牙的关系密切，且存在很强的商业关系，但法国最终放弃了援助西班牙的计划，因为法国要考虑保存实力与英国进行竞争或者冲突。英国是支持美国与西班牙开战的。英国在美国市场占据首位，美国市场对它有着利害关系。英国支持美国去和西班牙打仗，美国就会在非洲事务中支持英国去反对德法两国，在远东支持英国去反对德、法、俄三国。此外，还因为英国对于西班牙的关税政策抱有不满情绪。② 德国是同情西班牙的，不过德国希望拉住奥匈帝国和俄罗斯一起去进行干涉，在遭到拒绝之后，德国也放弃了直接干涉的做法。德国外交部长布洛夫解释了其判断与决策的过程：

> “在经济方面，我记得，根据我预先的统计，英国运到美国的价值17000万美元（就整数说），德国运到美国的价

① 杨生茂、冯承柏、李元良编：《美西战争资料选辑》，上海：上海人民出版社，1981年版，第53—54页。

② （苏）尤·斯辽兹金著：《1898年的美西战争》，上海：生活·读书·新知三联书店，1959年版，第61页。

值9400万美元，法国运到美国的价值6600万美元；美国运到英国的价值40600万美元，运到德国的价值9700万美元，运到法国的价值4700万美元。”布洛夫作出这样的总结以后，坚决反对采取严厉的行动。布洛夫写到：这是因为，“德国帮助西班牙的行动将妨碍我们和美国的贸易，因而将有利于英法两国。”①

美西战争在太平洋和加勒比海两个战场展开。在太平洋战场，美国利用充足的战前准备取得了马尼拉之战的胜利。在加勒比海地区，美国采取了堵塞战术将西班牙舰队封锁在港口内，最后将其击败。战争结束后，美国从西班牙手中夺取了古巴、波多黎各、关岛、菲律宾等地，使美国海军在太平洋中获得了前进和补给基地，控制了太平洋航道上重要的节点。美西战争对美国海军建设思想最重大的影响就是确立了战列舰的主导地位。西奥多·罗斯福后来写道：“在战争时期，海军并不是用来防守海港和海边城市的”，“能有效地使用海军保卫我们自己的海岸、抵抗外国海军可能行动的唯一方式就是摧毁那支外国海军。为了抵御一支实际来进攻它们的敌对舰队”，“战舰必须保持集中，其作战目标始终对准敌人的舰队”。② 这表明美国海军自建国以来以近海防御为中心的战略已经完全被抛弃，美国海军转而选择了一条通过在远离己方海岸寻机通过舰队决战来实现歼敌目标的道路。为此，美国把舰队发展的重心放在了战列舰之上。西奥多·罗斯福表示：“一支强大的海军，不仅要有巡洋舰，还要有一大批能与其他任何国家相抗衡的战列舰。”③

---

① （苏）尤·斯辽兹金著：《1898年的美西战争》，上海：生活·读书·新知三联书店，1959年版，第59页。

② 转引自陈海宏、吴倩、杜秀娟：《西奥多·罗斯福与美国海军建设》，《历史教学（下半月刊）》，2012年第4期，第57页。

③ 王连元著：《美国海军争霸史》，兰州：甘肃文化出版社，1996年版，第54页。

第三节 两次世界大战与美国海上军力建设思想

从美西战争至第二次世界大战结束，美国海上军事力量总体延续了原有的建设思路。其主要的调整变化就是依据美西战争的经验和技术革命对战舰系统进行了完善和改进，随后把潜艇、鱼雷、飞机、航母和雷达等新装备大规模用于实战。美国海上军力建设在这一时期面临的主要问题是：如何平衡太平洋和大西洋的军力配置，如何根据技术革新和对手情况升级海上力量的规模、性能和质量。总的来说，美国借助其优越的地缘位置和庞大的综合国力，在两次世界大战期间实现了海上军事力量的大发展。

一、美国海军军事技术革新及其影响

一战爆发之前，美国海上军事力量建设的主轴依然是发展“大海军”。在这个过程中，一些年轻军官敏锐地认识到美国海军建设存在的问题。当众人都在为美西战争的胜利欢庆之时，仅仅作为海军上尉的威廉·索登·西姆斯却认为美军赢得马尼拉之战完全是侥幸。理由是美军的火炮命中率极低，只是在晴好的天气里击沉了停在锚地不动的西班牙舰队，这跟打练习赛完全没有区别。他发现美国的舰只总共发射了6000发炮弹，只命中了141发，命中率仅为2.3%。据西姆斯推算，如果对手的命中率达到5%，就可以对美军造成一倍的毁伤。后来，西蒙斯在英国军舰“恐怖号”上见到了“连续瞄准”舰炮射击系统，该系统的命中率达到80%。这意味着一艘此类军舰就可以相当于30多艘美国军舰的火炮命中率之和，这给西蒙斯带来了极大的刺激。西蒙斯向当时的美国总统西奥多·罗斯福写信，建议提高美国海军的火炮命中率，后被罗斯福总统任命为海军射击演习检察官。[①] 另外，布雷德利·菲斯克研制成功了一套火炮远距离精度射击系统。该系统由望远瞄准器、光学测距仪和准距计构成。此外，美国当时还出现了“导向射击法”，一名军官在控制台上把瞄准数据通过电路传到各个炮位，当目标、炮口、标准器三点一线时，控制台军官便揿下按钮，各炮同时射击，炮弹则以密集的散布面射出，大大提高了命中率。[②] 通过多方努力，美国海军舰炮的射程也得以提高，从 1898 年的 6000 码左右提升到第一次世界大战中的 20000 码左右。

在提高射程和精准度的同时，美国海军开始逐渐试验并装备了潜艇、鱼雷和飞机等新型武器。1888 年，美国政府招标设计了一艘潜艇，由移居美国的前爱尔兰教师 J. P. 霍兰中标。后来因设计性能不合格，霍兰退回了美国政府的资助资金，自费在 1897 年 5 月制造了另一艘潜艇“霍兰”号。美国海军在 1900 年 4 月购买了这艘潜艇，并在同年 10 月以“霍兰”号为名将其编入现役。与此同时，西蒙·莱克设计了第一艘在公海上航行的潜艇。1907 年后，美国海军同时采用了两人的设计方案。尽管美国海军上将杜威认识到了潜艇的巨大作战潜力，他也曾表示：“潜艇与水雷、鱼雷或任何这类武器相比，有无限的优越性……在加尔斯顿（德克萨斯）如果部署两艘潜艇，世界所有的海军都无法封锁这个地方。”[③] 但是，由于技术尚不完全成熟，当时美国的潜艇建设仍然处于探索阶段。

后来的事实证明，技术创新对海上作战带来巨大的影响。潜艇在一战中对海上交通线的封锁和攻击能力令各方措手不及，飞机在第二次世界大战的海战中发挥了巨大威力，海上射击系统无疑把制海权的竞争提到了一个新的高度。这里值得探讨的问题就是，当军

---

① （美）斯蒂芬·豪沃思著，王启明译：《驶向阳光灿烂的大海：美国海军史（1775—1991）》，北京：世界知识出版社，1997 年版，第 325—327 页。

② （美）内森·米勒著，卢如春译：《美国海军史》，北京：海洋出版社，1985 年版，第 8 页。

③ （美）诺曼·波尔马著，汪肇译：《美国潜艇史》，北京：海洋出版社，1988 年版，第 8 页。

备竞赛在舰队规模的竞争达到一定数量的时候，必然会发生边际递减的效应。那么此时的技术创新则可能会成为决定军备竞争结果的一个关键要素。新的技术创新可能带来同一武器平台某部分功能性能的提升，也可能研发出新的武器平台和作战工具，这就会打破原来的竞争框架，甚至在一定程度上改变原来的“竞争规则”。如前文所述，尽管列强依然围绕战列舰的吨位、航速和火炮口径进行竞争，但射击精度的提高无疑会大大增强战舰的战斗力。

二、一战前的两洋军力配置难题

按照马汉的观点，取得海上作战成功的关键在于力量集中。马汉特别反对把美国舰队分成太平洋舰队和大西洋舰队，认为这样会分散兵力。然而，美国当时在现实中却需要同时应对来自太平洋和大西洋方向的挑战。

美西战争结束之后，美国把德国作为大西洋方向主要的威胁来源。1902 年 12 月，德国和英国因委内瑞拉拖欠贷款而没收了该国的几艘船只并炮击了两个要塞，同时对委内瑞拉进行贸易封锁。西奥多·罗斯福总统开始认为：“在不久的将来，唯一真正能对我们造成威胁的国家是德国”。[①] 美国之所以把德国定位为主要的欧洲威胁，其原因可能有三个：一是来自英美的和解。在当时与欧洲国家的议题中，美国最关心的当属巴拿马运河问题。西奥多·罗斯福认为：开凿一条沟通太平洋和大西洋的两洋运河，把加勒比海海域同远东地区直接连结起来，这是美国实现其海洋战略的关键之举。他还声称：美国控制运河是“至关重要的，不论从我们海上力量的立场来看，或从门罗主义立场来看都是如此”。[②] 在这个问题上，最终以英国的妥协和让步告终，美国如愿控制了这条至关重要的海上通道。

① （美）托马斯·帕特森著，李庆余译：《美国外交政策（上册）》，北京：中国社会科学出版社，1989 年版，第 298 页。

② 转引自陈海宏、吴倩、杜秀娟：《西奥多·罗斯福与美国海军建设》，《历史教学（下半月刊）》，2012 年第 4 期，第 56 页。

此外，英国还在美加北部边界、纽芬兰捕鱼权等问题上向美国妥协。英国之所以妥协，是因为正处于布尔战争和德国竞争的双重压力下，迫切需要盟友来稳定局势，以便腾出手来恢复实力，从而应对来自欧洲大陆的挑战。二是对德国在太平洋上活动的担心。在美国看来，在太平洋上最大的软肋是漫长的交通线，如果在菲律宾等地发生战争，美国海军在短时间内很难赶到目标区域提供增援。美西战争前后，德国获取了在太平洋上的萨摩亚群岛，美国担心这些地理位置极为重要的基地被德国控制之后，可能对美国在太平洋上的交通线造成严重威胁。三是战略竞争心理。美德同属后起的帝国主义国家，它们都在扩充海上军事实力，在争夺殖民地和市场上存在比较明显的竞争。

在当时的太平洋地区，美国则感受到了日本的威胁。尽管美国在日俄战争中站到日本一边，但随着日本快速取得军事胜利，美国很快要求日本与俄罗斯签署《朴茨茅斯条约》以恢复所谓在远东的力量均衡。日俄战争的结局使美日在亚洲地区的矛盾凸显出来。美国总统西奥多·罗斯福在1904年发表评论说："我充分认识到，如果他们（日本）取得胜利，这可能意味着他们和我们将在未来进行一场斗争。"日本和它的海军是一支"被惹恼后能从我们手上立即夺取菲律宾和夏威夷的力量"。[①] 美国主要担心日本向东南亚方向扩张，威胁菲律宾这一美国防务链条上的"唯一致命弱点"。之所以说菲律宾是美国在远东地区的"阿基里斯之踵"，是因为菲律宾远离美国本土。如果开战，美国必须横渡太平洋进行驰援。在这个时间段内，只能依靠在菲律宾的陆军防守。而日本则可以利用地理优势先发制人，在美国海上增援部队到达之前拿下菲律宾，或者利用潜艇、驱逐舰等力量在漫长的海上分段截击消耗前往菲律宾的美国援军。

可见，一边是"决不能分兵"的理论告诫，一边是来自两个方向的现实威胁，这就构成了当时美国海军如何配置两洋力量的难题。

---

① （美）斯蒂芬·豪沃思著，王启明译：《驶向阳光灿烂的大海：美国海军史（1775—1991）》，北京：世界知识出版社，1997年版，第333—334页。

如何解决这个问题，美国进行较长一段时间的争论和探索。最终美国政府采取的是“先大西洋后太平洋”，综合运用“军力准备、军事威慑和外交妥协”的手段加以应对。

美国海军把大西洋作为重点的建设方向，出台针对德国的“黑色计划”，集中大规模建设“主力舰队”。1906 年，英国皇家海军“无畏”号战列舰下水，拥有当时其他战列舰 2.5 倍的火力，引起各国的普遍效仿。西奥多·罗斯福执政期间，美国建造了 4 艘“无畏”级战列舰：包括 21825 吨 10 门 12 英寸大炮的“佛罗里达”号和“犹他”号；26000 吨 12 门 12 英寸大炮的“阿肯色”号和“怀俄明”号。塔夫脱总统执政期间，美国建造了另外 6 艘，包括 27000 吨 10 门 14 英寸大炮的“纽约”号和“得克萨斯”号；27500 吨 10 门 14 英寸大炮的“内华达”号和“俄克拉何马”号；31400 吨 12 门 14 英寸大炮的“宾夕法尼亚”号和“亚利桑那”号。1914 年，美国国会赞成建造新的战列舰“新墨西哥”号、“爱荷华”号及“密西西比”号。1915 年，美国又建造了 32340 吨 12 门 14 英寸大炮的“田纳西”号和“加利福尼亚”号。

虽然说美国把德国作为欧洲的主要威胁，但德国从没有把进攻美国本土作为其战略目标。德国当时认为主要的海上战略对手来自英国。从这个意义上来说，美国在观念上把德国作为威胁，但现实中进行的军备竞赛还是以英国舰队为参照样本。当然，大部分的西方国家都是围绕“高航速、大吨位、火力超群”等因素进行竞争的，美国也不例外。在这样的氛围下，世界各国主要的海军资源都被用于建设“主力舰队”，导致其他类型的军舰严重缺乏。1911 年，美国发表了一份关于舰队处于不平衡状态的声明：海军共有 173 艘在役军舰，其中 33 艘是战列舰，但没有战斗巡洋舰，没有弹药船；有 50 艘驱逐舰，但只有 1 艘驱逐舰供应船；有 10 余艘装甲巡洋舰、17 艘有装甲防护的巡洋舰，但只有 3 艘侦察巡洋舰；有 38 艘潜艇，但只有 2 艘潜艇供应舰。此外，为美国整个舰队服务的只有 1 艘医疗船和1艘修理船。[①] 针对“大舰巨炮主义”为中心的建设思路，马汉在暮年时就曾表示：“海上战争主要依靠联合作战，联合作战的能力随数量增加而加强”，应该建设“一支包括中小型、装备多种口径火炮、能执行多种作战任务均衡发展的海上联合打击力量”。[②] 马汉的观点当时受到许多美国人的批评，美国海军在1913年否定了建造辅助船只的计划，仍然将建造战列舰放在首位。

在太平洋方向，美国应对日本的策略是多方面的。鉴于美日在亚洲地区的矛盾日益尖锐，两国海军开始将对方作为假想敌。在西奥多·罗斯福执政时期，美日在移民问题上发生了矛盾，双方国内的部分媒体甚至讨论美日爆发冲突的可能，这进一步加剧了两国的敌对情绪。

由于美国关注的焦点一直集中在南美及欧洲，其绝大部分战列舰都由东岸的船厂建造，并配属给大西洋舰队，面对刚刚赢得了对马大海战胜利而锋头正锐的日本海军，力量较弱的美国亚洲舰队显然难以形成有效的威慑。西奥多·罗斯福认为有必要派一支强大的舰队到加利福尼亚及西岸显示武力以安定当地的民心，同时也顺带检验一下舰队在战时增援菲律宾的能力。这就是历史上著名的“大白舰队”全球巡航。面对美国的军事展示和战略威慑，日本进行了“最热烈、最隆重”的接待。曾率领日本联合舰队打败俄罗斯海军的东乡平八郎大将在日本新宿御宫花园主持了海军招待会，他还被美军少尉在恶作剧般的欢呼声中抛向空中，这其中就有36年后在莱特湾海战中率军击败日本的威廉·弗雷德里克·哈尔西。美国利用全球巡航对日本进行的战略威慑在短时间内起到一定作用，但这同时也刺激了日本暗自发展“大海军”与美国一决高下的想法。当然，全球巡航并没有从根本上改变美国海军在亚洲的“致命弱点”。最

① （美）斯蒂芬·豪沃思著，王启明译：《驶向阳光灿烂的大海：美国海军史（1775—1991）》，北京：世界知识出版社，1997年版，第349页。

② 左立平、王校轩著：《世界海军百年风云》，北京：国防大学出版社，2000年版，第63页。

终，美国把亚洲的战略力量布局向其东海岸方向进行了回收，把珍珠港作为在太平洋地区的战略枢纽和力量集结点。

从根本上来说，在一次世界大战爆发之前，美国对日本的战略是妥协、让步的，希望以此来把资源集中在大西洋方向。有观点非常形象地描述了美国在这个时期的对日战略及其后果：

> “容易遭受攻击的菲律宾需要保护，但是由于群岛位置遥远而且国会反对军队开支，所以外交协定是唯一的防卫手段，即使是西奥多·罗斯福，他所能想出来的也只是这一条。……斯特雷特、塔夫脱和诺克斯构思出金元外交作为阻止日本扩张、支持中国独立并刺激美国海外投资和贸易的手段。威尔逊徒劳地复活运气不佳的国际银行团的努力，基本上是针对日本而采取的政治行动。这个反对日本扩张的持久但无效的行动是一笔有害的遗产。它遗留给下一代的是太平洋战争。”①

三、一战与美国海军建设思想的微调

美国在第一次世界大战中的海上军事行动主要是护航反潜。在各国信奉舰队主力决战的时代里，美国却参加了一场“与马汉无关的战争”。之所以出现这样的局面，得从英国和德国在大西洋海上的战略战术说起。

在德皇威廉二世的亲自推动下，德国在首相俾斯麦辞职后把扩建“大海军”且与英国“争夺阳光下的地盘”作为目标。围绕如何建设海军的问题，德国国内出现了不同的思想主张：“激进派”信奉马汉的海权思想，强调建造一支由战列舰构成的“大海军”。保守派

---

① （美）托马斯·帕特森著，李庆余译：《美国外交政策（上册）》，北京：中国社会科学出版社，1989 年版，第 323 页。

认为德国的战略重心在陆地，海军的建设重点应该是发展巡洋舰来保护商船和海上交通线。当时，法国理论界出现了“青年学派”，他们认为“即使是较弱的海军力量也能够依靠巡洋舰和鱼雷艇，成功地挑战世界海上强国”，威廉二世对此非常入迷。[①]“青年学派”强调，像英国一样走全面发展战列舰队的道路是不可取的，舰队决战对于法国海军来说是不明智的选择。法国海军作为相对弱势的一方，应避免直接迎战英国舰队，而是利用鱼雷艇对英国的海外交通线展开进攻性的商业战。海外交通线的中断将使英国陷入恐慌，进而导致国内秩序崩溃，最终不得不向法国作出让步。[②]

围绕德国海军到底该采取哪条发展道路的问题，最终在威廉二世的亲自介入下，经过激烈辩论，德国最终定下了以建设战列舰为主的“大海军计划”。基于这些背景和德国的历史地理环境，德国针对英国的海上作战计划是：“鉴于处于优势地位的英国海军可能对德国沿岸进行逼近封锁。因此应当考虑采取有限作战或者小规模作战，通过积极的攻击行为袭击英国舰队，并且辅以布雷和潜艇的袭扰行为削弱敌军。等到敌我的力量对比大致相等的时候，德方集中其舰队，在不利于敌方的水域与之决战”。[③]该计划的总体思路就是运用袭击、消耗等战术，创造有利于德国的时空条件，最后与英国在北海地区进行战略决战。

然而，德国的海上战略存在致命缺点，那就是德国行动的前提是英国来到北海地区，使德国有机会与英国进行战略决战。德国参谋本部一心一意只求一场决战，从未思考过英吉利海峡的港口会有什么状况；德国海军参谋本部的主要想法是将舰队集结在北海，目

① 详见李富森：《论威廉二世与德国海军战略的转变》，《唐山学院学报》，2014 年第 9 期，第 45—46 页。

② 师小芹：《试析 19 世纪后期法国“青年学派”的海权理论》，《军事历史》，2010 年第 1 期，第 51 页。

③ 章骞：《无畏之海：第一次世界大战海战全史》，济南：山东画报出版社，2013 年版，第 17 页。

的是为了应付临时情况，却不关心如何影响大局。[①] 针对德国的做法，英国采取的是远离海岸线进行封锁的战略。即在北海区域之外对德国进行封锁，其结果是虽然无法对德国近岸形成威胁，但德国海军也无法对英国海军形成严重挑战。随着战局的推移，德国的远海舰队被始终关在“废弃了北海”之内。虽然德国宣称取得了战术上的胜利，但无法改变战略力量对比。德国舰队司令赖因哈尔德·沙尔海军上将提出：即便“在这场战争中最为成功的舰队行动结果”也无法“迫使英国媾和”。英国有利的“军事—地理位置”与其“巨大的物质优势”妨碍德国取得成功，只剩下一个替代性办法：“挫败英国的经济生活，即运用潜艇打击英国的贸易”。[②] 自此，德国开始大规模建造和运用潜艇袭击英美商船，试图通过瘫痪英国的海上交通线而取得战争胜利。

在经过是参战还是中立的长期政策徘徊之后，美国最终决定参加第一次世界大战。美国海军在第一次世界大战中担任的主要任务是护航、反潜和兵力运输。当时的一名海军少将威廉·S. 西姆斯在美国宣战后根据英国海军部的统计资料描述了德国潜艇战的效果：

> “在每4艘驶离英国的船只中就有1艘被潜水艇击沉，而英国每损失10艘仅能更新1艘。用潜水艇和自动推进鱼雷对付一个易受攻击的海洋国家，进行所谓劫掠战，即袭击商船的战争，正成为德国的一个巨大胜利，尽管这样做是与马汉的思想背道而驰的。确实，德国人所犯的主要错误之一就是对马汉给予了过多的注意，在战前造的战列舰太多，而潜水艇不足。”[③]

---

① （英）李德·哈特著，林光余译：《第一次世界大战战史》，上海：上海人民出版社，2010年版，第47页。

② （美）威廉森·莫里等著，时殷弘等译：《战略缔造：统治者、国家和战争》，北京：世界知识出版社，2004年版，第286页。

③ （美）拉塞尔·F. 韦格利著，彭光谦、张孝林、赵汉生译：《美国军事战略与政策史》，北京：解放军出版社，1984年版，第233页。

当资源和经费在总体确定的情况下，确定主力舰为重点必然会压缩其他舰种的规模。1915 年 7 月，美国海军综合委员会提交建造“独一无二”海军的报告，提出在 1925 年前使美国海军实力达到世界第一。该委员会提出了建设海军的五点具体计划：成立国防委员会、建立 5 万人的海军后备部队、增加补给运输舰的数量、通过新兵役法训练海军军官、制定新的 5 年造舰计划。[①] 在这个过程中，受到日德兰海战的影响，各国竞相走上“大舰巨炮”的道路。1916 年，美国国会通过《1916 年海军法案》，提出要建造 10 艘战列舰、16 艘巡洋舰、50 艘驱逐舰、72 艘潜艇和 14 艘辅助舰。在德国的潜艇消耗战面前，美国海军建设中的问题随即显现出来。在前文中曾提到，由于长期把主力舰作为建设重点，美国海军没有意识到鱼雷和潜艇带来的致命威胁。对潜艇的重视不够，这带来两个重大的问题：护航船只不足、运输投送力量缺乏。

无论是英国还是美国，在最初面对德国的潜艇战时都有些手足无措。除了护卫舰等用于护航的船只比较缺乏之外，更重要的是需要对潜艇的突然袭击时刻保持戒备状态。如果派出驱逐舰对潜艇展开搜索，那么这样的做法就无异于“大海捞针”。德国潜艇对英美海上交通线的袭击，目的是为了通过切断海上经济商贸线来迫使对方屈服。这样做能产生巨大的政治经济效果，但反过来却又很难直接消灭对方的主力舰队。至此，双方似乎又陷入另一种状态的力量均衡之中。在这种状态下，德国取胜的前提是有足够的潜艇，给对手的损失足够大到无法继续坚持作战的意志。英美扭转局面的前提是有足够的海上力量击败德国潜艇，或者有足够的力量驱逐德国潜艇，使其无法对其交通线造成威胁。至此，英美双方与德国的较量焦点转变到“后备力量”之上，谁能够再动员一批资源转化为海上力量，那么就可以使战场态势向自己有利的方向转化。

---

① Allan R Millett and Peter Maslowski, *A Military History of the United states of America*, New York: Freedom Press Publishing, 1994, p. 328.

显然，美国的应变能力、资源再集结和动员能力要强一些。美国在正常情况下建造一艘驱逐舰需要一年多。在战争期间，马雷岛海军造船厂用70天就造成一艘。一家民用造船厂用了45天就将另一艘建成并试航。到第一次世界大战结束时，美国工业为美国海军建造或正在建造大约248艘驱逐舰，60艘大型“鹰船”猎潜艇，116艘小型猎潜艇，此外还为协约国建造了许多猎潜艇。[①]

四、以日本为主要威胁的备战思路

从主观上来说，美国海军在第一次世界大战中的备战思想是以建设主力舰为中心。然而，参加第一次世界大战后，英美商船在大西洋上经常受德国潜艇的袭扰和攻击，美国政府要求军方将打破德国潜艇封锁、保护海上交通线作为首要任务，因而提出优先建造驱逐舰舰队和应急商船的对策。正是这个决定，使美国海军在一战结束后拥有一支规模庞大的驱逐舰舰队，反潜实力、空中打击能力和远程侦察能力大幅提升。1919年，虽然在舰船总量上与英国差距较大，但美国已拥有42艘主力舰，仅比英国少两艘，开始向英国的海上霸主地位发起挑战。

在美国加快亚太海上扩张步伐时，日本也正寻求对西太平洋地区的控制。日俄战争后，日本开始把头号假想敌从俄国调整为美国，而美国也逐渐意识到日本的海上威胁，日美矛盾开始累积。为争夺太平洋的海上霸权，美国国会通过的《1919年海军法案》提出要在3年内建造10艘战列舰、6艘战列巡洋舰、10艘巡洋舰和160艘驱逐舰。英国和日本等其他国家也不甘示弱，纷纷抛出规模庞大的扩军计划。海军军备竞赛耗费了列强大量的国家资源，各国财政捉襟见肘，只得在1921年11月召开华盛顿会议讨论军备裁减与控制事宜。会议最终达成《五国海军条约》，规定英国、美国、日本、法国

① （美）拉塞尔·F. 韦格利著，彭光谦、张孝林、赵汉生译：《美国军事战略与政策史》，北京：解放军出版社，1984年版，第234页。

和意大利主力舰总吨位比例为 5 : 5 : 3 : 1.75 : 1.75。美国从中获得与英国平起平坐的地位，并保持了对日本的吨位优势。1922 年至 1933 年的 10 余年间，受经济低迷、财政紧缩和孤立主义等因素的影响，美国对海军建设的投入力度不大，仅建造了 40 余艘舰船。在经过短暂的海军发展低潮期之后，美国国会通过了 3 个“文森法案”，大幅扩建海军力量，稳固了美国在太平洋和大西洋的力量基础，逐渐取代英国成为新的海上霸主。美国决不允许海权受到挑战，提出要在两大洋上保持海军的力量优势。针对日本海军日益威胁美国在太平洋的地位，美国驻日大使格鲁甚至提出，“我们应该继续保持现订的美日之间的比率而不计代价。”①

为了应对日本的威胁，美国在此段时间开始秘密制定“橙色计划”。截至 1913 年，美国已经基本确立针对日本的作战计划，其基本思想是：如果与日本发生战争，菲律宾可能成为日本首先攻击的对象，菲律宾的防御将取决于战斗舰队的到达。如果爆发战争，美国将派出舰队从加勒比地区出发，绕过合恩角，利用尚未完工的珍珠港基地和尚未得到开发的关岛基地，在确保其交通线安全的情况下穿过太平洋到达菲律宾。② 1928 年 4 月，新的“橙色计划”提出，菲律宾卫戍部队要尽可能长时间地控制马尼拉湾，美国海军则首先控制海上局势，对日本武装力量、军事基地和经济生活发动进攻，组建联合陆海远征部队夺取有关基地。但是，美国从未真正落实该计划对海军军力提出的要求，而美国海军建设也在两次世界大战期间进入了所谓的“海军假日”时期。不过，美国海军在部分领域得到了“革新式”的大发展。美国海军成功研发飞机弹射器、制动器和用于飞机外壳的金属合金，装备了远距离侦察机、巡逻机、轻型飞机、鱼雷和俯冲轰炸机，大大增强了航空母舰编队的战斗力。在

---

① （美）约瑟夫·C. 格鲁著，蒋相泽译：《使日十年》，北京：商务印书馆，1983 年版，第 156 页。

② 徐蓝：《从“橙色计划”到“彩虹”计划——太平洋战争前美国的战略演变》，《历史研究》，1996 年第 6 期，第 131 页。

两栖作战理论的牵引下，美国海军率先举行两栖登陆战演习，于1933年组建了陆战队，为此后美日间的太平洋岛屿作战积蓄了力量。另外，坚持军民协调发展，培育国内的综合技术能力。美国注重军民分工，军方主要承担建造大型军舰，而辅助性的船只则交由民间造船厂负责。

美国在舰队规模上对日本拥有数量优势，但开战后需要横渡5000海里驰援菲律宾和其他岛屿，如何克服遥远的海上距离，顺利完成远程兵力投送是个大问题。对此，美国将“保交”和“破交”作为太平洋上的重点任务，尝试组建“联合陆海远征部队”，将航母作为海上前进的“浮动基地”，平衡建设水面舰艇、海军航空兵和海军陆战队力量，以应对日本对美国海上交通线的破坏和袭扰。为了做好后勤保障，美军很早就设想出了在战时建立由各种辅助、补给和修造船只组成的“前进”基地战术。具体办法是征用民用船只、配备海军官兵组成勤务部队与航母编队混编航行，在海上给航空母舰加油，并随时提供食品、燃料、弹药和技术保障。同时，成立专门的海军修建营和后勤分队，为海军陆战队和航空联队提供支援。另外，运用直接补贴和政府援助等手段扩大商船队的规模，为战时运输兵员和物资积聚力量。

1933年，日本海军与美国海军的差距逐步缩小，德国和意大利在欧洲的扩张有所抬头，富兰克林·罗斯福总统以振兴造船业为名重启造舰行动。1934年，美国国会通过《文森—特拉梅尔法案》，开始启动为期8年的扩军计划，计划新增102艘军舰。国家资源源源不断地投入到造船业之中，美国海军1937年获得的拨款达到10亿美元左右。此后三年内，美国国会又先后通过《第二个文森法案》和《第三个文森法案》，宣布将美国的海军舰船总吨位扩大70%。美国的总目标是，建设一支“两洋舰队”，足以对付来自日本、德国和意大利三国的海上联合威胁。“珍珠港事件”前，美国服役的战列舰17艘、航空母舰7艘、巡洋舰37艘、驱逐舰171艘、潜艇111艘，在建的战列舰15艘、航母11艘、巡洋舰54艘、驱逐舰191艘、潜艇73艘，海上作战飞机5500架，形成了比较完整的海上作战力量体系。[①]

1938年前后，美国修订了原有的作战计划，同时探讨美英在远东及太平洋地区的协同战略。在新修订的“橙色计划”中，美国提出优先任务是保卫美国的太平洋沿岸、瓦胡岛、巴拿马和阿拉斯加。美国海军的任务是确保海上交通线的同时，尽可能地扩大对太平洋的海上控制，同时对日本的部队及海上交通线发动攻击，直至将其打败。[②] 不过，美国很快修正了这份计划，原因是罗斯福政府认为在面临着欧亚双线威胁的背景下，需要首先考虑在欧洲地区采取军事行动的可能。经过争论和协调，美国在1941年初确定了“先欧后亚”的战略，提出首先在欧洲和大西洋地区作战，然后再把重心转向太平洋。

随着日本突袭珍珠港，美日在太平洋上展开了大规模的鏖战。虽然在战争初期美国处于守势，但随着时间的推移，美国海军开始扭转局势。通过长期的发展，美国在物资技术、人员培训、工业生产等方面积累了充足的“后劲”，在海上军事技术上进行了许多创新发展，这都为美国取得海上优势创造了条件。比如，美国海军将雷达运用到实战之中，在反潜作战中取得比较好的效果。凭借战前在雷达研究上取得的成果，美国海军发明了雷控射击技术，使日本大型驱逐舰的近战和夜战战术失效，日本潜艇部队损失惨重。经统计，日本战败时共被水面舰艇击沉84艘潜艇，其中被雷达首先发现的就有41艘。[③] 尽管日本海军在1939年前后就准备研制雷达，并安装在“瑞鹤”号航空母舰上进行试验，但由于缺乏资金和进行批量生产的

① （美）E. B. 波特著，李杰等译：《世界海军史》，北京：解放军出版社，1992年版，第459页。

② 徐蓝：《从“橙色计划”到“彩虹”计划——太平洋战争前美国的战略演变》，《历史研究》，1996年第6期，第140页。

③ （日）坂本金美著，龚建国等译：《日本潜艇史》，北京：海潮出版社，1987年版，第351页。

设备，加上日本高层对此毫不热心，事情随后被搁置起来。[①] 又比如，美国海军获得了电子技术领域的优势。开战前，美国成功研发了舰对舰、舰对岸无线电通信技术，发展了无线电监听和干扰技术，使美军在此后的海战中获益匪浅。在莱特湾海战中，“武藏号”战列舰被美军飞机围攻5小时，日本岸上航空部队竟然毫不知情。后来才发现主要是因为日本基地通信能力薄弱，美军对日本的通信又进行了干扰，日本舰队派出去的32架侦察机没有及时把侦察情况通报出去。此外，美国在密码破译领域也取得进展。美国海军的密码破译力量在战前不断壮大，掌握了日本海军的密码通信，为此后取得中途岛大捷提供了有力支持。依靠美国强大的综合国力和世界各国反法西斯战争的共同努力，美国在太平洋上击败了日本海军，取得了海上战争的最终胜利。

五、二战前后的“平衡舰队”建设思想

美国所谓的“平衡舰队”是指通过发展混合兵种，海军努力达到（华盛顿）条约上限，采用最新设计，满足内部不同派系的主张。[②] 一战结束时，美国形成了规模庞大的驱逐舰舰队，反潜实力、空中打击能力、远程侦察能力、船舶和飞机建造能力大幅提升，美国海军力量也呈现多元化、均衡化的格局。在接下来的20余年间，美国海军增强了无线电和密码破译力量，成功研制“魔术”密码破译机，掌握了日本海军的海上密码通信。美国特别重视发展潜艇部队和反潜力量，发明了雷控射击技术，使潜艇成为打击日本驱逐舰和航空母舰的重要力量。在两栖作战理论的牵引下，美国海军率先举行两栖登陆战演习，组建了陆战队。

其中，航母逐渐取代战列舰成为主战力量，这是美国海军建设

---

① （日）伊藤正德著，刘宏多译：《联合舰队的覆灭》，北京：海洋出版社，1991年版，第296页。

② （美）乔治·贝尔著，吴征宇译：《美国海权百年：1890—1990年的美国海军》，北京：人民出版社，2014年版，第8页。

思想的一个重大转型。1910 年 11 月，美国海军在“伯明翰”号轻型巡洋舰的舰艏甲板上铺设了一条长 26 米、宽 7.3 米的木质跑道，完成首次飞机在军舰上的起飞实验。1922 年，美国将一艘运煤船改建为首艘航空母舰“兰格雷”号，并改装战斗巡洋舰“列克星敦”号和“萨拉托加”号。为更好地认识航母的作战效果，美国海军在 1929 年对航空母舰进攻战术做了一次试验。依托航空母舰“萨拉托加”号和一艘巡洋舰，运用 66 架飞机对巴拿马运河区进行突然袭击，获得全胜。

受到空权思想的影响，美国海军在第一次世界大战期间出现了强调航母和海军航空兵作用的“航母派”。这部分人的主张是：飞机可以给舰队增加巨大优势，航母将走向战场的前线，这将引起海军建设思想的巨大变革。美国海军上将西姆斯曾表示：未来的战争中，配备有航空母舰的舰队将以飞机轰炸和飞机投放鱼雷的方式把敌方舰队一扫而光，战列舰的传统使命将被航空母舰所代替。[①]而坚持战列舰为中心的“火炮派”则认为重型大炮依然海上作战的关键。因为航母甲板缺少防护极其脆弱，只有战列舰才能穿越太平洋并依靠精准火力击败日本的联合舰队。而一位似乎持中间立场的军官则提出：

> “当时的战列舰如果没有掩护，正处在严重的危险之中；尽管有这个危险，战列舰必须继续作为海军的第一道战线；如果敌人能够取得海上制空权，那么他们的胜利几乎是肯定的；如果被一枚 2000 磅炸弹击中一至二处，对于任何现有的军舰来说都将丧失战斗力；为了保持美国战机的安全和完整，舰队的海军航空兵必须立即扩编并发展到与（华盛顿）条约的条款和舰队规模相一致的最大程度；除非这样做，否则美国舰队将不得不在可能打败仗这样一

① 丁一平、李洛荣著：《世界海军史》，北京：海潮出版社，2000 年版，第 511 页。

种严重不利的条件下出海。”①

总结起来，在当时的历史环境下，没有空中掩护的战列舰是危险的，而如果航母编队太靠近敌方舰艇编队就会遭到致命攻击，甚至有人提出：“位于重要海域的两方航空母舰，就像处于同一个圈子中手持匕首，双眼被遮住的士兵一样，作战的一方或双方都有可能受到伤害。”那么到底可能是什么因素决定了航母与战列舰、飞机与火炮的竞争结果呢？现在看来有两个因素比较重要：预警能力和对手的攻击方式。

毫无疑问，因为战斗机其机动性强、作战半径大的特点越来越受到人们重视。但更关键的决定因素是雷达技术的实际性能：在战列舰与航空母舰对抗的问题上，（争论）最大的可能是新引入的雷达技术实际性能。如果能够证实雷达可有效地引导大口径高射火炮，对手攻击战斗机的打击效能就可能会被大大削弱；假如雷达在进行预警和对战斗机控制方面的效果明显不好，航空母舰易受攻击的弱点就会让人难以接受。② 实际上，从后来的太平洋大海战来看，美军凭借雷达赢得了巨大优势。在所罗门战役期间，美军的对空探测器可以搜索到88海里以外的来袭机群，从而有充足的时间派出53架加满燃油的战斗机。③

另外的一个因素是，日本采用航母袭击珍珠港的方式改变了美国对战争的看法。太平洋战争爆发前，日本海军总参谋长、海军大将长野修身制定的消灭美国太平洋舰队的基本策略是：进军荷属东印度群岛，进攻美国前往菲律宾途中的基地。避免与美国太平洋舰队直接对阵，而在这些舰队通过马绍尔群岛和加罗林群岛时，用潜

---

① （美）拉塞尔·F. 韦格利著，彭光谦、张孝林、赵汉生译：《美国军事战略与政策史》，北京：解放军出版社，1984年版，第307—308页。

② 转引自（美）韦恩·休斯著，易亮译：《舰队战术与近岸战斗》，北京：海洋出版社，2016年版，第59页。

③ （美）韦恩·休斯著，易亮译：《舰队战术与近岸战斗》，北京：海洋出版社，2016年版，第83页。

艇和飞机进行袭扰消耗。最后，在美军舰队的残余部分达到日本控制的海域时予以彻底消灭。然而，1941 年，日本联合舰队司令、海军大将山本五十六提出的策略是：用航母对珍珠港进行突然袭击，一举消灭美国在那里的太平洋舰队。[①] 最终，美国太平洋舰队在日本海军的战略突袭下损失惨重。基于珍珠港的巨大教训，美国得出的结论是："太平洋确实是一场空战"。随着美国海军加大对航母的重视程度，航母作为海上进攻力量登上历史舞台，使舰队间作战的距离从舰炮的 20 海里左右增加到飞机航程的 200 海里以上，确立了以制空权延伸制海权的指导思想。当然，美国在太平洋地区重视航母作战的另一促因是，由于珍珠港事件把战列舰几乎消灭殆尽，导致尼米兹海军上将不得不把航母、驱逐舰和潜艇进行混合编队，采取"打了就跑"的战术与日本进行周旋。经后来实践，这种编队方式发挥了很好的战术效果。加上美国利用密码破译等手段掌握了日本舰队的动向，打出了以弱胜强的中途岛伏击战，一举改变了太平洋战争的战局态势。此后，美国海军开始把更多的资源投入到发展航母和海军航空兵上面，开始探索建立以航母为核心的海上舰队新型编组方式。

除了美国海军内部要素的平衡之外，更重要的还有军力建设与经济发展之间的平衡。尽管在华盛顿会议上美国确立了与英国和日本海军总吨位 5：5：3 的比例，但是美国在很长一段时间内并没有建满相应的额度。其中原因之一就是受到当时经济大萧条的影响，美国的总体军费有限。不过，即使当时的经费有限，美国还是拿出很大一部分资源用于新兴力量——海军航空兵建设。在 20 世纪 30 年代，除了对日本威胁的感知防范之外，美国拨款建设海军的另外动力之一就是配合富兰克林·罗斯福的经济复兴政策，希望通过军工建设来拉动美国经济复苏。

此外，美国还特别善于动用民间力量来推动海军建设。1933 年

---

① （美）内森·米勒著，卢如春译：《美国海军史》，北京：海洋出版社，1985 年版，第 242 页。

6月，富兰克林·罗斯福总统将发展经济与建设海军结合起来，从《全国产业复兴法》的公共建设工程专款中拨出2.38亿美元用于海军建设，宣布可以从美国125个行业中雇佣人员、调用各州的材料用于造船。1936年，美国国会通过了《商船法》，运用直接补贴和政府援助等手段来建设一支强大的商船队，以便在战时承担运输兵员和海上物资的任务。一战期间，美国派出了“莫米”号运油船伴随驱逐舰舰队横渡大西洋，在中途给军舰添加燃油。1939年开始，美军开始尝试在海上给航空母舰加油，征用民用船只、配备海军官兵组成后勤保障部队与航母编队混编航行，随时提供食品、燃料、弹药和技术保障。显然，民间力量为美国海上军事力量建设提供了丰富的资源和技术支撑。

第四节　冷战期间的美国海上军力建设思想

冷战期间美国海上军力建设思想主要受两大因素的影响：一是在遏制战略的框架下把苏联海军作为主要的对手和威胁；二是技术因素的影响。核武器的出现使得美国海军开始思考在核时代的职能和任务，以及考虑核技术对海军军备建设的影响。更为突出的是，以导弹为代表的远程武器开始成为新的攻击手段，各国海军既可利用导弹来发动军事打击，又必须考虑来自对手的威胁和挑战。在这个总的背景下，美国海上军力建设思想进行了新一轮的转型。

一、从海到岸思想的确定

第二次世界大战结束后，美国成为世界上最强大的海军。不过，美国海军在和平时期的职能角色很快就受到了质疑，美国众议院海军事务委员会在1945年9月就提出：“这场战争之后我们为什么还需要海军?”[①] 在这个思想的影响下，美国海军进行了大规模的裁减。1945 年，美国海军有 1194 艘大型作战舰只、1256 艘两栖运输舰艇、4100 多架飞机。3 年后，现役海军只留下 267 艘大型作战船只。[②]

二战结束后，美国国内之所以质疑海军的作用，主要有三个原因：一是随着德国和日本海上舰队的覆灭，传统的对手消失了，美国国内普遍认为没有必要再维持一支规模庞大、开支昂贵的海军。二是尽管苏联被美国列为潜在威胁，但是苏联当时的战略重心在欧亚大陆，只保持了一支规模较小的近海舰队。鉴于苏联并未带来迫切的海上威胁，美国国内有观点认为美国维持大规模的海上军事存在是没有必要的。三是来自军种之间对资源的争夺。战争结束后，杜鲁门政府背负了巨大的债务，其数量相当于美国联邦政府从 1789 年至一战期间开销的总和，这对美国整个国民经济造成严重威胁。杜鲁门政府规定的军费约为 100 亿—130 亿，所以并非所有的军事计划都能获得经费。[③] 1947 年，美国组建了空军。与此同时，美国把各军种纳入统一的组织框架之下。作为新兴力量的美国空军与美国海军围绕防务资源分配展开了激烈的辩论和争夺。一位空军将领甚至直接表示：空军不仅在战时是主力，而且在和平时期也是主力。……而海军，除了几艘航空母舰之外，什么也拿不出来，就是那几艘航空母舰，也很有可能在战争一开始就被炸沉，因而毫无用处。至于说到海军陆战队，那只是一支小小的不像样的陆军部队，只不过会说些古里古怪的海军行话而已。[④]

核武器的出现加剧了美军各军种之间对于军事任务的竞争。艾

---

① （美）乔治·贝尔著，吴征宇译：《美国海权百年：1890—1990 年的美国海军》，北京：人民出版社，2014 年版，第 317 页。

② （美）斯蒂芬·豪沃思著，王启明译：《驶向阳光灿烂的大海：美国海军史（1775—1991）》，北京：世界知识出版社，1997 年版，第 566 页。

③ （美）阿伦·米利特等著，张淑静等译：《美国军事史（1607—2012）》，北京：解放军出版社，2014 年版，第 406 页。

④ （美）内森·米勒著，卢如春译：《美国海军史》，北京：海洋出版社，1985 年版，第 294 页。

森豪威尔总统上台后，提出要实现经济和安全之间的“大平衡”，即在保持军力优势的同时压缩政府债务。为此，艾森豪威尔政府提出了“第一次抵消战略”，即大规模压缩常规力量节约经费，同时重点投入核军力来确保战略优势。各军种都想建立一支既能打核战争又能应付传统作战任务的部队。这些情况加剧了美国海军的危机感，于是试图通过对任务职能的重新定位来适应形势的发展。为此，美国海军逐渐把战略定位从争夺制海权转变为攻击陆上目标，在传统的职能任务中加入了战略威慑、对陆打击、对陆支援等功能。1945年，美国海军将领金（Ernest，J. King）曾表示：

> “二战中我们舰队的交战对象并不只是敌军的舰队。在很多情况下，舰队相当大一部分行动的目标是针对陆上目标。一个特别显著的例子是攻占冲绳。在三个月的行动中，我们的太平洋舰队——世界历史上曾经出现过的最大的海军主力——连续作战，战斗的激烈程度在海军史上前所未有；然而那时的日本海军已经名存实亡了——我们在同岛屿作战，而不是敌人的舰队。”①

对于美国空军提出能够利用核武器发动密集袭击取得战争胜利的观点，美国海军强调依靠单一军种在短期内不可能取得战争胜利。同时，为了突出美国海军在未来的作战行动中具有独特地位，美国海军作战部副部长福里斯特·谢尔曼中将提出要推进海军功能和兵力多样化，要着重控制海上通道、攻击苏联前沿军事基地、为陆上作战提供支援，进而实现海权的综合掌控。谢尔曼为美国海军描述了对抗陆上大国的思路和方法：

> “控制苏联以白海和巴伦支海为基地的各舰队出口的海

① （美）乔治·贝尔著，吴征宇译：《美国海权百年：1890—1990年的美国海军》，北京：人民出版社，2014年版，第330页。

> 上通道。……‘将黄蜂消灭在蜂巢之中’，即派遣海军航空兵攻击停靠在尚未加固的庇护中的（苏联）攻击潜艇，同时摧毁为他们提供补给和维修的基地，再用海上巡航切断（苏联）潜艇的补给线。……利用航母舰载机的精确轰炸来支援陆上行动。……在地中海建立强大的海上攻击部队，用以掩护欧洲南翼并深入战略价值高、防御又十分脆弱的中东石油国。……海军可以‘充当开路先锋，为空军和陆军组织连续的两次重拳击做好准备’”。①

可以说，谢尔曼的主张对美国冷战期间的海军战略产生了重大影响。这些主张避免了美国海军航空兵被美国空军合并的命运，同时也使美国海军与空军在职能任务和经费资源方面的争夺战告一段落。朝鲜战争爆发后，美国海军员额大幅增长，从战争爆发时的 38 万现役人员增加到了 73 万人，300 多艘二战后封存的舰艇重新服役，整个舰队的规模达到 1100 艘左右。战争结束后，美国海军并未将海军人员和舰艇转入预备役，而是在 20 世纪 60—70 年代维持了 60 万左右的现役人员。②

二、核时代的美国海军建设思想转型

冷战初期美国海军建设思想转型的直接动力来自于艾森豪威尔政府的“大规模报复”战略。二战结束后，苏联的常规军事力量得到长足发展，美国感到自己在该领域已经处于下风。1953 年，美国在一份内部报告中认为：陆军现役部队的数量大约只有苏联的 17%，

---

① （美）乔治·贝尔著，吴征宇译：《美国海权百年：1890—1990 年的美国海军》，北京：人民出版社，2014 年版，第 332—345 页。

② （美）斯蒂芬·豪沃思著，王启明译：《驶向阳光灿烂的大海：美国海军史（1775—1991）》，北京：世界知识出版社，1997 年版，第 586 页。

预备役部队也只有苏联的 25%。[①] 如果按照这个数量比例竞争下去，美国几乎很难扭转局面。不过，美国在核武器领域的优势却十分明显，核武器的数量不仅从 1948 年的 50 枚增加到 1954 年的 1750 枚，航程达 9000 公里的 B－52 战略轰炸机还能对苏联境内的纵深目标发动攻击。而苏联的战略轰炸机根本无法对美国本土构成威胁，核武器的数量和质量也远远落后于美国。[②]

在艾森豪威尔竞选总统的过程中，共和党对杜鲁门政府奉行的遏制战略进行了猛烈的抨击，指责其"仅仅是为了维持现状"。他们提出：在对手"选定了进攻的时间和地点之后"才对其作出反应是一种"把主动权拱手让给敌人的消极政策"。[③] 为了扭转局面，艾森豪威尔政府将核力量作为抵消苏联常规部队的关键要素，大幅增加核武库的数量，研发和部署核武器远程投掷工具，试图把苏联拖入新一轮的核武军备竞赛之中。在确定以核武器为建设重点后，艾森豪威尔政府出台了"大规模报复"战略，提出美国参谋长联席会不再逐一制定计划来回应对手运用常规力量的行动，而是"通过美国选择的方式和地点来进行报复"。[④] 该战略试图谋求美国在军事力量使用上的主导权，避免在对手选择的"时间、地点和方式"下使用武力。这表明艾森豪威尔政府不仅仅与苏联在军备的数量和质量上进行比拼，还在军备的使用方式上作出调整，以获取更大的战略灵活性。

"大规模报复"战略的典型特点是引入了"惩罚性威慑"的概念，将威胁使用武力作为慑止战争的一种手段，这跟杜鲁门政府奉

---

① Robert Marinage, "Toward a New Offest Strategy Exploiting U. S. Long－Term Advantages to Restore U. S. Global Power Projection Capability," The Center for Strategic and Budgetary Assessments, 2014, pp. 6－7.

② 资中筠主编:《战后美国外交史——从杜鲁门到里根》，北京：世界知识出版社，1994 年版，第 247 页。

③ J. 斯帕尼尔著，段若石译:《第二次世界大战后美国的外交政策》，北京：商务印书馆，1992 年版，第 94 页。

④ Robert A. Divine, *Eisenhower and the Cold War*, Oxford University Press, 1981, p. 38.

行的遏制战略是有区别的。但是，艾森豪威尔总统在操作层面却并未说明实施报复的具体条件，针对美国国防部提出在哪些情况下需要使用核武器的疑问，他拒绝作出明确的回应。针对这一看似矛盾的立场，艾森豪威尔总统表示：该战略的核心是在敌人中间造成不确定性，导致没人能准确地预测美国在何种情况下将采取何种行动。[①] 如此说来，此举暗含模糊竞争对手的视线、影响对手决策认知的意图，可以为美国在与苏联的竞争中赢得机会。

之所以选择使用核力量作为抵消苏联常规部队的规模效应，除了美国在核技术方面的“底子”厚实之外，主要是因为艾森豪威尔总统要实现国内经济与防务之间的“大平衡”。在艾森豪威尔总统看来，长期高额的国防开支会对经济带来毁灭性的后果，它将如同苏联的炸弹一样损害美国的安全。[②] 因此，他很早就将重新评估国家安全政策确定为优先任务。艾森豪威尔认为，“军事和经济力量的关系是紧密相连、不可分割的”，需要在美国可承受的开支基础上保持强大的防务力量，并致力于实现二者的“大平衡”。[③] 虽然说艾森豪威尔政府重视缩减庞大的国防开支，以免危害美国国内经济，但他跟杜鲁门政府一样将苏联视为最大威胁，力求在军事上对其保持优势。艾森豪威尔政府只是在减少开支和保持军事优势之间寻找到“中间道路”，以实现成本与效能的均衡。因此，攻击效率惊人、成本相对便宜的核武器很容易作为优先选择。杜勒斯就曾表示：应寻找一条以更低成本使遏制行动更有效的方式，促使美国重获主动权。办法之一就是比过去更加依赖美国的技术优势，特别是在核武器及其投掷工具方面的优势，以此来威慑战争的爆发。[④]

艾森豪威尔政府确定把核力量作为发展重点之后，美国空军成

---

① Robert A. Divine, *Eisenhower and the Cold War*, Oxford University Press, 1981, p. 39.

② H. W. Brands, " The Age of Vulnerability: Eisenhower and the National Insecurity State, " *American Historical Review*, 1989, Vol. 94, p. 966.

③ Robert A. Divine, *Eisenhower and the Cold War*, Oxford University Press, 1981, p. 34.

④ John Lewis Gaddis, *the United States and the end of the Cold War: Implications, Reconsiderations, Provocations*, Oxford: Oxford University Press, 1992, pp. 65 – 66.

为其首选。美国海军则担心经费拨款大量投向空军造成己方活动的经费减少。基于这个考虑，美国海军在不断攻击美国空军新型战略轰炸机计划存在缺陷之外，还大力发展了海基平台的核力量。美国国内有研究也认为：基于“海洋系统”的核力量有利于在对手先发制人的核打击下存活下来：

> “如果双方的核报复力量相对而言都是坚不可摧的话，这对两个核大国来说将是彼此有利的，因为如果双方的核力量在先发制人的打击中都不堪一击，那么局势的不稳定性就会增加，就会走向极端。……加固现有的轰炸机基地和导弹基地是不可能达到预期目的的。因为定量研究表明，敌人持续地增加其导弹力量来战胜为加固基地所做的努力比他们也以加固基地来对付加固基地要容易和便宜得多。但是可移动的基地要比固定的基地更安全可靠，而海上可移动基地又比陆上可移动基地更可靠，因为在海上它们能够更容易地采取不规则的运动形式并且更易于隐蔽自己。海下可移动的报复基地比起海面的基地甚至更不容易遭到攻击。”①

在上述思想的影响下，美国海军加快了核武化。美国把 1955 年称为“美国新的海军诞生日”，其标志是成功研发第一艘使用核动力的“鹦鹉螺”号潜艇。至此，美国海军在经历风帆、蒸汽动力时代之后，正式跨入核动力时代。核动力对于潜艇来说是具有跨时代的影响。因为动力是潜艇长期以来面临的难题。在第二次世界大战期间，潜艇装备有柴油机和蓄电池两套系统，前者用以水面航行，后者用以水下活动，但蓄电池动力有限，限制了机动性和隐蔽性。核动力的出现大大提高了航行速度和水下活动时间。除核动力之外，

---

① （美）拉塞尔·F. 韦格利著，彭光谦、张孝林、赵汉生译：《美国军事战略与政策史》，北京：解放军出版社，1984 年版，第 513 页。

美国海军在“一切带有核武器”的座右铭指导下开始研发各类进攻性核武器。1957 年 8 月 16 日，艾森豪威尔政府决定建造世界上第一艘核动力航空母舰“企业”号。1960 年，美国首艘导弹核潜艇乔治·华盛顿号成功从水下发射“北极星”弹道导弹，标志着美国开始具备海基核打击力量。到 1961 年，美国海军新开工核动力舰艇数量已达 37 艘。1967 年，美国开始新建的航母实现核动力化。1968 年，美国水面舰艇 428 艘，其中航母 31 艘、巡洋舰 34 艘、两栖作战舰艇 77 艘、驱逐舰 227 艘，潜艇 146 艘。[①]

三、以苏联为对手的美国海军建设思路

冷战期间，美国把苏联作为最大的海上竞争对手。由于美国在全球推行“前沿防御”战略，在西欧、北欧、地中海、东北亚、东南亚等地部署了大量部队，还与英国、德国、土耳其、澳大利亚、日本、韩国、菲律宾和泰国等国家签订了军事同盟条约。因此，美国及其盟国的水面主战舰艇较之苏联具有压倒性优势。然而，自 20 世纪 60 年代以来，苏联海军在戈尔什科夫海军上将等人的推动下得到大幅发展，加上随着美苏核力量逐渐呈现均衡态势，美国在冷战初期对苏形成的军事优势正在消失。另一方面，越南战争消耗了美国大量的资源，导致其财政紧张、资源匮乏，美国国内因此提出要对海军进行改革。

（一）重夺对苏联的“海上优势”

里根总统上台执政后，开始推行军力扩建计划，美国海军也进入重振阶段。在此背景下，担任美国海军部长的莱曼提出了“海上优势”理论。莱曼的“海上优势”是基于对美苏力量态势评估判断的结果。在莱曼看来，苏联的优势来自于陆地力量，能够动用陆地资源及其盟友对欧亚大陆及其与美国利益有关的区域进行进攻和威

① 薛晨：《美国海权研究：成因与变迁》，复旦大学博士学位论文（2011 年 10 月），第 106—107 页。

慑。随着苏联导弹潜艇部队规模的上升，苏联海军能够对美国的欧洲盟友以及美国本土的海岸区域进行威慑和打击。因此，莱曼认为在美苏陷入核均势的前提下，美国海军在数量上对苏联享有的优势并不能转化为实际的海上优势，不能够确保美国在平时或战时有效控制海洋。基于这个判断，莱曼提出要建立一支新海军来重夺“海上优势”。

莱曼提出：美国海军必须拥有海上优势，它不仅是对任何一国海军具有优势，而且要对可能出现的几支敌国海军的联合力量具有优势。他主张，把美国海军战略扩展为美国的海洋战略，使之成为一种“全球性的理论”。即在综合分析国家利益和威胁的基础上，以海军为主，把美国的空军、陆军和海军陆战队统一纳入海洋战略的范畴，综合利用各种力量，全方位地打击敌人，以确保未来战争的胜利。[①] 1980 年代，美国海上战略的基本内容包括：平时将适当的兵力部署在敌国前沿地区，防止不利于美国的危机和冲突发生升级。当威慑失败且战争不可避免时，海军兵力灵活地采取“横向升级”的办法，不局限在事发地区与敌对抗，而是要与盟国的海上力量一道，利用海洋的流动性，深入敌方其他敏感地区，用对等的方式有效打击敌人，使敌人顾此失彼，得不偿失，从而在有利于美国的情况下结束战争。[②] 在具体建设思想上，美国海军提出了如下几个方面：

一是加大投入建设一支大舰队。为夺取“海上优势”，莱曼表示必须要有一个清晰的海军战略来加以实施。美国海军提出要加强与其他国家的海上军事同盟，扩大海外前沿军事部署，扩建美国海军，建立一支拥有 600 艘舰艇的舰队，其中包括 15 个航母战斗群、100 艘攻击核潜艇以及 4 个水面战斗群。

二是提升海军的科技含量。莱曼长期致力于提升美国海军的技

---

① 宫小雄：《莱曼——重振美国海军的功臣》，《军事历史》，1995 年第 3 期，第 30 页。

② 尹顾、李杰、雷湘平著：《现代美国海军》，北京：国防大学出版社，1995 年版，第 35 页。

术水平。在莱曼的推动下，“宙斯盾”级巡洋舰的作战能力比旧式巡洋舰提高了20倍。为了把大型航母、核动力和先进的进攻性武器引入海军，莱曼冒着被撤职的危险，同持相反观点的国防部副部长保罗·塞耶进行了针锋相对的较量，使美国海军的武器装备在短短的几年时间内实现了彻底的变革。①

三是重新加强对全球海上咽喉要道的控制。莱曼提出，“自由利用海洋并保持美国海军在各大洋航线畅行无阻事关美国的命运”，“美国必须有能力控制那些重要的海上通道”。20世纪80年代，美国提出重新整编两大洋舰队和“16个海上咽喉计划”。这16个咽喉航道是：北美航道、佛罗里达海峡、巴拿马运河、阿拉斯加湾、朝鲜海峡、望加锡海峡、巽他海峡、马六甲海峡、霍尔木兹海峡、曼德海峡、苏伊士运河、直布罗陀海峡、斯卡格拉克海峡、卡特加特海峡、格陵兰一冰岛一英伦三岛航道、非洲以南航道。这些战略性航道，不仅是连接世界大洋的商航运交通线，而且对美国从世界海洋上彻底“击退”苏联的海洋扩张有决定性作用。②

四是加强对苏联的威慑和进攻态势。在兵力部署上，莱曼提出要把海军力量尽可能地延伸到苏联近海海域；在海军兵力运用上，一旦苏联在中央战线上越过北德平原进攻中欧，则美国可以实施“水平升级”战略从海上发动打击，包括在海上前沿部署的北翼——格陵兰、冰岛以及英国一线向苏联科拉半岛发起进攻，并对苏联在白海和鄂霍次克海内保卫弹道导弹核潜艇的苏联舰队发动攻击。③

（二）应对苏联潜艇挑战的思路

随着导弹时代的来临，苏联潜艇对美国构成的威胁大幅提升。可以说，整个冷战期间，美国把反击苏联潜艇威胁作为其海上安全

① 宫小雄：《莱曼——重振美国海军的功臣》，《军事历史》，1995年第3期，第31页。

② 王生荣著：《蓝色争锋——海洋大国与海权争夺》，北京：海潮出版社，2003年版，第314—315页。

③ 杨震、周云亨：《论海权论的进化及新世纪美国海军的转型》，《太平洋学报》，2010年第12期，第82页。

战略的重要内容。为了对付苏联的潜艇，美国海军部制定了一个三轨并发的战略方案。

一是通过猎潜舰在海洋和苏联开展消耗战。其主要思路是投入半数以上的航空母舰力量保护重要航道。派出防空驱逐舰应对来自敌人空中的袭击，使攻击型航空母舰专注于攻击。为猎潜舰装备监视、侦测装置，使反潜战争变得机动灵活。二是设置阻塞伏击战略。其思路是运用美国海军部潜艇封锁苏联的潜艇基地，并扼守苏联潜艇进入巴伦支海、波罗的海、黑海、鄂霍次克海和日本海的入口，在苏联潜艇活动的重要航线上进行封锁、伏击。三是依靠舰载飞机直接攻击苏联的潜艇基地。美国官方文件提出："摧毁敌人的海军、舰船和基地，轰炸敌人威胁着海洋控制的空军基地"，是"消除我们海洋控制战略威胁最有效和最经济的方式"。①

针对苏联不断增加潜艇数量的情况，美国海军作战部长朱姆沃尔特提出"高低结合"的海军建设思路，即通过建设高质量的航空母舰和潜艇，加上低数量参战舰船，来共同实现控制海洋的战略目的。朱姆沃尔特强调："海洋控制"不一定像马汉所解释的，要全盘控制、全盘利用，而是要根据现实的目标在特定时间内加强对特定区域的利用和控制。美国海军部应在战术上着重加强海洋交通要塞控制、公海作战和本土附近海域作战。② 基于这种思想，朱姆沃尔特在 1970 年制定了代码为"60 号工程"的规划。其具体做法是：首先，建设装载反潜直升机和鱼叉式导弹的护卫舰，将这种造价只有驱逐舰一半的舰艇来巡逻监视苏联潜艇。其次，建造"海洋制海舰"。此类舰艇可承载 14 艘直升飞机和 3 艘垂直或短距离起降的飞机，为后勤补给船只、两栖作战队伍、护卫舰、特遣部队提供保护，用以替代核动力航空母舰在地中海和西太平洋等危险区域执行任务。再次，海军舰艇装备建造鱼叉式导弹和巡航导弹，用以代替舰载轰

① 转引自刘娟：《美国海权战略的演进》，武汉大学博士论文，2010 年，第 186—187 页。

② Harry R. Borowski, ed. , *Military Planning in the Twentieth Century*, Washongton, D. C. : Office of Air Force History, 1984, p. 288.

炸机的作战任务，降低对战斗机的依赖，增加海上军事打击的弹性。[①]

第五节 冷战后美国海上军力建设思想转型

冷战结束后，美国海上军力建设思想再次发生调整。其动力来自随着传统竞争对手的消失，美国把地区性威胁和非传统威胁作为主要的挑战。自越南战争结束以来，美国开始在军事改革中越来越强调联合作战，这些做法也影响到美国海上军事力量的建设思路。从地域上看，由于亚太经济的高速增长，美国海军也越来越重视亚太地区的地位和作用，加强了在该地区的力量存在和活动频率。

一、由海向陆战略的提出

1992年9月，美国推出名为《由海向陆——为美国海军进入21世纪做准备》的白皮书。这标志着美国海军战略发生重大转变，即海军要从“打海上大战”转变为“对付地区冲突”；从“前沿部署”转为“前沿存在”；从“海上作战”转为“从海上出击”；从“独立实施大规模海战”转为“从海上支援陆、空军的联合作战”。[②] 另外，从地域上来看，该战略开始把海上战略从围绕对抗苏联为中心的北大西洋、挪威海和北太平洋调整为西太平洋、阿拉伯海和地中海。美国国内有观点提出：我们的战略已经从注重全球威胁转移到注重地区性挑战和机遇上来。虽然全球战争的可能性逐步降低，但在与我国利益休戚相关的地区我们正进入一个存在巨大不确定性的时期。我们的军队能够通过支持盟国、消除威胁及巩固我们随冷战终结所赢得的战略地位，以对我们有利的方式协助塑造未来。我们

① 转引自刘娟：《美国海权战略的演进》，武汉大学2010年博士论文，第198—200页。

② 杨震、周云亨：《论海权论的进化及新世纪美国海军的转型》，《太平洋学报》，2010年第12期，第83页。

的海军将是这一战略的主要组成部分：战略威慑与防御、前沿存在、危机反应、以及力量重组的完全参与方。

仔细观察该战略，发现此次美国海军战略的转型有着显著的时代特征。冷战期间，美国提出了在保护海上交通线的基础上发起对苏联陆上目标的进攻，或者支援陆军和空军作战。而在1992年的白皮书中，首次把支援近岸和陆上作战列为首要任务。1994年，美国海军又发表了新的白皮书《前沿存在——由海向陆》，提出“前沿存在”“前沿部署”和“前沿作战”等概念，标志着美国海军明确提出要把濒海威胁作为首要挑战，这呼应了美国国防部的基本判断。美国国防部当时认为：

> “世界上有80%的国家都是濒临海洋，这些国家的首都和125个百万人口以上的城市离海岸线不超过485千米，美国海军只要具有对海岸1000千米以内区域的打击力量，就能控制这些地区，进而控制这个世界。这就是说，能够成功地履行沿海登陆作战，就可构成对世界上绝大多数地区的致命威胁。”①

美国海军把对海岸地区的攻击能力作为当时的重点建设内容，具体突出如下几个方面的能力：一是强调海上航空打击能力。为加强同空军的联合，美国海军的飞机升级了同空军飞机的通信能力。科索沃战争中，美国海军在由空军主导的联合空中作战中心设置联络节点，以便更好地共享空中信息数据。此外，美国海军还通过增加投资和技术革新，提升对陆打击能力，具体举措包括：升级E2－C的雷达；使E2－D飞机具备对陆监视和打击能力，大幅增加激光和卫星制导炸弹；1997年，为F－14战斗机装备了美国空军的低海拔导航与夜间目标成像瞄准系统（Low－altitude Navigating and Targe-

① 舰铧等：《从“冷战型”到“后冷战”型——美国海军战略变迁》，《现代舰船》，1999年第1期，第13—14页。

ting Infrared for Nignt）；为 F/A－18s 战斗机装备投射卫星制导炸弹。二是缩减水面舰艇的数量。美国海军提出，要在 20 世纪 90 年代将航母从 15 艘缩减为 12 艘，巡洋舰、驱逐舰和护卫舰等水面战舰的数量从 20 世纪 80 年代的 220 艘压缩到 1996 年的 125 艘。三是重视发展武库舰（Arsenal Ship）。该型舰艇携带了 500 枚巡航导弹，使用 Link 16 数据链接收来自巡洋舰的目标信息，负责为对陆作战提供火力支援。四是增加远征打击部队的数量。五是压缩潜艇的数量，将腾出的资源用于对陆打击能力建设。①

在职能任务上，从传统的近海防御和保护海上交通线到舰队决战，再到后来的支援陆地作战，美国海军任务的优先顺序随着形势的变化而变化。2000 年 5 月，美国海军出台了《2020 海军远景：未来——由海向陆》，提出要依靠“前沿存在”和“知识优势”两大支柱来实现“由海向陆投送美国力量和影响”。② 2001 年美国《四年防务评估报告》明确提出：美国海军必须能够将触角伸到世界上任何一个重要海域，确保一支敏捷、高度机动的海军部队具备夺取制空权、压制阻碍部队及进行地面作战的能力。③ 2002 年 6 月，美国海军作战部部长公布名为《21 世纪海军：新时代作战概念》的转型文件，提出了“海上打击、海上盾牌和海上基地”概念。2005 年 3 月，美国海军向国会提交了《未来几十年部队结构发展计划》文件。该文件提出在 2035 年前进一步缩减大型战舰的规模，其中航母的数量将由 12 艘减至 10 艘左右，攻击型核潜艇的数量将由 58 艘减至 40 或 43 艘，而将舰艇发展的重点转向以“濒海战斗舰”为代表的小型

① Harvey M. Sapolsky, Benjamin H. Friedman and Brendan Rittenhousee Green eds., *US Military Innovation since the Cold War: Creation without destruction*, London and New York: Routledge, 2009, pp. 81－82.

② 杨震、周云亨：《论海权论的进化及新世纪美国海军的转型》，《太平洋学报》，2010 年第 12 期，第 84 页。

③ 畅言：《美国濒海战与中国的对策》，《舰载武器》，2007 年第 6 期，第 13 页。

战舰。[①] 在此战略的牵引下，美国海军正在研发一系列的革命性舰船——“濒海战斗舰”等相继出现。美国海军对“濒海战斗舰”的主要预期任务包括：

> “扫除近岸水雷、开辟登陆航道的反水雷战；打击濒海区的柴—电联合动力潜艇等威胁的反潜战；对抗发动“集群”攻击的敌小型舰船；特种作战部队和传统作战部队的潜入与撤退；拦截和阻断高速接近的水面目标；增加海上作战部队的近程防空能力；为在海上和濒海的部队提供战场监视和目标搜索；执行封锁和登陆任务；作为医疗救助的平台；为其他舰船提供维修、保养和保障能力等。”[②]

特别需要指出的是，尽管美国海军的重点向濒海作战倾斜，但并没有放弃对海上主导权的控制。相反，美国海军之所以能够“由陆制海”，是建立在对海洋有效控制的基础上，这是把兵力延伸至别国近海并对其进行战略压制的一种做法。有观点提出：美国海军现阶段执行的“近海战略”并不是此前“远洋战略”的颠覆性转变，而是对“远洋战略”的延伸和扩展。美国海军的濒海作战不是指美国海军要退回到本土或孤悬于海外的岛屿来执行保卫本土作战，而是在原有“远洋进攻”的基础上直接抵达敌对国的近岸海域，或对其他国家实施军事威摄，或实施直接军事干涉乃至推翻别国政府、侵占别国领土。[③]

2010 年 5 月，美国出台《海军作战构想 2010》文件，明确提出要把“海洋作为机动空间”，采用“全球部署按任务组建的海上力量”和“地区性集中可靠的作战力量”相结合的兵力运输方式实施

---

① 徐志红：《从远洋走向近海——美国海军大力发展“濒海战斗舰”》，《现代兵器》，2005 年第 6 期，第 4 页。

② 刘江平：《濒海作战：引发舰船革命》，《现代军事》，2004 年第 2 期，第 4 页。

③ 畅言：《美国濒海战与中国的对策》，《舰载武器》，2007 年第 6 期，第 13 页。

今后的海上行动。具体而言，该构想提出采取标准护航、区域防御、联合防空反导、反水面作战和反潜等手段保护海上交通线；通过“在海洋、太空和网络空间的全谱行动中持续介入”来消除反介入威胁。其中，反区域拒止的路径主要有两条：一是建立持久的情侦监系统，定位快速攻击艇、岸防巡航导弹和制导弹药等时间敏感目标，压制消除这些“打后就藏”等系统的威胁；二是在不进入水雷威胁区域的情况下，有效发现和清扫水雷。[①]

为了实现上述构想，美国海军采取了两条路径进行建设：其一，倡议组建全球海上联盟。美国前海军部长迈克尔·马伦曾提出“千舰海军”倡议，提出联合全球范围内的海上伙伴，共同应对海上威胁。其二，持续投入资源建设海上新型作战力量。例如，从奥巴马政府提交的《2016 财年国防预算草案》来看，美国海军和海军陆战队获得的经费最多，占到整个国防预算的 30. 1% 。重点强调加强电子战、水下作战、北极地区安全、海军与海军陆战队的协同作战等方面的建设力度。美国海军打算在 2016 – 2020 财年接收 48 艘新舰，到 2020 年前拥有的战舰超过 300 艘。2044 年之前，美国海军计划一共采购 264 艘新舰。2015—2024 年平均年采购速度为 10 艘，2025—2034 年为 9 艘，2035—2044 年为 8 艘。在质量建军上，美国海军研究署发布了 2015 年新版《海军科技战略》，提出要在确保海战场介入、自主和无人系统、电磁机动作战、非常规和不对称战争、信息—网络、平台设计及生命力、动力与能源、力量投送与综合防御、作战人员能力等 9 大领域加强创新。美国前国防部长盖茨曾撰文指出，美国防务战略的宗旨在于“平衡”，主要满足海军在造舰资源配置上的几个重点需求：其一，从长远讲，优先确保最具有战略威慑力的航母和弹道导弹潜艇的数量稳定和升级换代，以巩固其在大规模、高端战争中的力量优势。其二，优先确保美国在海外的军事存在，以战斗力稍弱但数量更多、用途广泛的小型舰只取代能力

---

① 范虎巍、李进编译：《美国海军作战构想》，北京：航空工业出版社，2012 年版，第 82—84 页。

更强但数量有限的大型舰种。其三，在近期，优先强化近岸作战能力和海上反导系统的部署，以提升舰队的火力打击和海上防空能力。①

二、突出联合作战介入能力

近年来，美国越来越强调应对“反介入与区域拒止”威胁。2010年的美国《四年防务评估》报告提出，针对对手可能采用的“非对称手段”，美国必须提高在“反介入与区域拒止”环境下的作战能力。2015年3月，美国在《推动、参与、准备：21世纪海上力量合作战略》中提出：“技术的扩散……使我们在一些海域的进入更加复杂。这些技术包括远程弹道导弹、巡航导弹、先进的潜艇、智能水雷、第五代战斗机和大规模杀伤性武器等。② 2015年《美国军事战略》提出：“过去的几十年间，美国的军事作战行动主要针对暴力极端分子网络。然而如今，甚至是在可预见的将来，美国必须更加关注国家行为体带来的挑战。”之所以把国家行为体作为美国的首要军事威胁，是因为美国认为部分国家开始可以与其竞争地区主导权，具备了威胁其本土的能力。尽管美国认为“当前与一个主要大国发生战争的可能性很低，但这种可能性却在增大（Low but growing）。”为此，美国提出要威慑、拒止和击败其他国家的竞争。具体手段包括：通过可信的核力量、前沿军事部署、定期展示实力等方式来威慑其他国家；通过加强后勤装备建设、提高部队训练水平、增强与盟友的互操作性等途径来拒止对手实现目标；通过增强部队动员能力、投送能力等手段来击败对手的进攻。美国提出的目标是：能在任意时间内，在一场大规模、多阶段的战役中击败一个地区性对手，同时拒止另一个地区对手的进攻目标或者对其造成不可接受

---

① 张愿：《试析美国海军战略的调整及其影响》，《现代国际关系》，2012年第3期，第3页。

② Department of the Navy, “A Cooperative Stateby for 21st Century Seapower: Forward, Enbabed, Ready,” http: //www. navy, mil/loeal/maritime/150227 – CS21R – Final. pdf.

的损失。

在这个背景下，美国海军联合空军提出了“空海一体战”战略。“空海一体战”是一种全维作战理念，其实质是强调美军要充分利用在航空、航天、网络、电子技术等方面的垄断优势，以关岛和日韩等亚太盟国的作战和后勤基地为依托，以空海作战力量、太空及网络空间作战力量为主导，在全维空间内加速实现其各种作战力量的有效融合，在西太平洋战区组织实施战役级别的作战行动，旨在摧毁作战对手的“反介入/区域拒止”作战能力。[①] 该战略的提出对于美国海军建设思想来说有两大影响：一是美国海军开始摆脱原有单一军种作战方式，通过与空军的深度联合作战来提升作战效能。二是美国海军作战的空间从传统的海洋空间开始拓展到陆地、网络和太空等物理领域，试图通过跨域协同、一体作战的方式来完成作战目标。在“空海一体战”的作战概念之中，美国海军的任务不仅包括通过实施远程封锁截断对手海上贸易、切断关键的能源和资源供应行动，还可能借助军事优势攻击对手的态势感知和指挥控制系统。[②]

2015 年初，美军参谋长联席会议把“空海一体战”概念更名为“全球公域进入与机动联合概念”，提出要从战役层级阐述 2020 至 2025 年的作战方式，发展联合部队的五大作战能力。2016 年版《美国国家安全战略》提出：世界是由网络、太空、天空和海洋等共享空间构成，美国将确保有能力进入这些空间。2015 年《美国军事战略》认为：弹道导弹的扩散、精确打击技术、无人系统、太空和网络能力、大规模毁伤性武器可能削弱美国的军事优势，阻碍美国进入全球公域。有观点称：反介入能力是环环相扣的。反介入力量的组成要素包括情报、侦察、监视、指挥和控制，以及能自动跟踪舰

① 史三东：《美国为何要选择“空海一体战”》，《国防科技工业》，2012 年第 4 期，第 72 页。

② 刘鹏：《美军“空海一体战”的战略瘫痪思想及对策思考》，《亚非纵横》，2012 年第 5 期，第 40—41 页。

船并突破其防御体系的武器。我们可攻击反介入作战系统的任何环节，只要设法击破其中任何一环，整个系统都将陷入瘫痪。[①]

在新版的美军海军战略中，除了继续强调海军遏制与威慑、海上控制、投射力量、海上安全等四大职能外，增加了“全领域进入”这一概念，并将其作为海军战略的基石。美国海军提出“全领域进入”是指在竞争性的环境中投送力量、自由行动并高效作战的能力。其具体内涵包括作战空间感知、确保控制指挥、网络作战、电磁机动作战、一体化火力等类型。“全领域进入”是对“全球公域进入与机动联合概念”的响应和落实，目的在于确保美军能够自由进入全球海洋、空天、网络空间及电磁等各作战领域。显然，要实现所谓的“联合作战介入”目标，对海上军事力量的要求较高，下一步的发展方向值得观察。2010 年，美国海军作战构想对未来主要海上作战力量的规模和性能需求进行了简要描述，可以作为观察未来美国海军力量规模的参考。

“至少保持 10—11 艘核动力航母；88 艘左右大型水面舰艇，对一体化防空反导和远洋反潜能力的需求越来越高；小型环境水面舰艇突出在濒海地区的多样化任务，需满足水雷对抗、濒海反潜、反水面快艇的能力；同时还能充当安全合作、海上拦截、安全部队援助等其他任务；48 艘攻击性核潜艇和 4 艘导弹潜艇具备在“反介入/区域拒止”环境中长时间执行隐蔽任务和情侦监任务，在所有环境中执行反水面战、反潜战和对陆攻击的能力。12 艘弹道导弹核潜艇用于威慑；此外，还要保持最低 33—38 艘两栖舰船，支持两个陆战队远征旅的攻击规模，30 艘战斗后勤船、若

① （美）罗杰·W. 巴尼特著，吴东风等译：《海军的战略和文化：海军所想所为为什么不一样》，北京：中国市场出版社，2009 年版，第 114 页。

干未来海上预置部队舰船和支援舰船。”[①]

三、力量配置向亚太地区倾斜

自冷战结束以来，美国多次整编驻扎在亚太地区的军事力量。1998 年，美国国防部在发布的《东亚太平洋安全战略报告》中强调美国在亚太地区的战略重要性，提出要在地区内部署 10 万驻军。克林顿政府曾提出构建“太平洋共同体”的构想，并认为美国“必须铭记安全是太平洋共同体的首要支柱。美国是一个亚太国家，美国 20 世纪在亚洲共进行了三场战争。为了威慑地区进攻和确保美国的利益，美国必须保持积极的军事存在，美国将继续保持在亚太保持领导地位。”[②] 克林顿政府时期，美国就提出“部署在亚太的军事存在是确保该地区稳定的关键，有利于大多数亚太国家成为繁荣的经济体。为威慑进攻和确保美国的利益，美军在亚太驻扎了大约 10 万驻军。[③] 美国认为，“军事存在和接触活动能够确保经济稳定。我们的海军能够确保国际海域、海上交通线、供商业船只停泊的港口开放，美军驻扎在东南亚的海、陆、空军可以威慑那些对中东石油运输造成的威胁”。[④]

“9 · 11”事件后，小布什政府加快了对美国全球军事部署的调整步伐，着眼提升美军的战场投送能力。美国 2001 年《四年防务评估报告》就呼吁增强美国前沿军事力量的能力和灵活性，在世界范

---

① 范虎巍、李进编译：《美国海军作战构想》，北京：航空工业出版社，2012 年版，第 158—163 页。

② The White House, *A National Security Strategy of Engagement and Enlargement*, Washington DC., February 1995, p. 28.

③ The White House, *A National Security Strategy for a New Centuryt*, Washington DC., October 1998, pp. 41 – 42.

④ The White House, *A National Security Strategy for a Global Age*, Washington DC., December 2000, p. 62.

围内的关键地域部署一定数量的海陆空兵力。[①] 美国前国防部长拉姆斯·菲尔德在美国国会作证时曾提出：我们需要改变全球安全态势，以便重新配置美军在全世界的兵力，使其不是驻扎在20世纪已经发生过战争的地方，而是使美军在21世纪，在新的驻扎位置能够威慑、或者在必要情况下击败威胁美国及其盟友的潜在对手。2006年开始，美日开始投资1600亿日元大规模扩建机场。经过美日协商，日本同意美国核动力航母入驻横须贺港。美军为此专门对横须贺港口进行了扩建，被扩建的码头叫做皮德蒙特，又称第12码头。扩建后的横须贺港口不仅提升了驻泊大型航母的能力，使航母能得到迅速维修和保养，还成为美国导弹防御的前沿基地和美军在西太平洋及印度洋使用军事力量的重要据点。美国与新加坡于2000年4月签署协议，决定在樟宜地区专门为美军修建一个大型深水码头。新港占地86公顷，其中79公顷用于作战基地，7公顷用于训练基地。基地可停泊航空母舰、巡洋舰等在内的大型舰艇编队并配有自动储存仓库和自动监视系统、全自动地下弹药库，可为过往船只提供后勤补给和维修服务。2015年4月，美日达成将部分驻冲绳海军陆战队转移至关岛和夏威夷等地，美国分阶段向冲绳归还基地设施等协定，进一步调整了美军在东北亚的力量布局。

2003年11月，美国原国防部长拉姆斯菲尔德到关岛视察后宣布在关岛改扩建军事基地。兴建的主要设施包括：可抗台风并有空调装置的飞机库、大型战备物资仓库、健身康体中心、基地安全中心、60座弹药储存“圆形仓库”等。随着关岛软硬件设施的扩建升级，它的进攻打击能力将得到快速提升。关岛近邻中国沿海、朝鲜半岛和菲律宾，无论是战略轰炸机还是核潜艇执行任务，都能迅速到达指定位置。这无疑使关岛的突袭能力、打击能力迅速增强。美国参谋长联席会议原主席佩斯在视察关岛时曾宣布，美国计划投入100亿—150亿美元用于关岛的基础设施建设。美军在关岛大兴土木搞

---

① U. S. Department of Defese, *Quadrennial Defense Review Report*, Washington D. C. , 6 Feburary 2001, p. 35.

扩建工程，目的是要把关岛打造成为太平洋战区的武装力量投送中心。

自2000年始，美军宣布在关岛部署了64枚AGM－86C巡航导弹、3艘装备有“战斧式巡航导弹的“洛杉矶”级核动力攻击潜艇、12架B－52和12架B－1轰炸机、4架B－2战略轰炸机，动工建设海军陆战队第三远征军总部。2001年，美军在阿普拉海军基地成立了第15潜艇中队随后决定在此部署3艘“洛杉矶”级核潜艇，同时在研究将部署在这里的核潜艇增加到10艘。2004年11月，美军宣布把本土的13架“超级大黄蜂”战机调往日本，这是“超级大黄蜂”首次部署海外。2007年7月，美国三艘核潜艇永久性地进驻关岛。另外，美军将最先进战机F－22和F－35部署到亚太方向，并把装备有“标准－3”拦截导弹的“夏伊洛”号宙斯顿巡洋舰部署到横须贺港口。

比较而言，奥巴马政府更加关注在澳大利亚和东南亚的军事部署情况。2011年12月，美国海军作战部长乔纳森·格林纳撰文称，希望在新加坡部署几艘舰艇，并加强在泰国的军事部署。奥巴马政府强调减少对大型基地的依赖，更加强调军事力量部署形式的多样化与灵活性。美军在东南亚的军事存在规模上比东北亚规模更小、编组更灵巧，常以轮番部署的形式存在。近年来，除了小规模的军事存在，美国与东南亚多个国家签订了多种样式的海军进入协定（Naval Access Agreements），通过多边或者双边联合演习、联合训练、港口访问等形式加大与各方的军事接触。

根据澳大利亚《金融评论》报道，澳美两国很早就曾探讨在澳大利亚北部分别建立一个联合军事训练基地和一个“远征军基地”。其中一个基地位于澳大利亚北部的布拉德肖，面积达到4100平方千米，比美军在荷兰的基地还要大。另一个基地叫扬皮桑德，位于澳大利亚金伯利海岸线的西北角，主要为美澳演练两栖登陆技术提供场所。2012年初，美国征得澳大利亚同意开始在该国达尔文地区部署军队，并增加美国在澳大利亚进出飞机的数量。达尔文位于澳大利亚北部地区，距离巴布亚新几内亚、东帝汶和印度尼西亚距离较近，被称为“通往亚洲的大门”。澳大利亚国防部长曾表示：将更多地利用位于印度洋的科科斯群岛，对其进行重大升级，以便为澳美两军联合使用铺路。[①]

2015 年，美国国防部发布《亚太海上安全战略》称，亚太海上安全涉及太平洋、印度洋、东海、南海等海域，美国要通过增派军力、强化盟友关系、力图减少误判、建构地区安全框架等手段，实现安全与自由航行、避免冲突和压制、促成各方遵循国际法和国际准则等目标。在此背景下，美国把海外军力集中向亚太地区部署。美国计划在 2020 年前将 60% 的海空力量部署在亚太，美军太平洋司令部原司令哈里斯称美国海军目前已将 55% 的水面舰艇部署至亚太，并实现了将 60% 的潜艇部署至亚太的目标。截至 2015 年 6 月底，美国海军共有 32.6 万现役官兵、273 艘可供部署的作战舰艇，包括 201 艘水面舰艇和 72 艘各类潜艇（全部为核潜艇），其中处于部署或部署途中状态的有 98 艘。如果按照将美军 55% 的水面舰船和 60% 的潜艇部署在亚太的比例计算，美国当前在亚太地区可供部署水面作战的舰艇应有 110—111 艘，各类潜艇 43—44 艘，总计 153—155 艘，如果再加上其他各类辅助舰艇，美国部署在亚太地区的舰艇数量会更多。[②] 值得注意的是，美军宣布 2017 年在新加坡部署 4 艘濒海战斗舰，这将是美军 20 多年来首次在东南亚地区部署海军力量。

此外，美军还频繁在亚太展示军事影响力。2015 年 3 月，美国首次派遣“沃思堡”号濒海战斗舰参加美韩“关键决断”和“鹞鹰”大型联合军演，这是第一次有濒海战斗舰与韩国海军和第七舰队在东北亚地区训练。4 月，美国派出了 3 艘军舰与菲律宾在南海举

---

① 谢昭、侯涛、魏云峰：《美澳欲在印度洋建新的立足点》，《环球时报》，2011 年 11 月 24 日。

② 贾春阳：《美国亚太军事“再平衡”的最新进展及其影响》，《和平与发展》，2015 年第 4 期，第 26 页。

行了15年来规模最大的“肩并肩”年度联合军事演习。此外，美国还逐步调整了在地区海上争端问题上的立场，明确表示已经将钓鱼岛“有事”纳入到美日安保条约的范围。在南海问题上，美军曾派出“拉森”号导弹驱逐舰和P－8A侦察机进行巡逻，针对中国的意图非常明显。美国之所以要把包括海军在内的军事力量向亚太地区倾斜，其背后可能有如下几个战略考虑：

一是从政治上确保美国亚太军事存在的持续优势。美国2010年《国家安全战略报告》提出，美国的对外接触活动将以“正义与可持续的国际秩序”为支柱。其中，持续的概念就是“建立一个共同广泛的规范，并为应对共同威胁采取集体行动”。[①] 也就是说，应对所谓的“共同威胁”和建立“共同规范”是美国留在亚太的两大手段，为美国在亚太的长期存在建构了理由与“合法性”。在南海，美国以“海上航行自由”为名义加强了同东南亚国家的防务安全合作，通过联合军演等形式加强了在该地区的存在。此外，美国倡议建立东南亚海上安全伙伴关系（South Asia Maritime Partership），以应对地震、海啸和海盗等非传统安全威胁带来的挑战。2011年《美国军事战略》提出，美国应加大同菲律宾、泰国、越南、马来西亚、巴基斯坦、印度尼西亚、新加坡等国的安全合作、军事交流与军事演习，同他们一道应对国内挑战和影响他们国家完整与安全的外部威胁，这将帮助美国在亚太保持持续和多样的存在，确保美国拥有进入该地区的作战通道（Operational Access）。[②]

二是构建一个亚太军事合作网络。在东北亚，美国提出美日同盟要提升“互用性”，增强同盟的“动态防御能力”。[③] 通过设立“日美协调所”等机制，加强美日战术协同能力。美韩签订《战略同盟2015》《国防合作指南》和《战略计划方针》协定后，双方安

---

① The White House, *National Security Strategy*, Washington D. C., May 2010, p. 12.

② U. S. Department of Defese, *The National Military Strategy of United States of American* 2011: *Redefining American's Military Leadership*, Washington D. C., February 2011, p. 14.

③ 《帕内塔撰文称美国将在亚洲维持“前线部署”》，《参考消息》，2011年10月25日。

全协商常态化，合作更加机制化。在东南亚，美国多层次、全方位地加强与各国的联系。对于澳大利亚，美国提出要使美澳同盟变成一个“具有互操作性、透明和能胜任全谱活动的同盟”。[①] 对于印度，通过“马拉巴尔海上联合演习”等途径“为美国海军提供与日本和美国共同提升军事操作性并制定海上行动程序的机会”。[②] 美国还针对具体的情况，围绕朝韩问题、伊朗核问题、阿富汗问题、亚太安全问题倡议议题性的“临时联盟”，形成美韩日三国军队参谋长会谈、美日印三边对话机制、美日韩协调机制、美日澳的三边对话机制等“小多边机制”。这些机制为美国要求盟友“出钱出力”提供了机制平台，为打造影响全球的亚太同盟伙伴体系提供了操作途径。

三是以亚太安全政策的调整为抓手驱动全球军事战略的转型。在欧洲与亚太的关系上，美国认为未来军事重心应该向亚太倾斜。美国前国务卿希拉里提出，美国从伊拉克和阿富汗进行战略收缩，创造了一个重新平衡对欧洲军事投资的机会。[③] 美国开始在太平洋地区及亚洲周边部署更多的军队，并减少欧洲驻军。奥巴马政府计划解散原来部署在德国的 4 个旅，在澳大利亚北部新增驻军 2500 人，在新加波部署濒海作战舰，在巴林部署小型巡逻舰艇。美国 2010 年《国家安全战略报告》提出，美国的战略不仅要应对今天的挑战，也包括预防未来的挑战。美国已经开始重新定位发展目标，探索运用军事能力的更有效方式，这将有助于美国降低军事风险，在危机和冲突爆发前采取行动。[④] 在“空海一体战”概念的驱动下，2012 年美国在亚太的安全投入不降反增，特别加大了对海军的经费支持，

---

① U. S. Department Of Defese, *The National Military Strategy Of United States Of American* 2011: *Redefining American's Military Leadership*, Washington D. C, February 2011, p. 13.

② 杜克：《美日印冲绳军演钳制中国，暗中推动“亚洲版北约”》，《世界新闻报》，2009 年 4 月 29 日。

③ Hillary Rodham Clinton, "American's Pcific Century", Foreign Policy, October11, 2011.

④ The White House, *National Security Strategy*, Washington D. C. , May 2010, p. 27.

预算需求达到114亿美元。[①] 美国将亚太作为全球安全政策布局的关键环节，其实质就是通过调整亚太安全政策驱动全球军事战略的转型。

四是提升美军在亚太地区的机动与反应能力。小布什政府亚太军事部署调整的重点是改组东北亚地区军事力量布局，把东北亚军事基地的部署变成以关岛为中心，以驻日美军和驻韩美军为支轴的三点策应格局，增强了美军在西太平洋的灵活机动能力和相互支援能力。奥巴马政府延续了小布什政府的基本思路，继续提升美军的灵活反应能力和战略投送能力。为避免固定军事基地遭到他国火力的集中毁伤，美国在前沿军事部署中特别强调“小”“散”“灵”的原则，将军队分散部署到从东北亚经关岛、夏威夷至澳大利亚，延伸至印度洋的弧形地带上。其中许多部署点的军力规模不大，但分布广泛、相互呼应、反应灵活，能提升部队的生存能力和快速介入地区事务的能力。总之，奥巴马政府的目标就是为了使亚太军事部署在政治上更具持续性（Political Sustainable）、在操作上更具弹性（Operationally Resilient）、在地理上更具分散性（Geographically Dispersed）。

四、目前美国海上军力建设思想的新特点

目前，世界正酝酿着新一轮的科学技术革新，物联网、大数据、云计算和人工智能等领域的技术发展日新月异。许多国家开始意识到这些新技术可能成为影响作战效能的增效因素。在此背景下，美国海上军事力量建设也受其影响，呈现出新的发展特点。

一是继续推动海上军力建设的革新发展。例如，在动力方面，美国的“朱姆沃尔特”级驱逐舰配备全电推进系统；在火力上，“朱姆沃尔特”级驱逐舰配备远程舰炮的GPS制导炮弹和MK－57垂

① Stephen Daggett, Pat Towell, *FY2013 Defense Budget Request: Overview and Context*, CRS Report for U. S. Congress, R42489, April 20, 2012, p. 8.

直发射系统；美国海军陆战队正试验射程70千米的高机动火箭炮系统，采用全球定位系统引导炮弹支援对海作战；自2000年起，美国海军就启动电磁轨道炮测试项目，该项目将可能对未来海战方式产生重大革新作用。此外，美国海军的联合防区外武器（JSOW）已经形成战斗力，同时提出要增加各类远程空射反舰导弹的建设力度。在通信指挥能力上，美国海军已接收第5颗移动用户目标系统卫星，实现超高频卫星通信。美国海军正试验下一代跨域型通信作战网络，试图提高通信和火力的一体化操作性，以合并实现空中、陆上和海上的多域作战概念。

二是重提海洋控制（Sea Control）概念，突出分布式杀伤能力建设。如前文所述，冷战结束初期，美国海军把重点调整为加强濒海打击能力。然而，2017年初，美国出台了《水面部队战略：重回海洋控制》（Surface Force Strategy：Return to Sea Control）和《未来海军》（The Future Navy）白皮书。其基本观点是：由于“竞争对手为拒止美军进入重要海域而部署的不断改进的技术、系统和网络”，美国海军需要通过提升分布式杀伤能力来加强海洋控制。所谓的分布式杀伤能力就是在地理上分散部署进攻性力量，通过跨越协同使对手面临多方向的集中打击。为此，美国海军提出要加强四个方面的投资：发展和部署先进的杀伤链能力，为巡洋舰、驱逐舰、濒海战斗舰、两栖和远征部队配备反舰、防空、对陆攻击导弹和远程反潜武器；通过实施巡洋舰现代化计划等途径提高舰船的一体化防空反导能力；通过改进任务规划软件、作战指挥员使用的战斗管理软件工具等手段提升战场感知能力；通过投资虚拟作战实验室等手段实现整个水面部队的高速学习。[①] 分布式杀伤的实质是通过力量部署的分散来降低被打击的风险，与此同时通过火力的集中来提高打击的效率。分布式打击能力建设有两个重点：一是各平台自身的远程打击火力。二是一体化的侦察、指挥、通信和控制能力。前者是分布

① 《美海军发布水面部队战略——重夺海上控制权》，http：//www.sohu.com/a/126076743_465915。

式打击的基础，后者则是实现火力集中的关键。

三是海上军事力量向一体化、网络化的方向整合。美国对多种海上评估的整合可以追溯到冷战期间。20 世纪 80 年代，美国海军使用高频无线电和卫星来增强舰队的协调能力。美国海军还研发了 Link11 数据链。这是一个数字无线电通信项目，通过使用高频和甚高频（Ultra－high Frequency）通信来形成一体化的作战图像。冷战末期，美军将其升级为 Link 16 数据链，使用联合战术信息分发系统（Jiont Tactical Information Distribution System）把作战飞机、宙斯盾船只、非宙斯盾船只、E－2 电子飞机等要素整合进来。该系统可以将雷达图像传输到舰艇之上，可以搜集这些来自舰载雷达的图像，可以授权特定船只在接收目标数据的同时与敌方飞机和导弹交战，形成合作交战能力（Cooperative Engagement Capability）。2002 年出版的美国海军“海权－21”（Seapower 21）文件将上述系统命名为“力量网”（FORCEnet），并将其作为网络中心战的核心要素。美国航母拥有一个战术打击协调模块（Tactical Strike Coordination Modlue），该模块通过卫星与作战飞行的瞄准系统相连，使作战飞机可以与地面空管进行数字连接，并接收文本信息或者图像信息，使飞行员在侦测到目标的同时根据 GPS 提供的信息将其摧毁。① 如今，这种作战方式向全球化、网络化和一体化的方向发展。该网络力图把技术性能各异的武器平台组合起来，在更加宽广的范围对其进行分布式部署，降低因过于依赖某些关键节点而带来的脆弱性，提升网络的生存能力和反应速率。

四是海上军事力量建设向无人化、自动化的方向发展。从美国海军的投资建设重点来看，无人装备无疑是一个重点。例如，美国海军正在探索使用 EA－18G 电子战飞机投送无人机，探索 P－8A 海上巡逻机与无人机的融合问题；提出“乌合之众”（Moteley Crew）

① Harvey M. Sapolsky, Benjamin H. Friedman and Brendan Rittenhousee Green eds., *US Military Innovation since the Cold War: Creation without destruction*, London and New York: Routledge, 2009, pp. 85－86.

无人机集群打击概念，探索微型无人机集群作战问题；目前，美国海军的沿海水雷探测系统形成战斗力，其主要理念是利用无人机搭载探测系统进行侦察，然后把所获信息给两栖部队，两栖通过空中打击来清除水雷。此外，美国海军还发布 MQ－25 舰载无人机构想。该型无人机的主要功能用于空中加油，可使 F－18 舰载机的作战半径从 724 公里增加到 1296 公里。在水下，美国海军组建了首个水下无人潜航器第一中队，并为有人潜艇装备了可进行主动声纳探测的无人潜航器。目前，美国整个防务力量都比较重视无人化、自动化装备的建设，正着力探索在“机器人”时代的作战模式。此类观点的逻辑是，精确制导装置是初级的无人与自动化系统，未来的发展方向是使精确制导装置更加的“聪明”和智能。通过广泛部署无人与自动化系统可以节省大量的训练经费和作战成本。它们无需设计造价不菲、用于有人操作的平台，在战斗中可以容忍被击毁，不用过多地考虑其生存性。它们的外形可能更加细小，构造更加精密，可大大提高突破对手防线的概率。在作战模式上，无人与自动化系统可以形成“侦察－打击集群”（reconnaissance－strike swarm），进行高速、同步、协同机动作战，这有利于对有人操控的作战平台形成压制。[①]

① Robert O. Work and Shawn Brimley, 20YY: *Preparing for War in the Robotic Age*, January 2014, Center for a New American Security, pp. 28－29.

第三章　俄罗斯海上军力建设思想的转型过程

与英美等传统海洋强国相比，俄罗斯有着独特的地缘、文化和历史特征。在海上军事力量建设过程中，俄罗斯面临着出海口分散、陆上力量与海上方向资源平衡等战略难题，同时还得时常应对来自西方国家的海上压力。尽管面临许多问题和挑战，俄罗斯历史上的海上军事力量建设依然取得诸多成效，并形成了一套独特的力量建设运用理论。可以说，从俄罗斯的具体国情出发，研究俄罗斯不同时期的海上军力建设思想具有重要的理论意义和现实意义。

第一节　近代俄国海上军力建设思想的特点

从彼得一世筹建海军到俄国十月革命，俄国海军经历了曲折反复的发展过程。伴随着俄国领土范围的扩大，俄国海军也逐渐发展成为一支世界性的海军。当然，由于俄国独特的历史文化环境，其海军发展战略也有许多区别于其他欧洲国家的地方。一般来说，整个近代俄罗斯海上军力建设的历程主要服务于俄罗斯争夺出海口的大战略。早在近代之前，俄罗斯就已经开始寻求出海口。根据戈尔什科夫在其书中的描述：

> “俄国海军比英国海军更古老。早在不列颠船舶建成前一百年，俄罗斯人就已经进行过殊死海战。从十二世纪起，俄罗斯人的海上活动已经扩大到波罗的海。十三世纪，经过与瑞典人及条顿骑士团的长期而艰苦的斗争，……（俄

罗斯人）在波罗的海贸易中占据重要地位，从而加入了沿海贸易城市的汉萨同盟。……（随后）由于在长达数百年争夺波罗的海出海口的斗争没有取得胜利，结果根据斯托尔波沃和约（1516 年），俄国完全被排挤出波罗的海沿岸。……俄罗斯人冲向海洋的行动，虽然在南方各海及波罗的海暂时被遏止了，但是它又转向了北方和东方……。”①

在近代历史上，可以说彼得大帝对俄罗斯海上军力建设思想产生了至关重要的影响。他曾明确表示：“凡是有陆军的统治者，只能算有一只手，唯有同时兼有海军的统治者，才算双手俱全。”这就是彼得大帝著名的“两只手”理论。② 在其领导下，俄罗斯进行了系统深入的军事改革，引入了西方先进的军事建设、训练、作战制度，建立了一支近代化的俄罗斯海军。在实践过程中，彼得亲自考察了西方海军建设和训练的细节，不仅购买了新式战舰，还直接从西方国家招募了海军军官和士兵在俄军中服役。更为重要的是，彼得大帝基本上确立了俄罗斯此后争夺出海口的战略方向。彼得曾向自己的亲信亚历山大·缅希科夫亲王和得宠的英国顾问帕特里克·戈联将军透露过其战略意图。他认为将顿河、涅瓦河和阿穆尔河的河口作为出海口，对俄国是最最重要的。这种见解预示了此后两个世纪俄国海军政策的方向。③

在此后的历史进程中，俄国的统治者基本上沿着这个思路来进行海洋扩张，先后和土耳其、瑞典等国展开了旷日持久的争夺战。这其中著名的战役包括持续 21 年之久的北方大战，以及多次爆发的俄土战争等等。当然，受俄罗斯特殊的地理、历史、文化和资源禀

① （苏）谢·格·戈尔什科夫著，房方译：《国家海上威力》，北京：海洋出版社，1985 年版，第 84 页。

② 陈良武：《俄罗斯海洋安全战略探析》，《世界经济与政治论坛》，2011 年第 2 期，第 88 页。

③ （美）唐纳德·W. 米切尔著，朱协译：《俄国与苏联海上力量史》，北京：商务印书馆，1983 年版，第 27—28 页。

赋等因素的影响，俄国历代统治者在海军建设方面的投入和关注度有很大不同，有时甚至出现过“重陆轻海”的现象。总体来说，在争夺出海口的战略指导下，俄国近代海军建设呈现起伏转折的态势。纵观近代俄国海军发展的历史过程，可能有如下几个特点。

一是面临着如何在陆地和海洋之间分配战略资源的难题。有观点提出：俄罗斯如同法国、中国，是一个典型的陆海复合型国家。（俄罗斯）成为陆海双料强国既是一个诱惑，也是危险的试探。但是不成为双料强国，也是危险的。而关于如何在陆军和海军之间合理地分配力量和资源的问题，几乎是无法解决的，谁也无法事先说明，可以寻找到一种最好的比例。[①] 长期以来，俄国海军的职能定位主要是为陆军作战服务。例如，彼得大帝的海军建设思想就是：海军应配合陆军作战，主要方式是海军应保护陆军海洋一侧的安全，当陆军从陆上围困敌方要塞时，应当从海上方向配合陆军，对敌加以封锁，海上方向的进攻与防御应配合陆上战场形势。[②] 由于存在这个问题，俄国海军建设比较缺乏连续性，对海军资源的投入在很大程度上容易受到俄国高层个人偏好的影响。彼得大帝曾在 1695 年、1687 年和 1689 年三次远征土耳其。在其关注下，俄罗斯黑海方向的海军力量得到大幅发展。然而，在随后的十余年间，俄国把战略重心转向其他地区，俄国黑海舰队继而由此走向衰落。有学者解释了俄国海军在 18 世纪走向衰落的三个原因：一是彼得一世之后的所有王位继承者，直到叶卡捷琳娜二世，他们对海军事务不感兴趣。二是英国在三次英荷战争之后成为霸主。处于领先的英国高枕无忧，其海军条令和规则制度处处弥漫着一种形式主义，海军缺乏作战上的开拓创新。俄国海军也受到这种风气的影响，导致海上军事力量建设停滞不前。三是缺乏一位在国家层面和海军层面肩负起这一历史重

① 转引自肖辉忠、韩东涛等：《俄罗斯海洋战略研究》，北京：时事出版社，2016 年版，第 5 页。

② 吴荣华著：《二战苏联海军史》，北京：人民日报出版社，2014 年版，第 3 页。

任的人物。[1] 沙皇叶卡捷德琳娜二世执政后，对海军极其重视，推动俄国海军建设进入黄金期。在亚历山大二世执政期间，尽管提出要加强海军建设，但他在检阅海军部队时一般都会把优秀的军官调到陆军中服役。可见，如果近代俄国统治者更加重视陆地方向的问题，那么就会影响对海军的投入。反之亦然。

二是与西方海上强国存在长期的冲突。梳理近代俄罗斯海军的发展历程，可以发现早期的俄国海军发展较快，且在战争中多次取得胜利。其原因可能有两个：一是俄罗斯当时主要与土耳其和瑞典作战，并没有从根本上与英国和法国等传统海上强国形成竞争。二是当时的俄国统治者对英国保持了一种妥协合作的态度。尽管叶卡捷琳娜二世对英国的许多海上政策存在不满，但依然承认英国的海上霸主地位，这使得俄国海军的发展有着比较好的战略环境。

> “19世纪初，在波罗的海，瑞典海军不再是有力的对手，而丹麦海军自从在哥本哈根失败后就没有恢复过来。在黑海和地中海东部，由于俄国的胜利，土耳其被严重地削弱了。在俄国海域以外，法国和西班牙的海军几乎都被歼灭。因此，在1815年，俄国海军在自己的水域范围内是无敌的，而在其他地区，它的力量亦仅次于英国。但是，英俄海军不论在数量或质量方面都存在着很大的差距；由于俄国当局深知这种差距的存在，所以1815年以后，约有三十年之久，俄国当局一直都在派遣海军军官学校的高年级学员作为“志愿军”在英国海军中短期服役。”[2]

但是，英法等传统强国对俄国存在很强的戒备心理。1768—

---

① （俄）波罗维金著，常拉堂等译：《海上战争：大国海军使用观点的历史演变》，北京：解放军出版社，2006年版，第18—19页。

② （美）唐纳德·W. 米切尔著，朱协译：《俄国与苏联海上力量史》，北京：商务印书馆，1983年版，第155页。

1774俄土战争之后，俄国通过签署《库楚克—凯纳吉条约》取得了进入黑海重要港口的权利，终于打通了南方出海口的通道。这引起了英国担忧和恐慌，随后在1840年签订的第一次《伦敦协定》中禁止任何外国战舰驶入黑海海峡。此举显然是为了从黑海方向对俄国海军进行封锁，英俄之间的海上矛盾开始凸显。随着俄国实力逐渐提升，俄国与英国等海上强国陷入了长期的竞争和对抗之中。俄国海军历史上两次大的惨败都跟英国有关。英国直接参与了克里米亚战争，削弱了俄国自维也纳会议之后在欧洲大陆占据的优势，俄国因此丧失了在黑海拥有的舰队和基地。20世纪初，英国与日本结成同盟，支持日本在远东地区与俄国展开争夺。日俄战争中，俄罗斯波罗的海舰队派出的增援部队在对马海峡被日本联合舰队歼灭，导致俄国不得不开始调整自19世纪以来与英国在欧亚大陆展开的地缘竞争战略，转而与英国进行妥协。有观察提出：

> “在过去两百余年的绝大多数时间中，俄罗斯和海上霸权国家都处于对抗状态，即“俄海冲突”。这种局面的首要原因在于两种因素及其互动：两者间难以避免的地缘政治冲突，与此相关的相互猜忌或“安全困境”。出于对安全、威望和财富的需要，对外谋求领土扩张或势力范围是俄罗斯的不时之举；另一方面，海上霸权国家也要维护和扩张自己的重要利益。而且，俄罗斯周边广阔的“真空”或“半真空”地带的长期存在也刺激了两者的迎头相撞。这样，海上霸权国家和俄罗斯之间不免存在着明显甚至尖锐的地缘政治冲突。另外，双方内部对彼此的不信任感也加剧了这种冲突。于是，俄罗斯和海上霸权国家之间的战略性竞争或对抗，成为近现代全球政治的一个若隐若现的长期性主题。”①

① 梅然：《俄罗斯、海上霸权与世界政治的逻辑：一种历史解读》，《外交评论》，2011年第6期，第122页。

三是面临着在海上力量相对弱势情况下的战略选择问题。力量对比是一个相对的概念，与土耳其、瑞典、波兰和丹麦等国相比，俄罗斯的海上力量较强；而与英国、法国等传统海上强国，甚至与美国和日本等后起的国家相比，俄罗斯的海上力量就显得相对弱势一些。造成这种局面的原因是多方面的，其中重要的因素是英美日等国可以集中所有资源发展海军，而俄国则需要统筹分配陆海方向的资源。在这种背景下，相对弱势的海军的发展战略就成为一个重要问题。有观点认为，弱势海军应该采取以攻为守的办法，通过分散敌人兵力来逐渐削弱对手。

> “马汉认为，一支劣势海军制定的战略部分地说是：它应该继续受到掩蔽并起到一支现存海军的作用，也就是纯粹以它的存在迫使敌人分散兵力并耗费资源以对它可能对其航运进行的劫掠加以防范。在更大程度上马汉赞同这样的思想，即劣势海军应努力实行以攻为守，不时从它隐蔽于其中的港口出发，抓住与敌对优势海军的分遣舰队对抗的适当机会，以期逐渐削弱敌人。”①

然而，俄国海军选择奉行近岸防御战略，把港口防卫和破袭交通线作为主要任务。18 世纪之前，俄国海军在波罗的海和黑海的大部分区域保持了一种战略进攻态势。但是，随着克里米亚战争的失利，俄国的海军开始转入防御。从 1878 年起一直到接近 1895 年这一时期，俄国政府奉行着一种基本上是防御性的海军政策。俄国海军要进行演习，通常都是以这样的假想情况为前提，即假想有一个强敌封锁了俄国海岸，主要的考虑或是突破封锁，或是予敌舰以沉

---

① （美）拉塞尔·F. 韦格利著，彭光谦、张孝林、赵汉生译：《美国军事战略与政策史》，北京：解放军出版社，1984 年版，第 219 页。

重打击。[①] 随着防守近岸的港口要塞和袭击对手海上交通线成为中心任务，俄罗斯海军建设的重点也向相应的装备需求倾斜。俄国为了学习美国的近岸防御战略，曾派人在美国内战期间观察美国的战略战术，回国后模仿美国建造了浅水重炮舰、快速巡洋舰、鱼雷艇和潜艇等舰船。为了同西方强国进行竞争，俄国在历史上也曾试图建设战略舰等主力舰，但是由于资源、地理和战略等因素的影响，在性能、质量和规模上与西方海上强国的舰艇仍然存在一定的差距。

四是如何处理出海口分散且易被分割封锁的问题。按照马汉的标准，一国国家的地理位置对于其是否成为海上强国比较重要，即这个国家必须扼守住海上咽喉要道，且能够自由进入公海。与英国、日本和美国相比，俄罗斯的地理位置极其不利。俄罗斯的四个濒海地区和出海口在地理上相隔较远。在北部，巴伦支海主要港口摩尔曼斯克到西部入海口圣彼得堡，整个航程达4000多千米。南部的黑海入海口离俄罗斯最近的西部入海口海上航程长达6000千米以上。东部的太平洋主要入海口符拉迪沃斯托克（海参崴）离北部巴伦支海出海口的海上航程在10000千米以上，离南部的黑海出海口的海上航程更是近30000千米。[②] 在近代俄国与英国进行全球竞争过程中，俄罗斯的海上力量大部分时间被英国舰队封锁在内线，各舰队很难在波罗的海和黑海以外的区域享有制海权。在日俄战争中，由于英国封锁苏伊士运河，俄罗斯波罗的海舰队只能从好望角绕上大半个地球的距离去增援太平洋舰队，最后被以逸待劳的日本联合舰队消灭在对马海峡之中。可见，从俄罗斯拥有的海军实力来看，它无疑是世界海权强国。但其海权的发展始终面临着出海通道不畅的缺陷，通向大洋的航道受制于人，这“给俄国海军造成相当大的困

---

① （美）唐纳德·W. 米切尔著，朱协译：《俄国与苏联海上力量史》，北京：商务印书馆，1983年版，第216页。

② 陈良武：《俄罗斯海洋安全战略探析》，《世界经济与政治论坛》，2011年第2期，第86页。

难”。[①]

五是建设现代化海上军事力量的物质基础问题。在近代海军发展建设的历史上，俄国遭遇了两次重大的失败：克里米亚战争和日俄战争。克里米亚战争的失败来自于俄国海军建设错过了工业革命，导致风帆密集船队在英法舰队的大炮轰击下败下阵来。虽然俄国舰队在1898年拥有20艘战列舰，在全球海军总实力中排列第三。但是，俄国海军缺乏实战经验，舰船的吨位、速度、大炮口径射速等因素远不如日本。尽管俄国在两次海战失败后都加快改革，但都并未大幅缩小与其他海上强国的差距。其背后原因之一可能是俄国缺乏建设一支现代海军的技术和工业基础。尽管俄国并不缺乏认识到需要进行变革的领袖，这些以及其他一些走向现代化的努力可以说只是孤立的行动，所以进行海军现代化的过程尤为困难。[②] 另外的原因还在于战略力量与目标之间的矛盾。俄国是一个海陆复合型国家，资源必须要在陆地和海洋之间平衡。而俄国在19世纪以来就开始与英国在全球展开了争夺。有观点提出：沙俄在19世纪中叶到20世纪初在海上斗争的失败是必然的：强烈的扩张欲望与地缘环境的限制，使得沙俄的海上争霸一开始就具有不可调和的内在矛盾；远洋海军的发展使俄国具备了一定的远洋扩张的物质基础，但侵略者的本性又决定了他自身无法调和战略目标过大与战争手段效能低下的矛盾，注定要归于灭亡。[③]

第二节　苏联海上军力建设思想的转型过程

1922年，苏联的成立对当时的世界格局产生重大影响。在随后

---

① 沈伟烈：《中国周边国家军事地理》，北京：解放军出版社，1986年版，第9页。

② （美）唐纳德·W. 米切尔著，朱协译：《俄国与苏联海上力量史》，北京：商务印书馆，1983年版，第181页。

③ 张威：《俄国从克里米亚战争到日俄战争期间海上斗争失败的原因刍议》，《华中师范大学研究生学报》，2006年第10期，第99页。

的数十年期间，苏联海上军力建设过程进行了多次调整，从早期建设“小海军”到“大舰队”，到冷战期间确定为以核潜艇为重点的建设思路，到戈尔什科夫的“均衡”建设思想，直至“战略防御军队集群”建设思路的提出。本节将重点探讨这些建设思想的具体内容、调整背景和战略影响等内容，并在此基础上解释其转型的动因及其战略战役意图。

一、“小海军”建设思想的提出

在打败帝国主义的武装干涉之后，苏联开始重建海军。1922—1923 年，苏联波罗的海舰队编成有 60 艘舰艇，其中 8 艘驱逐舰、9 艘潜艇；黑海舰队装备了 60 艘修好的舰艇和辅助舰船。随着实力的累积，苏联作战舰艇总吨位由 1923 年的 8.2 万吨增长到 1926 年的 13.9 万吨。1926 年，苏联开始了一个 6 年造船计划，重点建设鱼雷快艇、护卫舰和潜艇等装备。1928 年，苏联波罗的海舰队和黑海舰队各编有 3 艘战列舰、4 艘巡洋舰、14 艘驱逐舰和其他辅助舰只。[①] 1937 年，苏联公布了 1937 年颁布的《工农红军海军暂行战斗条令》，标志着苏联海军建设达到一个更高的阶段。在第二次世界大战之前，苏联的海上军力建设思路是建设“小海军”。《苏联军事百科全书》对“小海军”的定义是：

> “小海军”主要是指战列舰比敌方差的海军。“小海军”一词出现在 20 世纪初的海军学术理论中，反映了当时正在探求用海军轻兵力对付敌人个别大舰群、破坏敌人交通线和保卫己方沿岸的斗争方法。……苏维埃共和国继承下来的海军，由于在第一次世界大战和国内战争中受到严重损失，长期以来一直比敌对国家的庞大的重型水面舰队

① （苏）M. M. 基里杨等：《军事技术进步与苏联武装力量》，北京：中国对外翻译出版公司，1984 年版，第 52 页。

> 弱小。苏联的海军专家和理论家考虑到国家有限的经济条件，建议建设一支主要由潜艇、驱逐舰、鱼雷艇以及其他小舰艇、航空兵和海岸炮兵组成的“小海军”。[①]

苏联在成立初期之所以把建设“小海军”作为重点，可能有两个原因：

一是受到苏联对未来整体作战样式的判断。主张建设“小海军”的观点提出：对于拥有漫长海上疆界的国家来说，海上兵力在巩固国防方面有着特殊的意义。然而，可能的战争对于我国来说实际上是大陆战争。在现代战争中，胜利来自所有军种的协调一致的努力。海军应用于支援濒海方向陆军的行动，或实施独立战役以便在海上消灭敌舰队，破坏海上交通线，摧毁海军基地和海岸目标。[②] 从这些观点来看，苏军在当时认为未来战争的重点仍然将是陆地作战，而海军的主要功能就是在濒海方向支援陆地作战。因此，苏联海军的建设重点应该放在便于近海防御的鱼雷艇、护卫舰等装备方面。

二是对经济成本的考虑。苏维埃政权刚成立时，经济基础因为战争而受到了巨大的摧毁。1920 年同 1917 年相比，炼铁量减少到 1/25，炼钢量减少到 1/15，钢材产量减少到 1/16. 6，煤的开采量减少到 1/3. 5，石油产量减少到 1/2. 2。粮食、运输、通信以及日常必需品的情况也不佳。[③] 在外交上，帝国主义国家对苏联还采取了孤立、封锁和遏制政策，苏联面临的国际国内形势均比较严峻。因此，主张建设“小海军”的观点认为，不考虑苏联的经济实力而坚持建设大型水面舰艇，这是不切实际的做法。苏联的海军学术界认为，苏联海军未来的主要对手可能是相当强大的敌方战列舰舰队，这是

---

① 中国人民解放军军事科学院编译：《苏联军事百科全书（第三卷）》，北京：战士出版社，1983 年版，第 893 页。

② （苏）H. A. 科罗特科夫著，李大军、毛雨译：《苏联军事思想史》，北京：解放军出版社，1980 年版，第 170 页。

③ （苏）M. M. 基里杨等：《军事技术进步与苏联武装力量》，北京：中国对外翻译出版公司，1984 年版，第 14 页。

考虑海上军事力量建设的出发点。他们提出：无论是黑海还是波罗的海，苏联海军不仅不能战胜敌人的优势兵力，就连敌人的同等兵力也无法对付。因为国家的经济条件暂时还不能使苏联建立强大的海军。[①] 因此，在上述背景下贸然发展大型海上舰队是不切实际的一种选择。

“小海军”建设思想是苏联当时近海防御战略的体现。对于如何使用海军的问题，苏联元帅米哈伊尔·尼古拉耶维奇·图哈切夫斯基曾提出“小规模海战理论”。其核心思路是通过近岸防御消耗对手的海上实力，即依靠中型潜艇、岸基航空兵、驱逐舰、护卫舰、鱼雷艇和巡洋舰等常规武器，协同苏联陆军防守国土。具体作战设想是：当战争爆发后，先把敌人的航空母舰特种舰队吸引到沿岸雷区里，然后由一队队的快速鱼雷艇、军舰和海岸大炮，以及从地面起飞的飞机的联合轰击，把入侵的舰队摧毁。[②] “小规模海战理论”认为：

> “只有依靠预先配置好的岸防系统和防御水雷以及潜艇、雷击舰、鱼雷舰和航空兵才能对付敌人的优势兵力。……这一理论的实质在于对敌人采取短促突击战术，隐蔽集结全部兵力从不同方向对主要目标采取行动，以达到歼灭优势之敌的目的。根据这一理论，海军主力是潜艇、航空兵、鱼雷艇和海岸炮兵，主要行动方法是各种海上力量的联合突击。”[③]

1937 年，苏联颁发《工农红军海军暂行战斗条令》，对苏联海

---

① 苏联国防部军事历史研究所编，苏联武装力量翻译组译：《苏联武装力量（建设史）》，北京：战士出版社，1981 年版，第 258 页。

② 蒋建东著：《苏联的海洋扩张》，上海：上海人民出版社，1981 年版，第 26 页。

③ 苏联国防部军事历史研究所编，苏联武装力量翻译组译：《苏联武装力量（建设史）》，北京：战士出版社，1981 年版，第 257—258 页。

军任务职能和具体战法进行了规定。

> “对敌人的舰艇、岸上目标和海上交通线，要以优先的舰队兵力和大量设置水雷障碍相结合的方法对其进行不断实施短促突击和突然袭击。为了破坏和切断敌人海上的战略、战役运输线，潜艇、航空兵和水面船只能在敌海上交通线独立作战。以部分舰队兵力（或区舰队）的连续作战或偶尔出击的方式，直接支援和掩护濒海方向、临湖方向以及沿河地区作战的陆军部队同样也是可取的。为掩护舰队主力和陆军的集结与展开水面以及沿海交通线免遭敌人的海上袭击，要构筑强大的雷炮阵地和设置防御性水雷障碍。”①

二、“大舰队”建设计划

尽管建设“小海军”在苏联国内占据主流地位，但也有观点主张建设“大舰队”。其基本主张是：鉴于苏联面对的主要威胁来自于西方国家的水面舰艇，苏联应该建造大型水面舰艇，这样才能取得海上作战的胜利。1936 年 8 月，苏联海军出台了一份海军计划，提出在 1947 年以前建造不少于 15 艘战列舰、22 艘重驱逐舰和 31 艘轻巡洋舰、162 艘各式驱逐舰、412 艘潜艇和众多的辅助船只。② 1938 年，苏联又提出一个决议，提出要在 10 年内建设一支远洋海军。这些计划后来并没有实现，原因除了当时苏联国内更倾向于建造轻型舰队之外，更为重要的是，随着第二次世界大战战争策源地的逐渐形成，苏联日益感到德国和日本带来的军事威胁。基于加快备战步伐的考虑，苏联撤销了当时的大型战舰建设计划，转而建设轻型舰

① 苏联国防部军事历史研究所编，苏联武装力量翻译组译：《苏联武装力量（建设史）》，北京：战士出版社，1981 年版，第 258—259 页。

② 转引自肖辉忠、韩东涛等：《俄罗斯海洋战略研究》，北京：时事出版社，2016 年版，第 110 页。

队，以便用较低的建设成本完善海上作战力量。1941 年 7 月开始，苏联全面停止战略巡洋舰和重巡洋舰建设，集中建造轻巡洋舰，增加海军航空兵和岸防兵力。在卫国战争前夕，苏联海军大约有 1000 艘作战舰艇，其中包括 3 艘战列舰、7 艘轻巡洋舰、54 艘驱逐舰和驱逐领舰、22 艘护卫舰、287 艘鱼雷快艇和 212 艘潜艇，约 2600 架作战飞机和 260 个海岸炮兵连。[①]

在卫国战争期间，苏联海军扮演了极其重要的角色。在对德作战方面，苏联海军主要集中破坏德国的海洋交通线，阻止德国把从北欧夺取的铁矿石等战略物资运回国内，或者破坏德国向其濒海集团提供补给的海上交通线；苏联海军的另外一项任务是为己方舰艇提供护航，保护己方海上交通线的安全。卫国战争期间，苏联利用海洋交通线运输了 1.05 亿吨以上的各类物资。其中，北方舰队完成了 1624 次护航任务，共护送了 4414 艘各种船只；在波罗的海完成了 1020 次护航任务，共护送了 3223 艘运输船。苏联红军还敷设了大约 4 万颗水雷。[②] 此外，苏联海军还承担了部分近岸防务任务，包括保护海军基地和濒海部队等目标的安全。在执行这些任务的过程中，苏联海军发现由于航空和反潜力量不足，导致战争初期在破袭德国交通线方面的行动效果不佳。

二战结束后，苏联重启了“大舰队”建设计划。1944 年，苏联在其 10 年造舰计划中提出要建设 6 艘重型航空母舰、6 艘轻型航空母舰、4 艘战列舰、10 艘战列巡洋舰、54 艘轻巡洋舰、132 艘重巡洋舰、226 艘驱逐舰以及 495 艘潜艇；1950 年，苏联又制定了海军 5 年建设计划，提出要在较短时间内建设包括 4 艘航空母舰、4 艘战列舰、36 艘巡洋舰、200 艘驱逐舰、200 艘护卫舰以及 1200 艘潜水艇

① M. M. 基里杨等：《军事技术进步与苏联武装力量》，北京：中国对外翻译出版公司，1984 年版，第 110 页。

② （苏）瓦·达·索科洛夫斯基主编：《军事战略》，北京：战士出版社，1980 年版，第 363—365 页。

在内的庞大军事计划。[①] 这些计划具有明显的混合性特点，既建造航空母舰，也提出建设战列舰；既重视水面舰艇建设，也大规模建造潜艇；既重视主力舰艇建设，也强调轻型舰艇建设。针对苏联这个时期的“大舰队”计划，有观点认为这是受到多种海军建设思想的混合影响：该计划提出建设巡洋舰和潜艇等装备，带有“堡垒舰队”的影子，也可能受到了法国“青年学派”的影响；该计划继续强调战列舰建设，更加重视航空母舰的作用，这一方面可能受到了“存在舰队”的影响，同时也看到了二战之后航母在争夺制海权中的作用。[②]

“大舰队”计划由于规模巨大，且建设周期较短，需要大量的技术、人力、物力投入。在其最早提出的 20 世纪 30 年代，苏联面临着德国和日本的潜在威胁，不得不集中资源进行备战，所以被搁置起来；在该计划重启的 20 世纪 50 年代，美国及西欧国家对苏联实施的遏制威慑战略，给苏联的国家安全带来较大压力。为了应对来自陆地方面的挑战，苏联势必要分散资源加以应对，这直接影响到了该计划的进度。苏联国内也有观点认为建设大型水面舰艇不符合苏联的实际情况，而应该将重点放在潜水艇和海军航空兵上面。他们提出：“当时，我国的水面舰队在数量和质量上都不如资本主义各国的舰队。我们曾力图以完成建造水面舰艇的庞大计划来取得对我国预想敌人的海军优势。但当时我们没有考虑到，我国的两个舰队——北方舰队和太平洋舰队都驻泊在闭海，它们要进入公海有很大的困难。在这种情况下，海军的发展重点本来应当放在潜水舰队和海军航空兵上。”[③] 在这些因素的综合影响下，“大舰队”计划最终并没有完全实现。

---

① 转引自肖辉忠、韩东涛等：《俄罗斯海洋战略研究》，北京：时事出版社，2016 年版，第 111—112 页。

② （美）唐纳德·W·米切尔著，朱协译：《俄国与苏联海上力量史》，北京：商务印书馆，1983 年版，第 27—28 页。

③ （苏）瓦·达·索科洛夫斯基主编：《军事战略》，北京：战士出版社，1980 年版，第 319—320 页。

从作战构想来看，苏联在二战结束初期依然坚持近海防御战略。该构想把防御范围设置为两道防线，基本考虑是通过逐步消耗、联合攻击的方式摧毁敌方的进攻舰队。苏联海上作战的第一道防线距离海岸413海里，由潜艇和巡洋舰负责；第二道防线距离海岸130千米，由驱逐舰、鱼雷艇和航空兵负责。当战争爆发时，先由潜艇和巡洋舰对敌编队进行预先打击和削弱，并把敌人舰队吸引到沿岸雷区，然后由一队队的快速鱼雷艇、近海潜艇、海岸大炮，以及从地面起飞的飞机进行联合攻击，摧毁入侵的敌舰队。①

三、以核潜艇为中心的海军建设思想

20世纪50年代后，苏联全面叫停了“大舰队”计划。航空母舰建设计划被搁置，同时还拆毁了几艘正在建造中的大型巡洋舰。随着核武器的出现，苏联军方的一些有影响的人士认为，在原子武器问世之后，海军已经完全失掉了在武装部队中的重要性。因为地面部队既然拥有了核武器的装备，海上的支援就是多余的了；而且地面部队有了自己的火箭力量，就可以飞越水上障碍；如果有必要，就可以直接打击准备从海面进行袭击的敌人舰队；至于两栖作战，也可以轻易地从空中打击，或由地面部队使用自己的两栖装甲车来完成。②

赫鲁晓夫上台执政后，对军事问题的基本判断是：未来任何战争中水面海军已经不再是决定性的力量了，“现在是统治天空的国家赢得战争”，因此必须“集中力量发展防御武器”，发展“把敌人水面舰艇击沉的手段”。③ 在赫鲁晓夫看来，战列舰和重型巡洋舰已经过时；虽然航母是现代海军中第二种有效的武器，但“这简直不是我们财力所能及的”；“因为长距离运输兵员的任务已由空军代替

---

① 肖继英著：《俄罗斯海上力量——重整旗鼓》，北京：海洋出版社，1999年版，第91页。

② 蒋建东著：《苏联的海洋扩张》，上海：上海人民出版社，1981年版，第26页。

③ 上海国际问题研究所等译：《最后的遗言：赫鲁晓夫回忆录续集》，上海：东方出版社，1988年版，第47页。

了”，所以苏联也不建设登陆舰和运输舰。[①] 基于上述思想，苏联海军在20世纪60年代全面进入核潜艇舰队时代。在苏联看来，潜艇在作战上有如下优点：一是行动隐蔽，不容易被发现；二是既是一种防御手段，又是一种可用于打击对手水面舰艇的进攻手段；三是建设潜艇舰队成本比较低。1960年1月，赫鲁晓夫提出“新军事学说”，认为“未来世界大战，就武器来说，首先是火箭核战争”；“战争的命运将由战略武器的核突击来决定”。因此，“核武器将首先决定军队发展和建设的方向”，必须“重新考虑海军在战争中的使命和作用问题”。[②]

在上述战略思想的指导下，潜艇部队在苏联海军中的比例大幅提高。苏联潜艇部队的发展方针是：在优先发展潜艇的前提下，减少常规潜艇，增加导弹核潜艇；在导弹核潜艇中，又着重发展弹道导弹核潜艇。[③] 1966年2月至3月，苏联的一队核潜艇在不浮出水面的情况下完成环球航行，这标志着苏联水下威慑打击能力大幅提升。在冷战期间，苏联的潜艇规模保持世界第一，同时在吨位、航速、下潜深度以及搭载弹道导弹能力方面一直走在世界前列，以至于美国海军不得不把苏联潜艇作为长期的重大威胁。

苏联不能利用公海的优势，潜艇的核动力、静音和导弹性能等方面与美国海军又存在差距，因此更加关注潜艇的生存力和可控性。为达到这个目标，苏联一方面重视增加潜艇搭载导弹的射程，另一方面则倾向于潜艇在靠近苏联的保护地带活动。这些被西方称为“堡垒”的附近地带，苏联海军为其发射弹道导弹的潜艇提供三维保护——飞机巡逻、具有反潜能力的水面舰艇和安静的攻击型潜艇。此外，通过在靠近苏联本土的地方部署战略储备力量，确保更加可

① 同上，第63—64页。

② 杨育才主编：《大国梦：俄罗斯的军事战略》，北京：新华出版社，2001年版，第93页。

③ 蒋建东著：《苏联的海洋扩张》，上海：上海人民出版社，1981年版，第30—31页。

靠的指挥和控制。①

集中力量发展潜艇部队在很大程度上提高了苏联海军的作战能力。然而，这种发展思路也存在一定的问题和挑战。从技术层面上来说，没有水面舰艇的掩护和引导，苏联潜艇的攻击效果和自我防护能力会大打折扣。与此同时，美国开始把监视、搜索和打击苏联潜艇作为首要任务，不仅在苏联周边海域布设了多条水下监听阵列，还利用“北极星”核潜艇与苏联潜艇展开水下追逐战，这在一定程度上限制了苏联潜艇的作战效果。更为突出的，如果潜艇部队的主要功能是利用其隐蔽性进行战略突袭、保持战略威慑或者破袭对手海上交通线，那么如果在宽阔的公海上遭遇大规模的水面反潜力量就比较被动。古巴导弹危机期间，苏联就曾面临这样的难题：

> “苏联派遣4艘F级常规潜艇硬闯美军由40艘水面舰艇、240架飞机和3万兵力组成的强大封锁线。参加远征的潜艇几乎无一例外地落入了美军的反潜陷阱，处于压倒优势的美国海军出动反潜舰艇将苏联潜艇包围起来，肆无忌惮地使用深水炸弹迫使它们一艘艘地浮出水面。面对美军近乎侮辱式的围捕，甚至有苏军艇长打算使用艇上的核鱼雷与对手同归于尽。这位艇长回忆道：‘当我们正在做机动动作时，也许战争已经爆发了。我们准备毁灭它们。我们会死，但我们会将它们全部击沉。我们不会给我们的海军丢脸！’”②

四、戈尔什科夫的“均衡”建设思想

冷战期间，对苏联海军建设影响最大的当属戈尔什科夫的“均

① （美）罗杰·W. 巴尼特著，吴东风等译：《海军的战略和文化：海军所想所为为什么不一样》，北京：中国市场出版社，2009年版，第50—51页。

② 杨震、杜彬伟：《论戈尔什科夫的国家海上威力论及其现实意义——以海权理论为视角》，《东北亚论坛》，2013年第1期，第60页。

衡”建设思想。戈尔什科夫认为20世纪后半期海军面临的形势发生了巨大变化，其功能开始从海上作战拓展到攻击海岸和陆地，因此强调要“战略性地运用海军”。戈尔什科夫的判断是：“自古就以交战双方在海上交通线上作战为特征的、传统的海军对海军作战，现在被用于新的、起决定作用的领域——海军对陆地作战领域”，鉴于海军“能够以直接摧毁敌军事威力源泉的方式遂行进攻性的战略任务”，因此（苏联）海军最重要的是“用海军兵力抵御敌海上战略系统，以摧毁或尽可能最大限度地削弱其对陆地目标的突击”。① 可以认为，上述判断在当时的时代背景下是基本准确的。在前文关于美国战后海军战略转型过程等相关内容中发现，美国海军很早就把岸基目标列为其重点的打击目标，加上随着“北极星”潜艇的部署，美国海军对苏联陆上纵深目标的打击能力日益增强，这对苏联来说是一个巨大的威胁和挑战。戈尔什科夫正是敏锐地发现了战后军事技术的发展变化和美国海军战略的调整，在此基础上提出了当时苏联海军作战的主要任务和方向。

对于如何应对未来的海上威胁，戈尔什科夫提出要建设一支“均衡”的海军。这里的“均衡”带有很强的辨证色彩，即不是从数量和规模对各种海上军事装备进行的机械性平衡，而是“使构成海军战斗威力的各因素及保障这些因素的各种器材经常保持最佳的结合”，使其能够在多种条件下执行多种任务。然而，戈尔什科夫又提出要根据军事理论“在一定的历史时期优先发展能够有效地完成海军主要任务那些兵种”，即当时“那些能够完成摧毁敌人军事经济潜力和打垮敌海上核威力等重要战略任务的兵种”。②

根据这些思想，戈尔什科夫主张苏联把潜艇和海军航空兵作为发展重点，同时建设了一批驱逐舰、护卫舰和巡洋舰等装备。从1962年到1972年，苏联海军以每年新增90艘舰艇的速度扩展；从

---

① （苏）谢·格·戈尔什科夫著，房方译：《国家海上威力》，北京：海洋出版社，1985年版，第277—278页。

② 同上，第316—317页。

1972年到1974年，苏联平均每年建造具有远洋作战能力的大型水面战舰39艘、导弹核潜艇6艘。1975年，苏联拥有120艘核潜艇、190艘常规潜艇、1艘航空母舰、2艘直升机航母、33艘巡洋舰、106艘驱逐舰、109艘护卫舰。[①] 至此，苏联海军向大型化、导弹化、核动力化和部署全球化等方向发展，最终发展成为一支远洋海军。由于当时美国深陷越战泥潭，加上海军舰艇大幅退役，美苏海上军事较量呈现“苏攻美守”的态势。

20世纪60至70年代，苏联海军之所以得以大幅发展，除了受“海上威力论”等思想的影响之外，还有两个因素值得重视。一是来自于苏联经济的恢复。尽管与美国总体经济实力的差距较大，但苏联经过战后20余年的发展，经济水平得以大幅提升，钢铁、煤炭、石油等战略物资的产量在20世纪70年代甚至曾一度超过美国。二是苏联发展远洋海军的战略推动。勃列日涅夫上台执政后，进一步加强了包括海军在内的军事力量建设，使海军获得了更多的资源投入。基于这样的力量态势，苏联海军在20世纪80年代初制定了“对岸为主”的战略方针。其基本思路是把海军对陆攻击放在最主要的地位，把海军对海军的行动放在次要地位。具体做法是：主要依靠潜射战略导弹对岸上战略目标进行核突击，同时辅以登陆、舰炮对岸射击、航空兵对岸攻击、破坏交通线等方式。苏联之所以选择将对岸攻击放在优先的位置，基本考虑是：美国以航母为核心的特混舰队，具有较强的远洋作战和海上控制能力，苏联如果与美国进行海上舰队决战难以取胜。因此，以“对岸为主”的方针是苏联避开美国海军强点，发挥自身强点的策略选择。[②]

五、“战略防御军队集群”建设思路

戈尔巴乔夫执政后，将苏联海军的作战任务由“对陆上目标实

---

① 转引自杨震、杜彬伟：《论戈尔什科夫的国家海上威力论及其现实意义——以海权理论为视角》，《东北亚论坛》，2013年第1期，第63—64页。

② 史滇生主编：《世界海军军事史概论》，北京：海潮出版社，2003年版，第530—532页。

施大规模打击”转变为在对敌实施核威慑的前提下“对敌海上兵力进行作战”。该构想的基本考虑是，对手将航母打击编队部署在重要水域，目的是针对海军基地、飞机场、导弹发射平台或其他岸上纵深目标发动攻击。因此，要避免己方岸上目标受到打击，苏联海军最重要的任务是摧毁对手的航母及其支援保障力量，或者阻止对手将航母打击编队部署在可以发动对岸攻击的水域。该构想是对苏联“对岸为主”方针的一次战略转型，代表了苏联海上军事战略的收缩。弗·尼·切尔纳温接替戈尔什科夫担任苏联海军总司令后，提出必须建立“区域性海洋力量”，实施“区域性防御”战略。由于苏联地域范围广，防御难度大，应该重点防卫“战略地带”和“海上交通线”，以“保卫自己的海岸，反击敌人的突然入侵”。其具体做法是：根据海域地理环境和海军兵力兵器整体控制范围取得防御纵深，同时重视构建完整的岸岛防御体系，在防御区内组建由岸防部队、水面舰艇、潜艇和岸基防空兵共同组成的“战略防御军队集群”，形成打击活动半径覆盖100—1000海里的区域范围。[①]

第三节　冷战后俄罗斯海上军力建设思想转型

冷战结束后，俄罗斯的海军建设依然面临着长久以来的挑战，即如何克服其大陆属性局限发展海权，如何防止陆海冲突且实现二者平衡，如何实现海权在军事与经济方面的统一，如何发挥自身地缘优势体现俄罗斯特色。[②] 围绕这些问题，俄罗斯先后公布了多份关于海洋发展战略的官方文件，俄罗斯海上军事力量也经历了从收缩到恢复、扩建的过程。

1992年，俄罗斯海军确定了新的海军战略，具体内容包括：和

---

① 肖继英著：《俄罗斯海上力量——重整旗鼓》，北京：海洋出版社，1999年版，第112—113页。

② 高云：《俄罗斯海洋战略基本问题刍议》，《太平洋学报》，2014年第1期，第69页。

平时期遏制潜在敌人；战争时期组织完善的沿岸防御和保卫海上交通线；注重打常规战争，但不放弃战略核潜艇的作战使用。新战略的重点是坚持“全方位、机动灵活、积极防御”的海上作战指导思想来维护海上安全。由于当时俄罗斯的经济形势面临比较严峻的挑战，俄罗斯海上军事力量的规模也随之大幅下降。从苏联解体到普京执政初期，俄罗斯海军舰艇总数锐减了 37.5%，从 428 艘减至 273 艘，其中用于执行战斗勤务的舰艇数量减少了 87%，从 210 艘减至 28 艘。[①] 与此同时，在俄罗斯海军服役的人员也从 1990 年的 41 万余人锐减到 17 万余人。[②]

上述情况是俄罗斯军事战略调整的结果。20 世纪 90 年代初，俄罗斯提出了“纯防御”的军事学说。新的俄罗斯军事学说认为：世界大战的可能性减少，俄罗斯的主要威胁来自周边地区及俄罗斯内部。据此，俄罗斯海军战略也发生相应调整。总体的思路是将未来海上战争形势的判断从全球海上进攻作战调整为应对俄罗斯周边水域的安全威胁。在此思想指导下，俄罗斯海军的规模进行了大幅缩减。另外，俄罗斯意识到海上核威慑力量依然是维护国家安全不可或缺的手段，所以继续重视海上核力量的作用。一般来说，冷战结束初期俄罗斯海上安全战略存在两大显著特点。

一是将海军的任务重新定义为近海防御。20 世纪 70—80 年代，苏联海军成为世界上一支强大的远洋海军，不仅频繁举行大规模的远程演习，还在世界多地拥有海军基地。冷战结束初期，基于经济和战略上考虑，俄罗斯海军放弃了包括金兰湾在内的多个海外基地，减少了在海外进行大规模军事演习的频率，同时调整了海军的职能任务。当时俄罗斯海军的主要任务包括：与其他武装力量一起加强俄罗斯的海上防卫；遏制俄罗斯边境地区的武装冲突；维护俄罗斯

---

① 张炜著：《国家海上安全》，北京：海潮出版社，2008 年版，第 255 页。

② 周德华、陈良武编著：《蓝色方略：21 世纪上半叶的海洋和海军》，北京：海潮出版社，2013 年版，第 112 页。

的海上利益；参与维和行动、搜救及灾难援助行动，等等。① 二是继续加强海军核威慑力量建设。1997 年，俄罗斯国防部长谢尔盖耶夫提出“现实威慑”概念，即在核保护伞下依托精干的常备部队应对俄罗斯周边局部武装冲突。为此，海军的核心任务有两个：一方面是支持核威慑，在保留数量够用的战略导弹核潜艇的前提下，发展能够保障这些潜艇的作战力量；另一方面是强调打赢局部冲突，提出要保留核心海上作战力量，精简兵力规模组成，切实提高实战能力。

至此，俄罗斯基本上确立了以海上核力量建设为重点，兼顾发展相关作战保障力量，全方位增强俄罗斯战略威慑能力的思路。1996 年，“库兹涅佐夫”号航母自下水以来首次出访地中海，这标志着冷战后俄罗斯海军实力的复苏。1999 年，俄罗斯颁布了历史上首部《海军战略》，提出俄罗斯要恢复在对其具有战略意义的各大洋的军事存在，以消除来自海上的威胁。之所以发生如此转变，是因为俄罗斯认为海洋对于俄罗斯具有重大战略意义。俄罗斯总统普京表示：“俄罗斯只有成为海洋强国，才能成为世界大国”，然而“俄罗斯在世界各大洋，包括在黑河和波罗的海的地位已经被明显削弱，已经出现被排挤出各大洋的趋势”，因此“俄罗斯海军应当加强在世界各大洋的存在，以捍卫俄罗斯的利益”。②

2001 年 6 月，俄罗斯颁布了《2020 年前俄罗斯联邦海洋学说》，2010 年又通过了《2030 年前俄罗斯联邦海洋发展战略》。2015 年，俄罗斯出台了新版《海洋学说》。2017 年，俄罗斯总统普京签署“2030 海军发展计划”，提出俄罗斯应该在 2030 年前后“拥有在各个战略方向实力均衡的舰队”。这些文件的出台，明确了俄罗斯的海洋利益，说明了俄罗斯对海上威胁的判断，提出了俄罗斯海洋战略

---

① 转引自（德）乔尔根·苏尔茨等著，鞠海龙等译：《亚洲海洋战略》，北京：人民出版社，2014 年，第 124—125 页。

② 《俄罗斯海军的战略方针》，2005 年 3 月，http：//www. defence. org. cn/article – 4 – 7384. html.

的发展方向，可以从中分析俄罗斯海军建设的一些思路和想法。总体来看，俄罗斯认为海上安全面临的主要威胁包括：

> “俄罗斯在获得世界海洋资源及进入国际主要运输航线方面力量有限，尤其是在波罗的海和黑海区域；主要外国海军舰队集团战斗力提升，海军力量方面朝不利于俄罗斯联邦的方向变化；未经许可情况下对俄罗斯自然海洋资源的大规模攫取；大量邻国与俄罗斯的领土纠纷，同时在里海、亚速海域、黑海大量复杂的国际法问题；俄罗斯海上力量在质量和数量上的提升落后于国外。”[①]

此外，俄罗斯“2030 海军发展计划”提出的“以美国与其盟友为代表的一系列国家争夺海上霸权”是俄罗斯国家安全的主要威胁之一[②]。基于上述威胁判断，俄罗斯在首部《海军战略》（草案）中规定了俄罗斯海军的职能有如下几个方面：

> “运用军事手段，以防止他国从海上对俄罗斯及其盟国形成威胁；保持战备状态以保证俄联邦海洋利益安全；在世界各重要安全意义的海域保证国家利益不受损害，监督他国及军事政治团体；及时预警、防止和抗击来自俄各海域的军事威胁及对俄联邦的侵略；增加重要海区的兵力；保证俄罗斯军事力量在世界各海域的军事存在，参加符合俄罗斯国家利益的军事维和及人道主义行动；保护俄罗斯联邦的水下边界安全；确保海上通道安全。”

目前，俄罗斯海军的核心力量是导弹和攻击型潜艇。其中，潜

---

① （德）乔尔根·苏尔茨等著，鞠海龙等译：《亚洲海洋战略》，北京：人民出版社，2014 年版，第 129—130 页。

② 曲颂：《俄罗斯出台“2030 海军发展计划”》，《人民日报》，2017 年 7 月 26 日。

艇56艘，包括12艘导弹核潜艇，26艘装备有巡航导弹的潜艇和18艘攻击型潜艇。大型水面舰艇31艘，包括1991年开始服役的“库兹涅佐夫”号航母和“彼得大帝”号核动力巡洋舰等等。总体来看，冷战后俄罗斯海军的建设思想有如下几个特点：

其一，继续把核威慑力量作为建设重点，以此作为反击外国海上进攻的重要手段。根据俄罗斯“2011—2020年国家武器装备计划”，核潜艇依然是俄海上军事力量的建设重点。俄罗斯计划2020年前拨款4.44万亿卢布，为海军建造51艘现代化战舰、16艘多功能潜艇、8艘战略核潜艇。[①] 目前，“尤里·多尔戈鲁基”号和“亚历山大·涅夫斯基”号两艘战略导弹核潜艇已交付北方舰队，另一艘“弗拉基米尔·莫诺马赫”号正在进行测试。这是俄罗斯新一代的“北风之神”战略导弹核潜艇，服役后将大大提升海上战略威慑能力。俄罗斯计划在2020年前还要再造5艘该级别的改进型战略核潜艇。另外，俄罗斯第一艘“白蜡树”级多功能核潜艇“北德文斯克”号已经正式列装。该潜艇既可用于攻击水面、水下目标，还可发动对地打击，具有很强的军事威慑和打击能力。

其二，根据新军事革命的趋势研究海上反制措施。有俄罗斯学者认为近一时期俄罗斯海军面临如下军事挑战：世界大洋的控制权属于美国和北约海军，海军兵力在战争中的主要任务将是“舰对岸”；航空航天系统使海洋环境完全透明；海上战区的主要威胁来自于“战斧”式巡航导弹和其他高精度武器系统的航空航天攻击；多功能作战系统协同舰载航空兵将是毁伤海岸目标的高精度武器突击系统；电子对抗和火力摧毁信息源将影响战斗进程；高精度武器、核武器和反导防御将构成“新三位一体”战略，能够应对各种类型的威胁；未来常规武器作战包括“空地一体的联合海上战役”和“空天一体的海上战役”。[②] 俄罗斯《海军战略》也提出了针对新军

---

① 徐一天：《重铸锋芒的俄罗斯海军（上）》，《科技日报》，2014年9月2日。

② （俄）伊马卡皮塔涅茨著，李太生、王传福译：《第六代战争中的海军》，上海：东方出版社，2012年版，第163—164页。

事革命的发展策略，提出“海军作战能力提升由增强武器装备的突击力、信息力来达成”，不走数量规模型老路。[①]

其三，不走追求数量均等之路，强调区域重点防守战略。俄罗斯国内有观点提出：在经济潜力不平衡的条件下，追求海上数量均等是不现实的，所以应该合理地将所有力量和注意力集中在两个近海区域——北部和东部。[②] 2015 年俄罗斯新版《海洋学说》为发展波罗的海、黑海与亚速海、地中海三大区域的军事力量提出了详细的长期规划，具体措施包括扩充黑海舰队力量与改善基础设施、促进克里米亚与塞瓦斯托波尔两地发展等。俄罗斯提出未来将重点发展四种能力：濒海防御能力、远洋进攻能力、核打击能力和灵活的地区军事存在能力，加紧研制和建造具有超前性的作战潜艇和保障船只，设计并生产装备精确突击武器、反潜武器、有效的自卫武器、多用途航空兵器、能纳入舰艇本身和舰群自动化指挥统一网络的多用途水面舰艇。[③]

其四，把北极作为海军发展的优先方向。俄罗斯副总理罗戈津曾表示，为方便海军自由出入大西洋和太平洋，北极是俄罗斯海军的优先方向，随着北方航路的意义凸显，俄罗斯有必要重建核动力破冰船舰队。[④] 为此，俄罗斯计划在 2017 年、2019 年和 2020 年，分别安排 3 艘核动力破冰船服役。北极对俄罗斯海军来说具有重要的战略意义。如果北极实现通航，俄罗斯海军将能自由出入大西洋和太平洋并相互提供支援，解决长期困扰海上军事力量发展的地理难题。

---

① 胡德坤、高云：《论俄罗斯海洋强国战略》，《武汉大学学报（人文科学版）》，2013 年第 6 期，第 46 页。

② （俄）伊·马·卡皮塔涅茨著，李太生、王传福译：《第六代战争中的海军》，上海：东方出版社，2012 年版，第 163—164 页。

③ 张国华编译：《俄罗斯依托新军事变革完善海军发展战略》，《解放军报》，2005 年 8 月 10 日。

④ 陈效卫、曲颂：《应对国际局势变化巩固海洋强国地位，俄罗斯出台新版海洋学说》，《人民日报》，2015 年 7 月 28 日。

第四章　日本海上军力建设思想的转型过程

自近代以来，日本的海洋战略多次发生调整，但海上军事力量建设始终是其重要的构成要素。尽管国土狭小，资源贫乏，日本却长期坚持集全国之力建设大海军，力争成为海上强国。纵观历史，日本在海上军力建设过程中重实战、强质量、讲技术，特别强调根据假想敌制定高度具有针对性的建设计划，试图以实现攻势作战而夺取制海权的特征比较明显。

第一节　近代日本海上军力建设的思路

近代日本海上军事力量建设是其对外扩张战略的产物。为了从陆地和海洋两个方向进行对外扩张，日本曾提出了所谓的“利益线”。在海洋方向，日本提出要争夺以朝鲜半岛、台湾、库页岛为中心的，包括鄂霍次克海、日本海、渤海、黄海、东海以及南海的广大海域。为达到此目标，日本先后以清军和沙俄为假想敌，通过发动甲午战争和日俄战争取得了东北亚地区的制海权。

一、制海权与日本近代海外扩张战略

幕府末期，日本开始感到西方列强从海洋方向带来的威胁。日本国内出现了主张改变“锁国海防”政策，奉行“积极海防论”“开拓海防论”等主张。1791 年，林子平在《海国兵谈》中提出“海国须拥有与海国相称的武备”，“海国武备在沿海，沿海兵法在于水战，水战关键在于大炮”，应加强日本的整体海上防御，建立像

荷兰一样的近代化海军。[①]

“明治维新”之后，日本举全国之力发展海军，“欲开拓万里波涛，布国威于海外”。在上述政策影响下，当时的日本政府把建设强大海军作为“最紧急最重要的国务”。1870 年 5 月，日本兵部省提出要拿出政府年财政收入 1/5 的费用来创建海军。另外，日本政府提出：“军舰的灵魂是军官，无军官，水手则无以发挥其所长；水手不能发挥所长，舰船将成为一堆废铁。况且海军军官应掌握的知识深奥，达到精通熟练程度并非易事，故尽快创办学校，广选良师，教育海军军官是建设海军之头等大事”。[②] 在此政策指导下，日本的海上军事力量得到迅猛发展。1871 年，日本成立了小舰队，1872 年发展为中舰队，1885 年 12 月发展为常备小舰队，1894 年 7 月，日本成立联合舰队。

日本政府发展海军的直接目标是“掌握太平洋的制海权”。金子坚太郎曾宣称：有了制海权可以“支配太平洋通商，巩固海防，还可以攻击敌人”。[③] 当时，马汉主张的“海权论”在日本十分流行，金子坚太郎把马汉的作品呈送海军大臣西乡从道，秋山真之还赴美向马汉学习并亲身考察美西战争的相关问题。佐藤铁太郎在《国防私论》中将日本国防分为三线，第一线为海上、第二线为海岸、第三线为陆地，并确定“海主陆从”的原则，把“关系获得制海权的军备放在首位”。[④] 当时日本国内形成的共识是：日本及世界的未来取决于海洋，海洋的关键是制海权，制海权的关键在于强化海军并通过舰队决战击溃对手。

日本夺取制海权的根本目的是为了对外扩张。1855 年，日本的吉田松阴就说过：“现在要加紧进行军备，一旦军舰大炮稍微充实，

---

① （日）外山三郎著，龚建国等译：《日本海军史》，北京：解放军出版社，1988 年版，第 1 页。

② 同上，第 13 页。

③ 关希：《排他性海权论可以休矣》，《日本学刊》，2006 年第 4 期，第 8 页。

④ 邹小兴：《日本明治时代的海洋战略与海外扩张》，东北师范大学硕士学位论文，2011 年 5 月，第 24 页。

便可……责难朝鲜，使之纳币进贡，……北则割据中国东北的领土，南则掠取中国台湾及菲律宾群岛。在贸易上失于俄美者，应以土地由朝鲜和满洲补偿之。”①

二、以清军为假想敌的海上军力建设思想

明治维新政府成立后，日本就把朝鲜和中国东北作为侵略的首要目标。1870 年，日本外务大臣柳原前光说：“朝鲜国北连满洲，西接鞑清之地，绥服此地，实为保全皇国之基地，成为今后经略万国之基石，倘被他人占先国事休矣。”② 1874 年，日本征台失败，开始认为日清之间必有一战。1876 年，日本通过西南战争基本实现国内统一。1879 年 3 月，日本利用中国因伊犁问题与沙俄在北方边界对峙之机，出兵琉球并宣布“并琉球为冲绳县”。1882 年，清军平定朝鲜发生的“壬午兵变”。期间，日本感受到了北洋海军的威力，开始明确把清军作为第一假想敌。日本参事院议长山县有朋宣称：“我之欲以较强弱者正在‘紧邻之处’，日本的假想敌应该是清帝国。”同时，日本右大臣岩仓具视在内阁会议上强调“扩大海军的迫切性”。③ 甲午战争爆发之前，日本加强海上军力建设的思路包括如下几个方面：

一是围绕军舰总吨位与北洋舰队展开竞争。1888 年，日本海军大臣西乡从道要求日本以中国舰队和在未来战争中可能支持中国的英国远东海军为假想敌。1890 年，新任海军大臣桦山资纪估算中国军舰总吨位达 64702 吨，在造的新军舰、鱼雷艇、通报舰总计达 2 万吨；英国在远东的军舰吨位为 33467 吨，日本海军为 5 万吨左

① 转引自高相国：《沉没的锚链—甲午海战前中日海军近代化之比较》，《军事历史》，1999 年第 1 期，第 30 页。

② （日）井上清著，姜晚成译：《日本军国主义（第二册）》，北京：商务印书馆，1985 年版，第 55 页。

③ 转引自韦玉娟：《北洋舰队与日本海军》，《军事历史研究》，2002 年第 2 期，第 99 页。

右。[①] 据此，日本提出第八次海军扩张案。1893 年，日本甚至把国家财政预算 32% 的经费用来发展军力，同时举国捐资建造军舰。1894 年，日本拥有军舰 31 艘、鱼雷艇 24 艘，总排水量达到 6 万多吨。在日本海军突飞猛进之时，北洋舰队却因经费被挪用建造颐和园等原因未添一船一舰。在此背景下，北洋舰队此前具有的海上吨位优势也因此消失殆尽。

二是针对北洋舰队的特点发展反制手段。在感受到日本的扩张野心之后，清军试图通过展示海上实力等方式来震慑日本，达到“以壮声势”的目的。1886 年 8 月 1 日，北洋水师访问日本长崎。面对“舰体巨大、机器完备、士兵熟练”的北洋海军，日本虽然“一方面蔑视清国没有西洋化，另一方面对强大的中国舰队的威力又感到恐怖。”[②] 在这种复杂的心理下，日本把“建设一支足以对抗北洋舰队的海军作为最高命令”。针对北洋舰队的“定远”“镇远”等主力舰，日本专门设计了“严岛”、“松岛”和“桥立”3 艘铁甲舰。日本还多次派出军官到中国实地调查清政府的军事战备情况，并写出《邻邦兵备略》和《进呈邻邦兵备略表》递交天皇，提出要加快扩军侵华的步伐。

三是重视加强日本军舰的战术火力。据资料记载，甲午战争时期清日两军火力打击能力差别很大。日本舰队的舰艇炮火总数比北洋舰队多 51%，其中日本舰队速射炮的数量是北洋舰队的 6.7 倍。据估算，当时日本舰队的火力打击能力是北洋舰队的 4 倍。[③] 而另外的一组研究成果认为北洋海军与日本海军的差距更大，认为双方的射速比是 1：18.76。也就是说，日方的军事火力几乎是中方的 20 倍。[④] 之所以如此，主要是日本军舰进行了两大技术革新：采用“管

---

① 韦玉娟：《北洋舰队与日本海军》，《军事历史研究》，2002 年第 2 期，第 101 页。

② 转引自韦玉娟：《北洋舰队与日本海军》，《军事历史研究》，2002 年第 2 期，第 103 页。

③ 孙克复、关捷著：《甲午中日海战史》，哈尔滨：黑龙江人民出版社，1981 年版，第 159 页。

④ 倪乐雄：《从甲午海战看战术火力的决定意义》，《文汇报》，2010 年 10 月 9 日，第 8 版。

退技术”代替“架退技术”、装备由“下濑火药”填充的炮弹。装备“管退技术”的火炮射速至少是同口径架退炮射速的4—5倍，填充“下濑火药”的炮弹燃点灵敏度极高、杀伤面积大，这无疑大幅提高了日本军舰的战术火力。

四是最大限度地提升日本军舰的机动性。日本海军很早就提出“一艘舰船无法对抗一座与其造价相同的海岸炮台，而海岸炮台也无法同舰船赛跑”，因此“必须最大限度提高海军部队的机动性，将其从其他防御性任务中解脱出来”。在甲午海战中，北洋舰队大部分的舰船航速每小时不超过15海里，而日本每小时航速超过16海里的舰艇竟然有7艘，“吉野”号甚至达到了每小时22.5海里，为当时世界最快的舰艇。①

五是改革海军组织体制。1872年，日本废除兵部省，设立了独立的陆军省和海军省。1876年，日本成立了东海、西海两个镇守府。两年后，日本又增加了一个镇守府。镇守府的功能主要是作为海军基地，担任后勤保障任务，并管辖部分舰艇。在甲午海战中，日本军舰在遭受重创后能迅速获得修补，使军舰保持较高的出动率，这跟镇守府的后勤保障能力密切相关。1884年，日本海军省通过颁布《舰队编制》，将舰队分为常备舰队与警备舰队。常备舰队中的舰艇从各镇守府抽调组成，被编入的舰艇将不再受其原属镇守府管制，其规模在战时可以扩充。1893年，日本海军成立军令部。至此，日本海军构建了海军省与军令部共同构成的军政、军令机构双元制的领导体制。1894年7月29日，日本将常备舰队和警备舰队合并，按照战时编制首次组成联合舰队。联合舰队指挥官有权调配编入的所有舰艇，使该舰队保持较高的反应能力和作战能力。

在推进海上军力建设的同时，日本军方开始研究与清军开战的具体方案。1887年，日本参谋本部第二局局长小川又次郎大佐制定了极为周详的《征讨清国对策案》，将割让辽东半岛、舟山群岛、台

---

① 林庆元：《甲午黄海战役的结局及其在近代海战史上的意义》，《福建论坛（人文社会科学版）》，1994年第4期，第20页。

湾等列为战争目标，并具体确定开战日期为“清国军队改革完成之前”或者“欧洲各国获得远征东洋的实力之前”。[①] 1887 年末至 1888 年初，日本参谋本部海军部提出了 6 份作战方案，虽然内容各异，但其总体构想是以联合舰队进攻中国北洋舰队并将其击败，首先夺得黄海和渤海制海权，然后占领旅顺和大连湾，深入辽东半岛；占领威海卫和烟台，夺取山东半岛；最后经山海关直逼北京。具体主张包括：选择直隶湾外之防御不充分之大连湾为最佳登陆点；攻破北洋舰队以及旅顺军港，以大连湾以西即金州半岛为进攻北京之第一根据地；如北洋舰队封锁直隶湾，日本海军则发动攻击将其轰沉，占领山东省要地后掩护陆军登陆，将日本舰队基地设于威海卫，侵入直隶湾以援助陆军进攻北京；如北洋舰队分两队防卫旅顺口、烟台及威海，日本海军则分兵击破之，后与陆军并进攻陷旅顺口后攻击北京。[②]

尽管日军早已决定与清军开战，但日本大本营仍然对北洋舰队的实力有所忌惮，因而对战争结果颇有“胜败之数难以预料”的顾虑。甲午战争爆发之前，日本海军省主事山本权兵卫大佐提出要首先夺取制海权，认为日本海军“宜先谋前进根据地之设施；基于此根据地，按诸敌海军游弋面，扩大我海军活跃范围，迫近帝国要地而占据之，加以防御及其他必需之设备。夫如是，我根据地既固，足以对地，然后可出动陆军，着手运输，借期兵站联络之安全，陆上作战之推进”。[③] 受该战略的影响，日本参谋本部制定了海陆统筹的“作战大方针”，提出如海军取得黄海制海权，陆军则长驱直入北京；如海战胜负未决，陆军则固守平壤；如舰队受挫，陆军则撤离朝鲜，海军则守卫本土沿海。[④]

---

① 戚其章著：《走进甲午》，天津：天津古籍出版社，2006 年版，第 12—16 页。

② 关捷：《甲午战争前日本的战备及其战略计划—兼驳“甲午战争突发论”》，《山东社会科学》，2014 年第 6 期，第 111—112 页。

③ 转引自戚其章：《从制海权看甲午海战的结局》，《东岳论丛》，1996 年第 7 期，第 78 页。

④ 同上。

在完成战争准备后，日本对清军不宣而战，采取突然袭击的方式取得了朝鲜半岛西岸水域的制海权。在丰岛海战之后，日本联合舰队对威海、旅顺等地进行袭扰，导致北洋舰队不得不被动防守，继而放弃黄海的制海权。在控制黄海制海权之后，日本海军继续采取攻势战略，寻求与北洋舰队主力进行决战，最终击败了清军的海上力量。

三、以沙俄为假想敌的海上军力建设思路

日俄围绕东北亚地区的争夺由来已久。1870 年 4 月，日本兵部省认为：“若俄国势力进入东海”，“就难以制止其扩张野心”，日本须首先提高警惕并制定作战方针。1891 年 3 月，沙俄宣布西伯利亚铁路正式开工。日本认为西伯利亚铁路是席卷日清韩并把英国赶出太平洋之武器，在其完工时，俄国将不费一兵一卒而合并朝鲜。[①] 甲午战争结束后，“三国干涉还辽”事件被日本军部势力视为“千古未有之大辱”，日本与沙俄的矛盾剧烈上升。然而，作为后起的帝国主义国家，日本的实力尚不足以与沙俄抗衡，日本只能选择退让、妥协。在接下来的 10 年期间，日本以沙俄作为首要的海上假想敌进行大规模地扩军备战，具体做法如下：

第一，重视海上战前准备。日本为了与沙俄开战，从物资、组织和信息方面进行了充分的准备。而反观沙俄，虽然平时投入的资源比日本多，但海上作战实力却逊于日本。有研究在反思沙俄在日俄战争中失败的原因时称：沙俄在战争的准备和实施上缺乏一个有条不紊的计划，而且武装力量的建设，尤其是海军的建设与其承担的军事政治任务及国家对外政策的战略不符。在日俄战争爆发的前 10 年，俄国花在海军身上的钱虽然比日本更多一倍，但在战争过程中，俄国海军的实力要比日本弱小得多。俄国根本没有海上战争计划，“而且在海军部也没有一个权威部门，去研究制定战争的计划和

① 韦玉娟：《北洋舰队与日本海军》，《军事历史研究》，2002 年第 2 期，第 102 页。

战争的准备问题”。[①]

第二，在海上军力规模上形成对沙俄的局部优势。甲午战争后，日本总理大臣大隈重信提出“海军方面，应该补足军舰，要有足够的力量去对应列强的力量。[②] 1896 年 4 月，日本天皇颁布扩军命令，要求建成由 6 艘战列舰和 6 艘巡洋舰组成的“六六舰队”。日俄战争前，日本经过了 10 年的扩军备战，新建 106 艘舰艇，加上原有的 152 艘，船只总吨数达到 27 万多吨。[③] 沙俄则大约拥有 200 余艘战舰，但力量分散在全球各地，俄国太平洋舰队在日俄战争爆发前只有 19 万吨，在局部处于劣势。

第三，持续加强海上军舰的技术能力。除了日本军舰在局部对沙俄形成数量优势外，日本军舰的技术化水平较高。速度方面，日本舰大多为 18 节左右，俄国舰只则多为 14 或 15 节；在装甲方面，日本军舰两舷的装甲面积是俄国同类舰只的 2 倍。日本舰只的 12 寸口径炮射程为 129 链（1 链 =1/10 海里，合 185. 2 米），而俄国同类口径炮为 80 链，日本的 6 寸口径大炮就能达到 80 链。日军的炮弹比俄国的重 20%，爆炸力之比是 7500：500 磅。对马海战中，日军每分钟发射 360 发炮弹，共重 5. 3 万磅，而俄国舰队只有区区的 134 发，共重 2 万磅。[④]

第四，提升海军建造的自给化水平。日俄战争前，日本多项海上军工技术开发获得成功，极大地提升了装备的自给化能力。1896 年，日本开始制造无烟火药。1897 年，日开始制造黄色火药和 12 厘米的速射炮。1903 年，日本开始自制钢铸炮。另外，日本在 1905 年已经能够自制军舰，国内的造船业和机械行业得到迅猛发展，这给日本的海上军力建设提供了较强的工业技术支撑。

---

① （俄）波罗维金著，常拉堂等译：《海上战争：大国海军使用观点的历史演变》，北京：解放军出版社，2006 年版，第 67 页。

② 王重阳：《日本〈太阳〉创刊期的海洋论——清末甲午海战后日本海洋帝国的意识》，《中国社会经济史研究》，2013 年第 4 期，第 61 页。

③ 董志正等：《日俄战争始末》，大连：东北财经大学出版社，2005 年版，第 126 页。

④ 《列宁全集》（第 10 卷），北京：人民出版社，1987 年版，第 17 页。

第五，在日俄战争前频繁进行实弹训练。1902 年，日本与英国缔结《英日同盟条约》，规定任何一方在远东受到其他两国的攻击时，要互相援助。通过该条约，日本从英国获得了大量的军事物资和贷款，同俄国对抗的军事实力进一步提升。开战前，日本舰队的训练强度远超俄国。日本在战前频繁进行实弹训练，几乎消耗了其国内炮弹储量的一半。

1903 年，一群日本海军军官访问俄国波罗的海舰队基地，期间得知彼得堡造船厂建造的 6 艘战舰将于次年服役。此事引起日本方面的警觉，决定抓紧时间对俄开战，以免海上力量对比发生逆转。日本在日俄战争前计划的战略是采取攻势，通过先发制人夺取制海权。负责战术制定和实施的秋山真之预判沙俄太平洋方向的舰队会龟缩在旅顺港里，等待从国内来的援军到位后再对日本联合舰队形成包围之势。因此，秋山真之提出首先用驱逐舰夜袭旅顺口，如果计划失败则用“堵塞战术”，通过用沉船把旅顺港口堵塞起来阻止俄舰队出动。针对前来支援的波罗的海舰队，秋山真之提出所谓的“七阶段消耗战计划”，结合驱逐舰偷袭、鱼雷艇攻击、主力决战等方式消灭俄军。①

为取得战争优势，日本决定率先对俄国舰队发动突袭。为麻痹沙俄，日本于 1904 年 2 月 6 日声明“在宣战之前无意开展军事行动”。然而，2 月 8 日午夜，日本海军联合舰队突袭了停泊在旅顺口外的俄国太平洋第一分舰队，导致俄军 4 艘舰艇受损。同时，日本击沉了停泊在朝鲜仁川的两艘俄舰。俄舰队被打得措手不及，同时主力舰艇被封锁在旅顺港内。在日本海陆两股力量的夹击之下，俄国太平洋第一分舰队最终败下阵来。为扭转局势，俄国派出波罗的海舰队进行增援。日本利用地利之便对俄军进行截击消耗，最后在对马海峡通过决战彻底打败俄军，最终夺取了东北亚海域的制海权。

日俄战争结束后，日本进一步把海军战略与对外扩张总方针结

---

① 孙涛、庞宝庆：《秋山真之与日本海军理论建设》，《佳木斯职业学院学报》，2016 年第 5 期，第 476 页。

合起来。1906年，日本参谋本部作战科科员田中义一得知日军上层在日本国家发展问题上出现分歧，编写《随感杂录》一书，提出“必须确立基于国是的政略”，提出“国家的军备要根据政略和战略来决定”，要求日本军事上“由守势转换为攻势”，“迅速确定作为国军的作战方针，以便拟定陆海军协同作战计划。[①] 后来，《随感杂录》经山县有朋修改后上奏日本天皇，于1907年被正式确定了日本历史上第一部《帝国国防方针》。该方针把日本假想敌的顺序确为俄国、美国、德国、法国，提出要以日英同盟为核心，采用直接手段将保护大陆利益作为优先课题，日本海军则需要确保大陆与日本本土之间的海上交通线安全。

日本还通过自行研制和国外引进等方式，在1905年组建了第1潜艇队。1907年，日本国防方针提出“平时必须拥有一支最精锐的舰队”，使“主要假想敌国在远东不敢发动战争”。[②] 日本海军的“八八舰队计划”因此被提上日程。该计划提出“第一线舰队”至少包括8艘战列舰，合计2万吨；装甲巡洋舰8艘，合计1.8万吨；拥有巡洋舰和大小驱逐舰若干艘。由于所需经费数额庞大，加上在1913年发生了舰船采购贪污事件，“八八舰队计划”暂时搁浅，日本海军不得不采取“逐步渐进”的方针。1916年，日本国会通过八四舰队方案。1917年，通过八六舰队方案，并开始建造首艘战列舰“长门”号和第2艘战列舰“陆奥”号。一战结束后，日本一跃成为太平洋地区的海上军事强国，开始进入与美国、英国、法国等传统老牌帝国主义国家争夺海上霸权的行列。

---

① 转引自吕秀一、聂奎全：《日俄战争后的日本〈帝国国防方针〉与中国东北》，《延边大学学报（社会科学版）》，2012年第1期，第142页。

② （日）外山三郎著，龚建国等译：《日本海军史》，北京：解放军出版社，1988年版，第76页。

第二节　现代日本海上军力建设的思路

对马海战的胜利奠定了日本在太平洋地区的海上强国地位。日本进而希望获取在西太平洋地区的海上霸权，这促使美日矛盾日益尖锐。1907 年，美国国内发生反对日本移民的浪潮，导致日本军方的反美情绪上升。为从心理上震慑日本，美国派出 16 艘军舰以全球巡游的方式展示武力，这进一步刺激了日本发展“大海军”的强烈愿望，与美国争夺西太平洋海上霸权成为现代日本海上军力建设的主要影响因素。

一、“南进论”与日本对美作战构想

华盛顿会议结束后，加藤宽治等人主张扩充海军与修订国防方针，认为“日本同美国在东亚是最为主要的矛盾”，“日美必有一战”。如果“一旦发生战事，应该举国家之全力以对敌，达到速战速决的目的”。[①] 同时，日本海军开始把南洋群岛纳入到对美作战构想体系之中，认为占领南洋群岛可以切断美国太平洋主力舰队的西进路线，从而有效控制菲律宾。日本海军在《南洋新占领的将来》文件中提出：“南洋占领地位于我国与东印度群岛、菲律宾、新几内亚、波利尼西亚诸岛相连的最重要的位置，即使暂时没有直接的利益，但作为将来通往南方的宝库金藏的‘飞石’（前哨或者基地），还可作为与美军主力决战的‘飞石’，因此必须加以重点保护。”[②] 1936 年 8 月，日本制定了《国策基准》，首次确定“南进论”为基本国策，提出对南方海洋“一面要避免刺激他国，一面以渐进的和

① 刘景瑜：《日本海军与国防方针的修订及外交政策选择（1922—1936）》，《北华大学学报（社会科学版）》，2011 年第 5 期，第 66 页。

② 转引自黄虎清：《从明治维新到第二次世界大战日本海军与海洋扩张的研究》，江西师范大学 2007 年硕士论文，第 10 页。

平手段扩展我国势力”。①

尽管日本在一战后成为西太平洋海权的争夺者，但其国力与美国相比相距甚远。为此，日本海军理论界很早就研究了两个问题：日本与美国竞争保持多大的海军规模合适、与美国开战后如何取胜。在这个过程中，佐藤铁太郎和秋山真之的主张影响较大。日俄战争结束后，日本海军战略理论家佐藤铁太郎发表了《帝国国防史论》等一系列著作，提出日本作为岛国，无论是保卫国土，还是对外扩张，必须以控制制海权为前提。制海权对于岛国日本赢得战争的胜利或保证国家的生存和发展都具有生死攸关的重大意义。另外，秋山真之结合甲午战争和日俄战争的过程，吸收美西战争的经验，在借鉴美国海军理论的基础上撰写了《帝国战略》《海军基本战术》《海军应用战术》《海军军备》等著作，并参与修订日本《海军要务令》的工作。秋山真之特别强调进攻和决战的作用，提出“海战的根本目的在于采取攻击手段迅速歼灭敌人，即便处于守势，也应寻找时机转入攻势。战斗的关键在于先发制人和集中兵力。决战是战斗的根本手段。即便处于不利时，也应争取主动，创造有利于我方的决战时机。”②

对于第一个问题，日本提出了“对美七成军力论”。在第二次世界大战爆发前，日本海军建设的目标是在主力舰总吨位上达到美军的 70% 。佐藤和秋山之所以得出这个比例，是因为他们认为“进攻舰队的实力要保持为防守舰队五成以上的优势”，“防御方只要能达到进攻方 70% 力量就可以达到目标”。由于美国海军是两洋舰队，需要分兵布防。如果按照日本海军总吨位能够达到美国的 70% ，那么在局部可获得一定的吨位优势，且可发动攻势作战。正是基于这个考虑，日本无论是在签订《五国海军条约》，还是摆脱了条约的限

① 复旦大学历史系日本组：《日本帝国主义对外侵略史料选编》，上海：上海人民出版社，1983 年版，第 136—137 页。

② 孙涛、庞宝庆：《秋山真之与日本海军理论建设》，《佳木斯职业学院学报》，2016 年第 5 期，第 476 页。

制，都把“对美七成军力论”作为与美军海上竞争的参照标准。

对于第二个问题，日本提出了“渐减迎击作战”构想。马汉曾提出“把主力舰队的总决战看作击溃交战一方和夺取制海权的基本方法”。日本海军受这个思想的影响较大。不过，鉴于美军的海上实力太强，日本只得对海上决战战术进行改良，提出在美国进攻日本之初，选择用辅助兵力消耗美国舰队的实力，待形势有利于日本之后择机选择两国主力舰队的决战。该构想的具体内容是：日美开战时，日本舰队将首先进攻远东的美国海军亚洲分舰队，夺取吕宋岛和关岛。当美军增援舰队前来攻击时，以南洋群岛为前哨，运用潜艇、岸基飞机等力量削弱消耗美军，使之减少到日本主力舰队可以接受的程度，然后选择小笠原和马里亚纳群岛以西海域作为预定的决战战场，进行舰队决战。日本海军就是根据这个作战构想制订“年度作战计划”并进行舰队建设、基地配置和综合训练的。[①]

尽管制定了详细的作战和训练方案，但日本庞大的海外扩张计划是不正义的，必然走向失败。实际上，日本即使达成了美军70%的海上军力，依然无法与综合国力强大的美国进行长期对抗。即使在太平洋战争爆发之际，日本海军也没有制定出能赢得战争的计划。面对日本天皇能否打赢的询问，海军部总长永野表示“不能保证会取胜”；海相及川则表示大部分海军军官反对同西方作战；参谋总长杉山则暗示与英美开战的时机未到。[②] 然而，日本仍采取极端的机会主义态度，试图通过偷袭珍珠港等突袭方式取得战场优势，寄希望以速战速决的方式最终赢得战争。历史证明，日本的海上扩张战略注定走向失败。

---

① 邱建群：《论太平洋战争前期日本海军作战思想》，《辽宁大学学报（哲学社会科学版）》，2002年第5期，第68页。

② （美）贝尔加米尼著，陈亮等译：《日本天皇的阴谋》，北京：商务印书馆，1986年版，第984—985页。

二、现代日本海上军力建设的过程

一战结束后，日本接收了7艘德国潜艇，并派人上艇操作研究，为此后研制“海大3A”型和“巡潜1型”潜艇积累了技术经验。1918年，在英国将1艘客轮改造成“白眼巨人”号航空母舰后，日本迅速做出反应，在1919年下水了排水量为7500吨的“凤翔”号航空母舰。1920年，日本通过了完整的预算案，重新推出“八八舰队计划”，与英美在东亚地区展开海上军备竞赛。

列强在太平洋地区展开的军备竞赛给各自经济背上了沉重的财政负担，不得不围绕军备限制问题展开谈判。在美国的主导下，美国、英国、日本等国于1921年在华盛顿会议上签订了《五国海军条约》，规定美、英、日海军主力舰吨位的比例为5：5：3。虽然签订了《五国海军条约》，但日本并未放缓扩充海军的步伐，而是利用条约限制的漏洞采取多种手段缩小与美国海军的差距。具体做法包括：首先，将“赤诚”“加贺”号战列舰改装为航空母舰，以避免它们停建或者被拆毁的命运。其次，利用条约根据主炮口径来区分巡洋舰级别的漏洞，将4艘“最上”级巡洋舰设计为重型巡洋舰，却只安装轻型巡洋舰的155毫米主炮。第三，在既定的吨位下，最大限度地提升舰艇的攻击性。例如，日本海军要求不足600吨的鱼雷艇达到航速30节，续航能力3000英里，装备5英寸火炮3门、鱼雷发射管4座，性能可与1000吨的驱逐舰媲美。第四，通过裁军会议在非主力舰方面争得与英国和美国对等的地位。1930年伦敦海军会议结束后不久，日本就制定了“补充舰队”计划，添置大量军舰。

在“舰队派”的推动下，日本早有摆脱裁军条约限制的想法。1934年，日本海军就已经决定建造“大和”号战列舰。1935年，日本着手为“大和”舰准备船台和集结建设材料。1936年底，在日本宣布退出裁军条约的同时，建造“大和”舰的各种图纸已绘制完毕，完成了动工前的大部分准备工作。退出国际裁军条约后，日本海军紧锣密鼓地开展大规模造舰行动。1936年至1941年间，日本先后出台第三次造舰补充计划、第四次造舰补充计划、第五次造舰补充计划和战时紧急战舰计划。经过建设，日本水面舰艇与美国的吨位差距进一步缩小，航母和舰载机的数量大幅增加，海军航空兵开始装备侦察机和新型战机，潜艇的续航能力和机动能力有效增强。日美开战前夕，日本战列舰总吨位 30.14 万吨，占美国的 56%；重型巡洋舰总吨位 15.8 万吨，占美国的 93%；航空母舰的总吨位是 15.3 万吨，占美国的 94%；轻型巡洋舰 9.89 万吨，占美国的 62%；驱逐舰总吨位 17.59 万吨，占美国的 69%；潜艇合计 9.79 万吨，占美国的 84%。舰艇总吨位合计 98.59 万吨，占美国海军总吨位的 72.5%。[①] 1921 年，日本海军总吨位不到美国的一半，通过近 20 年的努力，日本将与美国的差距缩小了 20 多个百分点，可见日本海军规模扩充速度之快。

三、现代日本海上军力建设思想的特点

第二次世界大战爆发之前，日本把美国作为主要的假想敌，投入巨额资源扩建海上军事力量，表现出如下几个显著特点。

一是将美国军力作为本国目标的参照标准。虽然《五国海军条约》承认了日本海军世界第三的地位，但日本国内的“舰队派”非常不满。他们认为：“美国在亚太地区的海军建设以及对日本的限制，实质都是出于其对亚太地区的野心。”“日本应当反对华盛顿体系，保持对美国海军七成的比例，以保证日本有足够的空间发展成为强国。”[②] 日本海军认为总吨位达到美国的 70% 才安全，才可以在太平洋享有局部优势，以便对美国海军发起攻势作战。可以说，日本的海军建设主要是靠作战计划驱动的。日本认为，如果美军远赴重洋到太平洋参战，与当年俄国波罗的海舰队绕过好望角驰援对马

---

① （日）外山三郎著，龚建国译：《日本海军史》，北京：解放军出版社，1988 年版，第 131 页。

② Dorothy Borg and Shumpei Okamoto, *Peal Harbor as History: Japanese – American Relationa* 1931 – 1945, Columbia University Press, 1973, p. 274.

海峡并无差异。日本把日俄战争中的“东乡战略”原封不动地搬到了对美作战的计划之中，考虑利用地理优势，以逸待劳，通过舰队决战，消灭美军舰队主力。因此，日本确定了建设“区域截击型”海军的指导思想，突出建设力量强、规模大的联合舰队主力部队。

二是日本海军信奉“大舰巨炮主义”。对马海战中，日本运用速度和重炮击败俄国海军，使其认识到战列舰的巨大威力。一战结束后，日本仍然坚持认为战列舰是未来海战的决定性因素，甚至提出谁取得了火炮、速度和防护上的优势，谁就能在争夺制海权的过程中赢得先机。基于这个思想，日本长期将战列舰和巡洋舰等水面力量作为海军建设的重中之重，导致空中和水下力量获得的资源相对有限。以“大和号”为例，建造 1 艘该舰的经费可以建造 1000 架飞机或者 2 艘大型航母，甚至可以组建两支潜艇战队。即使航母等新兴作战力量已经登上历史舞台，1941 年的日本海军第五次造舰补充计划仍然把战列舰、重型巡洋舰列为重点建设对象。当然，日本国内也有人认识到“大炮巨舰主义”的局限性，呼吁调整传统的海军建设思路。不过，这些主张在马来西亚海战后以后才逐渐被日本高层所接受。

三是“以质换量”来加强海军建设。一战结束后，日本以国联“托管”的名义占领了横卧在夏威夷和菲律宾之间的交通线上的马里亚纳、马绍尔和加罗林三群岛。尽管拥有地利优势，但日本始终无法缩小与美国在主力舰总吨位上的差距。日本提出“以质换量”的方式，通过加强单艘质量来抗衡美国的数量优势。日本海军强调要在远程打击、防御能力、航海性能、机动速度和仪表装备等方面高出美国一头，以达到提前开火、先于歼敌的目标。太平洋战争爆发前，日本的飞机和舰船性能大幅优于美国。例如，日本“大和号”战列舰的排水量 6.91 万吨，拥有 9 门 460 毫米主炮，美国同时期建造的“北卡罗来纳”号战列舰排水量只有 3.5 万吨，仅装备三联装 400 毫米的火炮三座。美国海军的飞机比较老旧笨重，除了防护能力较强之外，在灵巧性和进攻性方面都与日本的“零”式战斗机差距较大。日本的基本思路是：在美日都装备舰艇和飞机的情况下，唯有不断创新和升级，使己方装备的攻击、速度和抗打击能力远远超过美国的水平，才能取得战争的胜利。

四是坚持攻势战略指导军力建设。在“舰队决战”思想的影响下，日本海军极度追求海军装备的速度和攻击力。日本设计的军舰从船首到船尾干舷一样高，甲板轮廓显得格外平坦，利于在狂风巨浪的海况中作战。水面舰艇大都装备远程巨炮和高速鱼雷，打击效果惊人。潜艇突出机动性和进攻性，以便在美军舰队出击后对其跟踪、监视、袭扰，并机动到前方捕捉战机。然而，提高进攻能力是以牺牲舰队的防护性和稳定性为代价的。日本建造的军舰把船员的居住空间和防御武器缩小到极限，动力燃料减少 2 至 3 成，舰艇续航能力较差。此外，与作战力量相比，日本海军对后勤部队的建设力度不大。长期以来，日本海军缺少专门化的后勤分队，用于物资运输、资源补给和装备维修的飞机和舰船数量有限。开战前，日本拥有飞机合计 3208 架，大部分都是战斗机，仅有 38 架运输机。除去担任主要作战任务的舰艇外，日本海军只有 100 余艘各式小艇，仅占美国辅助舰船的四分之一。① 为解决这个问题，日本征用大量民船来保障海上后勤需求。但这样做的后果是：使国内经济发展所需的海运力量极度缺乏，日本造船业因而迅速萎缩，日本海军在太平洋战争后期只能依靠平底船和近海船来补给资源。

第三节　冷战期间日本海上军力建设思想转型

第二次世界大战结束后，战败的日本放弃了与美国争夺太平洋海权的战略，转而在日美同盟的框架下分享美国在东亚地区的海权。通过借重利用美军和自主发展的方式，日本海上自卫队以反潜、护

① 曹广俊、赵哲主编：《世界军事后勤资料选编：现代部分（中三）》，北京：金盾出版社，1992 年版，第 32 页。

航任务为切入点，逐步渐进地走上重新武装的道路，最终在冷战结束后重新成为一支强大的海上力量。

一、“海上通商国家”与战后日本安全战略

第二次世界大战结束后，日本在“吉田路线”的指导下走上了“轻军备，重经济”的道路，其核心思想是通过海上通商等方式使日本尽快恢复国力。吉田茂认为“日本是一个海洋国，显然必须通过海外贸易来养活 9000 万国民”。基于这个逻辑，吉田茂认为增加日本利益的最有效途径就是“脱亚入欧”，“把重点放在经济最富裕、技术最先进、而且历史关系也很深的英美两国之上。”①

在日本国内，有观点提出要把日本的身份从岛国向海洋国家转变，通过建立“海上通商国家”而求富于海外。1964 年被称为“现实主义的和平论者”的高坂正尧教授在《海洋国家日本的构想》一文中认为：“尽管日本是一个资源少、人口过剩的国家，但是同时它却具有‘通商国民’的国土”。高坂正尧认为日本的未来在海洋，主张在政治技巧上“把‘冒险’和‘慎重’、‘非英雄主义’和‘英雄主义’结合起来”，具备“‘慎重’却又不以‘慎重’为结局的广阔视野”，在制定宏观计划的同时，“使小计划的集合变成可能的无限的适应力”，从而“发掘海洋国家这种伟大的能力”。

冷战期间，日本的安全战略有两个特点：一是坚持日美同盟，在美国的安全保护下把资源集中投放在发展经济上。后来，随着国际形势的发展，渐进式、有步骤地重建防卫力量并逐步扮演重要的角色。二是把保护海上交通线作为防卫力量建设的重点，突出海峡作战、反潜作战等能力建设，并逐步扩大海上军力的活动范围。日本之所以重视保护海上交通线，除了适应建立“海上通商国家”的战略之外，还总结了在二战期间与美军作战的失败教训。二战期间，

① （日）吉田茂著，韩润堂、阎静先、士维平译：《十年回忆》第一卷，北京：世界知识出版社，1965 年版，第 10—11 页。

一味发展进攻力量使日本海军极度忽视反潜、护航、警戒和扫雷等防御力量。1941 年 12 月，当美国宣布对日本进行无限制作战之后，日本只能匀出 12 艘破旧的驱逐舰、100 艘鱼雷艇、210 艘改装的商船和一些小型飞机为商业运输船队护航。[①] 虽然日本拥有当时世界第三大的商业船队，但超过六成的日本船队在二战中被美国潜艇击沉，使日本在战后极度重视反潜力量的建设。基于这些原因，日本战后海上军力建设思想发生了较大幅度的调整。

二、冷战时期日本海上军事力量建设的历程

战后初期，日本海上防卫力量建设的重点是岸边防卫，注重实施海上监视。朝鲜战争爆发后，日本部署了 46 艘扫雷艇并派出大量船员支援仁川登陆。1952 年 8 月，日本政府把海上警备队改称为警备队，受保安厅管辖。1953 至 1954 年间，日本分别编成第 1 舰队群、第 2 舰队群和第 3 舰队群，配备护航炮艇和登陆艇等装备。1954 年 6 月，日本国会强行通过了《自卫队法》和《防卫厅设置法》，随后日本将保安厅改为防卫厅，把警备队改为“海上自卫队”。1954 年末，日本海上自卫队共拥有 1. 58 万人，各型舰艇 157 艘，总排水量 8. 5 万吨，飞机 48 架；编有 2 个护卫舰队群组成的自卫舰队、5 个地方舰队和扫雷舰队。[②] 1957 年，日本宣布海上自卫队的三大主要任务是：反潜、保护海上交通线、抵御来自海上的入侵。其中，在日本列岛的毗连水域进行反潜被列为海上自卫队的首要任务。1961 年 9 月，日本海上自卫队把第 1、2、3 护卫队群编成护卫舰队——联合舰队。1962 年，海上自卫队开始研究装备空对空导弹和舰载对空导弹，同时计划建造万吨级直升机航空母舰，以便把作战海域扩大到 300 海里。

---

① George W. Baer, *One Hundred Years of Sea Power: The U. S. Navy*, 1890 - 1990, Stanford, CA: Stanford University Press, 1994, p. 235.

② 张绅：《日本海上自卫队发展概况》，《现代舰船》，2004 年第 1 期，第 6 页。

1966年，日本第三次防卫力量整备计划大纲提出重点发展三大能力：保护海上交通线、进行海峡防御、着手建设“重点区域的防空能力”。在这个计划指导下，日本开始把反潜防空作为海上自卫队的建设重点，开始装备大量具有远海作战能力的舰载直升机和反潜作战飞机，并在1969年单方面划定了所谓的“防空识别区”，将东经123°以东包括钓鱼岛及其附属岛屿全部纳入其中。[①] 当时，日本把苏联的潜艇和飞机作为主要的威胁对象。日本认为“苏联对日本既有侵略能力又有侵略意图”。另外，日本也把防范中国和朝鲜作为其战略目标，甚至联合美国制定了设想以中、朝为主要作战对象的“三矢”“天龙”“奔牛”三个作战计划。当时，日本海上自卫队的主要作战任务包括：一是港湾防御，重点保卫东京湾、大阪湾、鹤舞湾、津轻海峡、下关海峡、佐世保湾等重要区域；二是船只护卫，要求日本海上自卫队对在国际航线和本国港湾间航行的日本船只进行护卫。此外，日本还要求海上自卫队在日本周边海域以护卫舰、巡逻艇和反潜巡逻机进行训练，执行封锁三个海峡、反潜战斗、战斗输送、水雷排除、防空合作等任务。[②]

1967—1971年期间，日本围绕护航提出“8舰6机体制”的基本作战运用构想。其基本内容是至少4架直升机用于平常条件部署，冲突情况下升至6架。如果假想敌潜艇突破了护卫队群构筑的警戒线，单凭驱逐舰很难对敌方的核潜艇进行再捕捉；这时需要同时投入4架装备有吊放式声纳的反潜直升机，其中3架用于对敌潜艇进行追踪，1架可用机载鱼雷对潜艇进行攻击。除了反潜作战，随着舰载飞机和导弹武器的发展，日本海上自卫队开始重视防空力量建设。为了构筑强大的纵深防空火力网，日本海上自卫队为导弹驱逐舰“天津风”号安装了“鞑靼人”舰载防空导弹。1976年的日本《防卫计划大纲》提出要建设一支以现代驱逐舰、潜艇、固定和旋转

① 王少普、吴寄南著：《战后日本防卫研究》，上海：上海人民出版社，2003年版，第44页。

② 同上，第136—137页。

翼反潜飞机为中心的舰队，实现能够对沿岸地区的威胁提供预警和防御，具体覆盖面积包括日本西海岸 100—200 英里、日本以东太平洋方向 300 英里左右。至 1977 年 3 月，日本海上自卫队完成实施四期扩军计划：日本海上自卫队拥有人员 46666 人，舰艇 147 艘，共 16. 6 万吨，飞机 340 架，建有 4 个护卫队群，2 个扫雷队群，2 个潜艇队群，7 个航空队群，5 个地方队。[①] 日本完全实现了舰艇国产化，国产飞机的比重也进一步提高，海上自卫队具备了进行立体反潜、护航、封锁、沿岸防御的作战能力。

20 世纪 80 年代，日本海上战略发生重大调整。1981 年，日本首相铃木善幸宣称将其防卫范围延伸到距离日本海岸 1000 海里的地方。1982 年，中曾根康弘提出日本的三大战略目标：一是日本充当“不沉的航空母舰”，作为抵御苏联“逆火”式轰炸机的巨大防御堡垒。二是阻止苏联潜水艇和其他海军舰艇通过日本列岛周围海峡；三是延伸保卫海上交通线的距离，重视关岛至东京、台湾海峡至大阪间海上运输线之防卫。[②] 1983 年的日本《防卫白皮书》首次提出“海上击破”的防御战略，称要在海洋上（指公海）阻击、歼灭来犯之敌，开始寻求远洋的制海权和制空权。[③] 在急于扩军的背景下，日本于 1985 年组建第一个“八八舰队”。经过不断发展，日本确立了“反潜防空通用”三路并举的装备建设原则，在冷战结束时建成 4 支“八八舰队”，并在后来逐步过渡到“九十舰队”　“十十舰队”。[④] 到 1991 年，日本海上自卫队兵力达到 4. 37 万人，编有 4 个护卫队群、6 个潜艇队、10 个地方队、2 个扫雷队群、16 个反潜飞

① 梁芳著：《海战史与未来海战研究》，北京：海军出版社，2007 年版，第 130—131 页。

② （日）《读卖新闻》，1983 年 1 月 20 日。

③ 盛新、何映光著：《富士军刀——日本军事战略发展与现状》，北京：解放军出版社，2002 年版，第 82 页。

④ 徐辉：《神话还是鸡肋——深度剖析韩国 KDX 驱逐舰》，《舰载武器》，2008 年第 6 期，第 54 页。

机队，主要水面舰艇 62 艘、潜艇 16 艘、作战飞机 214 架。[①]

三、冷战时期日本海上军事力量建设的特点

冷战期间，日本把反潜护航力量作为建设重点，海上军事装备的规模和质量得到迅猛提升，具体表现为如下几个突出特点。

一是装备建设走渐进累积的路线。从时间顺序上看，日本海上军事力量建设的思路是：先注重反潜能力，然后开始发展反舰能力，最后提升防空能力。在前四次防卫力量整备计划中，日本先后列装“榛名级”“青云级”“筑后级”等护卫舰以及“夕潮级”潜水艇。1978 年，日本开始决定生产 45 架 P－3C 反潜飞机，并从 1979 年在新建护卫舰上搭载防空导弹和反舰导弹。随着苏联海军配备潜射巡航导弹，组建了 4 机编队的航空兵基本战术部队，日本开始提出“8 舰 10 机”构想。不过试验表明，还是 8 架直升机的作战效果最好。1980 年开始，日本在“新八八舰队”思想的指导下，规定建造的一个护卫舰艇队内应拥有 8 艘舰艇和 8 艘反潜直升机。在这 8 艘舰艇中，应包括 1 艘作为反潜中枢的护卫舰（DDH），2 艘负责防空的导弹护卫舰（DDG）和 5 艘通用型护卫舰。1986 年以后，日本进一步提升“海洋防空能力”，引入了“宙斯盾”系统，同时增加 F－15 战斗机的数量。另外，日本海上自卫队为进一步增强反潜力量，把 P－3C 的数量由 75 架增加到 100 架，新建配备鱼叉导弹的“春潮级”潜水艇。

二是强调保护海上交通线的核心不是提高船舶自卫能力，而是增强反潜作战能力。1976 年，日本防卫计划大纲的设计者久保卓提出海上交通线的防卫思路。他认为日本的作用不是要确保海上交通，而是要提高对潜作战能力。也就是说，不要把重点放在提高军事船舶的自卫能力上，而是要提高反潜情报搜集、封锁三个海峡、提高

---

① 阎德学著：《武士之路——日本战略文化及军事走向》，北京：人民出版社，2006 年版，第 201 页。

对潜预警等反潜能力上。[1] 这一主张被称为“久保构想”。他还主张建立日美联合、西方共同防卫链条，即“应当建立这样一种构造，即如果对其中一个部分发动军事攻击，整个网络的全体就会出现一种反应，这样军事进攻的意图就不会轻易形成。”[2]

三是以日本海上交通线为中心，设立反潜护航区域。1971 年 11 月 30 日，日本防卫厅防卫局长久保卓表示：日本需要保护的海上航线主要有两条：一是从东京湾到塞班航线，大致宽 100 海里，长度接近 1000 海里。另一条是西南航线，从大阪经九州到琉球群岛的末端，宽度 100 海里，长度也大致在 1000 海里左右。[3] 1981 年 5 月，铃木善幸在访美期间就首次提出“保卫 1000 海里交通线”的主张。在操作层面，为落实上述战略目标。日本海军战略家关野英夫在 1978 年就提出“关野构想”。其基本思路是：

> “首先开辟西南航线和东南航线两条航线，在航线上各配备一个护卫队群或更多的兵力，进行分区反潜巡逻，搜索、歼灭入侵潜艇，以便在关岛以西、菲律宾以北、巴士海峡以东，日本本土以南建立起一个三角形的安全海域；其次，加强对马海峡、宗谷海峡、津轻海峡的陆海空兵力，平时严密监视过往船只，战时则通过实施反潜作战、水面战斗和布设水雷，对海峡实施封锁；再次，对朝鲜海峡的封锁由美国海军负责，对宗谷海峡的封锁则由美国海军单独或与日本海上自卫队联合进行，对上述两条航线的保护由美国海军及日本海上自卫队分段承担；最后，战时对远洋船舶进行军事管制，并将其集中在两条安全航线上航行，

---

① 转引自米庆余监修，肖伟著：《战后日本国家安全战略》，北京：新华出版社，2000 年版，第 149 页。

② 转引自米庆余监修，肖伟著：《战后日本国家安全战略》，北京：新华出版社，2000 年版，第 150 页。

③ 王少普、吴寄南著：《战后日本防卫研究》，上海：上海人民出版社，2003 年版，第 322 页。

并对重要船只进行护航。”[①]

四是把海上封锁作为反潜的关键。冷战期间，日本把苏联和中国作为主要的威胁对象。日本把能否将对手舰艇特别是潜艇封堵在日本海或黄海作为掌握反潜护航主动权的关键。为此，日本与美国极其重视对海上战略通道的监控，着重设立了三大封锁线：沿三大海峡设立第一道封锁线；沿千岛群岛、琉球群岛设第二道封锁线；在第二道防线以外的海域设立三大封锁线。日本在宗谷海峡附近的利夙岛、津轻海峡附近的黄金崎岛、新潟附近的佐渡岛、松江附近的隐岐岛、对马海峡附近的五岛列岛和冲绳西南的石垣岛设置水下监控系统以监视潜艇的行动，同时收集对方潜艇的声纹资料。[②] 同时，日本还派出舰艇和飞机沿各重要区域进行监控、巡逻，形成所谓的“三位一体”的监控封锁体系。

五是坚持质量建军，通过技术和力量配置来提升海上作战能力。日本在冷战期间非常强调质量建军的重要性。1977 年版的日本《防卫白皮书》提出：在防空作战中，如果不拥有全天侯作战能力的战斗机，与拥有这种能力的战斗机在云中作战，几乎是无能为力的。另外，对于具有先进电子设备的战斗机，仅靠增加设备落后的飞机数量是难以应对的。即便是没有重大差距的情况，也难以用数量来弥补质量的差距，这是航空作战的特征。特别是在瞬间就决出胜负的空中作战，即便是微小的质量差距也是决定性的。[③] 日本还注重通过提升海上舰队的装备优势来提升护航的能力。据计算，海上自卫队要在 1000 海里海上交通线上保证运输 7 亿吨物资船队的安全，就至少需要 120 艘驱逐舰。为了弥补数量上的不足，日本通过优化舰队配置，提升舰队实力，使一支“八八舰队”就可以为 50 艘货轮组

---

① 李兵：《国际战略通道研究》，中共中央党校 2005 年博士论文，第 200 页。

② 李兵：《国际战略通道研究》，中共中央党校 2005 年博士论文，第 202 页。

③ 转引自米庆、余监修、肖伟著：《战后日本国家安全战略》，北京：新华出版社，2000 年版，第 146 页。

成的船队护航，大大提升了反潜护航能力。

第四节　冷战后日本海上军力建设思路转型

冷战期间，日本海洋战略主要是在“通商贸易”战略的指导下“求富于海外”，其海上军力建设的重点是反潜护航力量。冷战结束后，日本大幅调整了传统的海洋战略，明确提出“海洋立国”的口号，将日本从“被海洋保护的国家”转变为“保护海洋的国家”，声称要为维持“开放和稳定的海洋”发挥主导作用，日本海上军事力量建设也朝着大型化、远洋化、信息化的方向发展。

一、“海洋立国”与日本海洋安全战略

早在20世纪80年代前后，日本国内再次掀起了一股关于重构日本海洋身份的思潮，主张日本由岛国向海洋国家转变。例如，日本著名“海洋派”学者川胜平太提出日本要在“海洋丰饶半月弧”地带发挥主导作用，“对日本文明的兴衰而言，东海海域、南中国海海域一直具有至关重要的意义。”[①] 另外，中曾根康弘等人明确将日本定位为“海洋国家”，主张要通过与海洋国家联盟，通过重构海洋秩序使日本重新走上大国地位。在上述思潮影响下，日本掀起了新一轮的“圈海”运动，推行所谓的“海洋立国”战略。

冷战后的日本海洋战略坚持综合海权观。与传统的制海权相比，日本在冷战后更加强调对海洋的综合利用与控制，采取政治、军事、经济、科技、法律、外交等多种手段来实现海洋战略目标。2007年，日本通过了《海洋基本法》。该法案以国内法的形式规定了日本海洋战略的主要任务：推进海洋资源的开发和利用、对海洋环境进行保护、推进专属经济区等海域的开发、确保海上运输与海上安全、

---

① 转引自朱晓琦等：《对日本新海洋战略的解读——涉台问题的视角》，《太平洋学报》，2015年第6期，第78页。

推进海洋调查与海洋科学技术开发、振兴海洋产业和加强国际竞争力、推进沿岸海域的综合管理、保护孤岛、确保国际协调与促进国际合作等等。[①] 安倍晋三政府提出："日本作为海洋国家，将与各国密切合作，确保航行、飞行的安全与自由。日本将为维持'开放和稳定的海洋'发挥主导作用。日本据此提出要加强广域常规监视系统建设；系统地提高战舰、飞机和其他舰船的性能；增强日本自卫队和日本海上保安厅系统的协作；研发能确保海岸和离岛安全与秩序的协作系统。"

2008 年，日本内阁通过了《海洋基本计划草案》。2009 年，日本发布《海洋白皮书》。2010 年，日本通过《促进保全及利用专属经济区及大陆架保全低潮线及建设据点等法律》，试图达到"保全及利用日本专属经济区及大陆架"、"开拓海洋新边地"的目的。[②] 2012 年，安倍晋三政府通过新《海洋基本计划》，并于 2013 年通过了升级版的海洋计划，标志着日本海洋新战略的形成。安倍政府明确提出了"海洋立国"的四大目标：一是通过国际合作，为国际社会做出贡献；二是通过开发和使用海洋创造财富和繁荣；三是从"被海洋保护的国家"变为"保护海洋的国家"；四是做海洋的拓荒者。[③] 这四大目标的逻辑是：利用日本的经济科技优势，通过开发和利用海洋来获取资源与财富；通过扩大日本在海洋上的活动范围，以巩固同盟关系、加强国际合作等手段来维护海上安全，扩大日本的国际影响力，塑造日本占据主导地位的国际海洋新秩序。有观点提出：冷战后日本的国家战略总体上是一种"西太平洋战略"，希望采取各种措施作为西太平洋的海上强国再次崛起。[④] 为实现"海洋立

---

① 庄玉友译、金永明校：《日本＜海洋基本法＞（中译本）》，《中国海洋法学评论》，2008 年卷第 1 期，第 131 页。

② 李秀石：《解析日本"动态遏制"战略》，《国际观察》，2012 年第 2 期，第 46 页。

③ 潘蔚娟主编：《2013 年世界重要安全文件汇编》，北京：时事出版社，2014 年版，第 289 页。

④ 转引自高兰：《日本海洋战略的发展及其国际影响》，《外交评论》，2012 年第 6 期，第 52 页。

国”目标，日本近年来在安全层面主要采取如下战略：

第一，渲染海洋威胁为其扩大海上军事力量寻找理由。日本在2013年《国家安全保障战略》认为：“试图以武力为背景单方面改变现状的活动在增加”；日本要重视“海盗、可疑船只、走私、非法入境、海上灾害、危险物等课题”；“海洋上冲突的危险性以及进一步发展为不测事态的危险性在提高”；“南海沿岸各国与中国围绕主权归属问题发生纠纷，这给海洋法治、航行自由和东南亚地区的稳定带来了悬念”；“由于沿岸国家存在地区纠纷、国际恐怖活动以及海盗等问题，从我国资源能源高度依存的中东地区到我国近海的航线的脆弱性正在增加”；“北极航路开通和资源开发可能成为国家产生新摩擦的原因。”① 日本此举的目的就是通过渲染威胁，采取迂回战术来实现再扩军。日本战略精英认为：现实条件不具备重构大战略的条件，唯一有效的方法是采取迂回战术，自下而上地从国防战略这一层级的具体问题入手，通过对国际战略环境和威胁的重新评估，将假想的“剧本”由“限定的且小规模的战争”定义为“限定的战争”，推动彻底修改防卫大纲，渐次增强防卫力量。因为在他们看来，“根据增强的防卫力量的质、量及速度，孕育着战略方针实现实质性重大转换的可能性。”②

第二，加强基点离岛控制，为其“圈海夺利”寻找理由。2009年12月1日，鸠山内阁公布的《管理海洋保全和管理离岛的基本方针》提出，日本海洋战略的目标是保全“国土面积12倍数、面积约447平方公里的专属经济区等管辖海域”，当务之急是“保全决定日本专属经济区及大陆架外缘的离岛”，“尽可能促进国家取得包括提供专属经济区等外缘根据的离岛基线在内的一定区域，与此同时，

① 潘蔚娟主编：《2013年世界重要安全文件汇编》，北京：时事出版社，2014年版，第311—312页。

② 转引自陆伟：《“联合机动防卫力量”：日本新军事战略的构建和影响》，《外交评论》，2014年第5期，第3页。

研究将其作为国有财产管理的政策。”[①] 之所以要控制这些离岛，就是为日本扩大所谓的专属经济区与大陆架寻找制造理由。除了使用法律、科技和经济手段之外，日本在冷战后特别重视使用军事手段对这些离岛进行控制。2013 年 4 月 1 日，安倍政府公布了未来 5 年的海洋战略路线图——基本计划草案。该草案明确提出要“确保海洋安全”，为海保厅和自卫队增加舰、机和人员的配置。[②] 2013 年新版《海洋基本计划》首次提出“对重要离岛及其周边海域实施适当的监控、警戒；加强包括西南诸岛在内的岛屿的防卫”，并强调可以采取相关的“必要措施”。[③]

第三，控制海上交通线，增强海上安全保障能力。为了降低对海外能源的依存度，日本政府曾在 2006 年确立了“核能立国、油气补充”的发展目标，试图在 2030 年前将对油气的使用比重降低到 40%。不过，福岛核事故打乱了这个计划。2010—2013 年期间，化石燃料在日本能源结构的构成比重从 62% 激增到 87.2%。[④] 日本《海洋基本法》第 21 条指出：“日本四面临海的自然环境决定了需要大量进口物资，海洋通商通道为日本的社会发展提供了可靠保障，日本必须为维护海洋秩序、保护海洋安全采取必要的措施”。[⑤]《海洋基本计划》提出的具体目标包括：维护海航交通、提高海洋预警能力、提高对外国军事动态的重视。2013 年底日本内阁会议通过的《国家安全保障战略》，特别强调了“从波斯湾及霍尔木兹海峡、红海及亚丁湾到印度洋、马六甲海峡、南中国海、台湾附近海域再到

---

① 转引自李秀石：《日本海洋战略的内涵与推进体制——兼论中日钓鱼岛争端激化的深层原因》，《日本学刊》，2013 年第 5 期，第 55—56 页。

② 转引自李秀石：《日本海洋战略的内涵与推进体制——兼论中日钓鱼岛争端激化的深层原因》，《日本学刊》，2013 年第 5 期，第 58 页。

③ 转引自朱晓琦等：《对日本新海洋战略的解读——涉台问题的视角》，《太平洋学报》，2015 年第 6 期，第 71 页。

④ Trade and Industry Agency for Natural Resources and Energy, Ministry of Economy of Japan, “Japan’s Energy Situation”, January 2015.

⑤ 转引自吕耀东、李振广：《日本海洋战略构想及其对华影响》，《唯实》，2015 年 4 月，第 91 页。

日本近海的这条海上航线对日本的重要性，要求支援该航线沿岸国家增强海洋安全保障能力，强化与那些同日本有共同战略利益的伙伴之间的协作关系”。[①]

第四，推进与海上国家结盟，为其重新成为海上强国创造条件。在日本的国家安全战略构想中，确保海洋安全保障是其重要一环。20 世纪 70 年代，日本国内就有观点主张与海洋国家结盟，以获取地区性和全球性的海权。从行动上看，日本选择进行海上安全合作的国家主要分为两类：一是全球性的海权国家。日本在近代选择了与英国结盟，而冷战后则反复宣称要以日美同盟为核心。对于日本这种战略，有观点指出其具有明确的延续性。日本的所有这些结盟行为都体现出一种大战略，即务实地通过权宜之计将日本与当时的压倒性强权结盟。因为日本这个仅有中等规模领土、资源贫乏、与周边邻国关系糟糕的岛屿国家，需要外部的朋友方能实现其生存和繁荣。[②] 另一类国家则是其海上交通线沿岸的国家。日本的资源和能源进口高度依赖从中东地区开始的海上运输，从波斯湾以及霍尔木兹海峡、红海以及亚丁湾经印度洋、马六甲海峡、南海至日本近海的海上航线对其十分重要。因此，日本非常强调与航线周边国家的海上合作，日本在其《国家安全保障战略》中强调：海洋监视能力极为重要，日本将注意监视国际性网络，要对海洋监视能力加以综合性强化。[③]

目前，日本与美国的军事同盟一体化已经达到了很高的程度。日本自卫队建立的“联合参谋长—陆上总队司令（拟设立）、联合舰队司令、航空总队司令—军种部队或联合任务部队”三级指挥体制与美军现有的“太平洋总部或中央总部等战区司令—第 1 军司令、

---

① 潘蔚娟主编：《2013 年世界重要安全文件汇编》，北京：时事出版社，2014 年版，第 290—311 页。

② Richard Halloran, “Securing Japan: Tokyo’s Grand Strategy and the Future of East Asia,” Parameters, Vol. 38, No. 3, 2008, p. 154.

③ 潘蔚娟主编：《2013 年世界重要安全文件汇编》，北京：时事出版社，2014 年版，第 317 页。

第7舰队司令、驻日空军司令—联合特遣部队”三级指挥体制分别对应，在发生所谓“紧急事态”时，双方可实现指挥链的“无缝对接”。[①] 日本也非常重视与其他海上国家的合作。2006年，在日本的主导下，16个国家签署了《亚洲地区反海盗及武装劫船合作协定》。日本还通过人员培训、装备援助、联合演习等手段加强与东南亚国家的联系。从2002年起，日本开始为菲律宾培养海上保安人才。2006年4月，日本为马来西亚海上法令执行厅建造了一艘造价为8.3亿万日元的海上训练船。近期，日本还先后为越南和菲律宾提供海上巡逻船等装备。

日本加强同重要海上国家的安全合作主要有三个目的：一是借助多边或者双边关系来维护其海上交通线的安全。二是通过合作、援助或者打击海盗等名义，使日本海上自卫队走向海外，甚至在海外获得军事基地。日本内陆任何地方距离海岸都不超过70海里，延伸军事防御边界，建立本土以外的军事基地，这是日本长期以来的夙愿。[②] 通过加强日美同盟，在为美国分担安全责任的口号下，日本可以更加方便地向海外派遣兵力，借助日美同盟提升日本自卫队的实力，最终为其政治军事大国目标服务。三是通过建立排他性的“海洋联盟”，谋求区域或者全球海权。早在20世纪70年代，日本自民党海空技术调查会、自民党安全保障调查会在其撰写的报告中就提出：近代日本安全战略的最大教训就是身为海洋国家，却走上了大陆扩张道路，并与美、英海洋势力为敌，而事实上，在“大陆国家群”与“海洋国家群”的较量中，后者一直居于优势地位，“对日本这样的海洋国家来说，只有与海洋国家密切合作才是明智的”。[③] 近年来，日本倡导日、美、澳成立海上国家联盟，呼吁日、

---

① 袁杨、聂春明：《日美“军事一体化”值得警惕》，《解放军报》，2015年11月11日。

② 郭锐：《日本的海权观及其海洋领土争端——一种建构主义的尝试分析》，《日本学论坛》，2006年第2期，第54页。

③ 段廷志、冯梁：《日本海洋安全战略：历史演变与现实影响》，《世界经济与政治论坛》，2011年第1期，第71页。

美、印三方“为印度洋与太平洋的安全、和平与繁荣承担起神圣职责”，倡议构筑“钻石联盟”，这些做法反映出日本试图通过建设排他性的海上联盟来获取海权的意图比较明显。

二、“联合机动防卫力量”建设的思路

在“海洋立国”战略影响下，冷战后日本军力建设的目标也不断发生调整。为落实“动态威慑”和“动态遏制”战略方针，2005年日本《防卫大纲》提出基于“动态防卫力量”建设思路，提出要建立多功能、一体化的防卫力量，使其能够快速、机动、灵活、持续地应对各种事态。2010年，日本《防卫计划大纲》提出建立“机动防卫力量”。2013年12月，安倍内阁通过《国家安全保障战略》《防卫计划大纲》《中期防卫力量整备计划》等“安保三箭”后，又提出建设“联合机动防卫力量”，宣称要根据“统合且综合”的要求来设计自卫队的军事能力。所谓的“统和机动”就是通过机制建设使自卫队在“警戒监视、运输、情报通讯、卫生、防空等方面建立横向联系”，以便最终实现“各自卫队从平时就能合为一体，有机地应对包括复合事态在内的各种事态”的目的。[①]

日本自卫队建设“联合机动防卫力量”有三大军事目的：一是建立常态化的军事力量应对“复合事态”。日本《2014年度以后的防卫计划大纲》称：除了平时活动之外，灰色区域事态（在地区纷争不断发生的同时，国家间围绕领土、主权、海洋经济权益等问题发生的既非和平也非战争，即所谓的灰色区域争夺）等需要日本自卫队处置的事态正在增加，对这种事态的处置也正日趋长期化。[②] 日本提出建设“联合机动防卫力量”就是要形成一支能够应对各种情况的常态化部队。二是缩短自卫队军事行动的时间。日本方面认为，

---

① 陆伟：《“联合机动防卫力量”：日本新军事战略的构建和影响》，《外交评论》，2014年第5期，第12页。

② 潘蔚娟主编：《2013年世界重要安全文件汇编》，北京：时事出版社，2014年版，第339页。

由于军事科技的飞跃式发展，从端倪出现到事态发展的时间间隔大有缩短之势。因此，必须对事态作出迅速反应等综合运用部队的能力显得愈发重要。[①] 针对这个问题，日本方面的解决办法是把作战力量的各个单元“无缝”连接起来，使情报、作战、指挥通信、后方支援等要素统和起来，实现自卫队能统一、快速、持续地应对事态。三是实施所谓的“动态威慑”。2011 年日本防卫白皮书提出：不仅要靠防卫力量本身来威慑对手，还要通过运用防卫力量实现“动态威慑”，即在平时及时安排适当的活动，展示国家的意志和强大的防卫力量。[②] 日本军方认为“动态威慑”是通过军事力量的实际运用，显示时间和地理上的无缝态势，使对手认识到通过“既成事实化战略”和侦察活动成功变更现状的可能性不大。所谓的动态威慑实际上有两层含义：实际运用力量来谋求把己方变更现状事实化，同时不让别人事实化。[③]

为达到这些目标，日本提出军事上要获得三大优势：情报优势、海上优势和空中优势。日本提出将在平时实施经常持续的情报搜集、警戒监视、侦察活动（常续监视）。《2014 年度以后的防卫计划大纲》提出：“海上优势和空中优势是有效应对岛屿地区攻击的前提。为了切实维持海上优势和空中优势，我国将强化应对飞机、舰艇、导弹攻击的能力，将针对岛屿地区的攻击尽量控制在海上。与此同时，为了在真正发生岛屿攻击时，能够迅速登陆、夺回和确保，需要新增真正的水陆两用作战能力，提高后方支援能力，且就太平洋一侧岛屿地区防空态势的理想状态进行研讨。”[④]

---

① 潘蔚娟主编：《2013 年世界重要安全文件汇编》，北京：时事出版社，2014 年版，第 211 页。

② 潘蔚娟主编：《2013 年世界重要安全文件汇编》，北京：时事出版社，2014 年版，第 339 页。

③ 陆伟：《“联合机动防卫力量”：日本新军事战略的构建和影响》，《外交评论》，2014 年第 5 期，第 48 页。

④ 潘蔚娟主编：《2013 年世界重要安全文件汇编》，北京：时事出版社，2014 年版，第 349 页。

三、日本海上军事力量建设思想的特点

目前，日本海上自卫队编制 45517 人，舰船总吨位在 2011 年时已达到了 45 万吨，拥有驱逐舰 47 艘、潜艇 20 艘、作战飞机 150 架的水平。日本主力舰队共建立 4 个护卫队群，此外还拥有 5 个地方队，其他还有 6 支潜艇舰队、2 支负责水雷作战的“扫海队群”、7 大航空群、16 个陆基反潜航空队。[①]

依托其强大的科技实力、制造能力和造船能力，借助美日军事同盟合作，日本的海上军事力量处于世界一流水平。英国《简氏防务周刊》曾评估称，在海上力量方面，日本有 3 个世界第一：分别是反潜能力、扫雷能力和常规潜艇战斗力。美国著名军事评论家巴克尔在分析日本海上军事力量时指出：日本海上自卫队现已成为西太平洋地区最强大的海军力量之一，而且日本政府从来没有停止使海上自卫队现代化的努力。[②] 为实现其海上安全战略目标，日本近年来加快了海上军事力量建设步伐，积极推进海上军力建设转型，其具体表现有如下几个方面：

其一，海上自卫队功能从“自卫”转向进攻。日本海上自卫队前幕僚长石川亨曾经在与田崎喜郎的对谈中提出：“在 21 世纪初期美俄对抗趋于缓和而东亚矛盾激化的安全保障背景下，保护日本海洋国土和附属利益，海上自卫队的使命是从传统的确保海上运输线畅通扩大到保护本国海洋权益，海上自卫队之前一直奉行的是反潜和封锁作战，缺乏的是远洋作战、两栖作战以及多军种立体协调作战”。[③] 目前，日本海上军事力量建设的最大变化就是开始寻求进攻能力。正如日本某位资深外交官所评论的那样：“获得进攻能力将是

---

① 丁云宝：《日本海权战略及其对中国的影响》，《上海大学学报（社会科学版）》，2014 年第 3 期，第 18 页。

② 章名岂、关野：《日本海上作战能力有多强》，《中国国防报》，2010 年 10 月 26 日。

③ 转引自张晓刚：《试论海上自卫队的任务变化与日本海洋安全战略的发展》，《亚洲的未来与中日关系——纪念中日邦交正常化40周年国际学术研讨会论文集》，2012 年 9 月，第 194 页。

对我们的防卫政策进行的根本性调整，是一种哲学观的改变。”① 在此思想指导下，日本开始演练两栖作战，展开夺岛训练，甚至开始研究对境外的导弹发射基地展开进攻等问题。

其二，日本海上自卫队从近海防御走向远洋进攻。20 世纪 70 年代中期，日本海上自卫队的目标是要保卫海上 1000 海里“海上生命线”。1995 年，日本在新的《防卫计划大纲》中将海上自卫队的活动从 1000 海里扩大到 2000 海里，活动范围包括澳大利亚和马六甲海峡等海域。伊拉克战争期间，日本利用为美军提供后勤支援的名义把活动范围扩大到印度洋，日本前防卫厅（现已升格为防卫省）长官石破茂议曾宣称：“在像印度洋这样的大海上，能够既提供如‘宙斯盾’战舰这样强大的护卫能力，又能够为美军战舰提供加油支援的国家好像也就只有日本和英国了。”②

其三，日本海上自卫队的能力日趋多样化。长期以来，日本把资源集中投放到反潜战、布雷战、扫雷战等“战略性”基本能力之上，其主要目的是进行近海防御和保护海上交通线。不过，随着日本海上安全战略的调整，日本自卫队的任务也日趋多样化。日本高级军事官员在《海洋国家日本的未来》访谈中表示：日本国防战略中最重要的是守卫海洋国土，海上自卫队的任务要从传统的确保海上生命线扩大到保卫海洋国土，维护海洋利益。③ 目前日本海上军事力量建设除了继续加强传统军事能力建设之外，还着重加强其他新型能力建设，包括对海域进行警戒监视能力；对海域进行管制拒止能力；以直升机航母为中心的独立海上机动作战和对地攻击能力；导弹防御能力；“夺岛”与两栖作战能力；特种作战、海航运输、医疗救援以及执行国际合作与任务的能力，等等。

其四，集中力量提升装备的质量与效率。质量建军依然是日本海上力量建设的指导思想之一。日本认为要集中力量发展现代化装

① 路透社东京 2013 年 7 月 25 日电。

② 章名岂、关野：《日本海上作战能力有多强》，《中国国防报》，2010 年 10 月 26 日。

③ 转引自修斌：《日本海洋战略研究的动向》，《日本学刊》，2005 年第 2 期，第 38 页。

备，以此平衡大规模军事投入对财政带来的压力。为此，日本提出一方面要“盘活存量”，延长武器的服役期限、提高装备的使用效率；另一方面用好增量，确定战略实施的优先次序，“有选择地集中资源用于真正需要的机能”。目前来看，联合反导防空、海域警戒监视、反潜夺岛、海上机动作战等方面是日本的重点建设领域，目标是着眼提高海上军事装备的信息化水平和联合作战能力。

其五，把中国作为主要的防范对象。日本军事评论家江烟谦介主张：“在冷战时期，海上自卫队在太平洋辽阔的深海，主要以核潜艇为作战对象”，在以“苏联威胁论”为中心的冷战构造瓦解后，海上自卫队“应该以近浅海反潜作战为中心”，以“遏制中国军事力量进入外洋”。[①] 日本提出“动态遏制”战略的主要任务是“确保周边海空领域安全”和“应对岛屿攻击”。这其中覆盖的主要区域就是包括：中国钓鱼岛群岛及其周边海域；中日专属经济区划界重叠海域；靠近台湾的西南岛屿；中国海军编队驶向太平洋的通道——西南岛屿中间的公海。[②] 可见，日本在海上军事力量建设的过程中，在很大程度上把中国作为主要的防范对象。

四、日本海空警戒监视力量建设思想

重视信息优势是日本军事战略的一贯传统。从历次的海上作战中，日本非常重视战前的信息准备，从而在战场上依据信息优势取得不少主动权。甲午战争中，日本通过对清军的电报进行破译，辅以其他信息搜集手段，多次掌握北洋舰队动向，据此发动的突然袭击导致清军损失惨重。日俄战争中，日本的情报工作十分有效。库罗帕特金在回忆录中曾写道：“日本人准备战争已有十年之久，不仅研究了该地区，而且还在该地区布满了特务，这些特务对战争贡献

① 段廷志、冯梁：《日本海洋安全战略：历史演变与现实影响》，《世界经济与政治论坛》，2011年第1期，第78页。

② 李秀石：《解析日本“动态遏制”战略》，《国际观察》，2012年第2期，第48页。

非常之大，他们通常都能得到我军实力和作战计划的可靠情报，而我们则常常盲目作战。”①

日本重视情报优势跟其偏好发动海上突袭的传统有关。无论是甲午战争、日俄战争还是太平洋战争，日本都不宣而战地突袭目标国的舰队。日本这么做无非是为了迅速掌握制海权，从而实现“速战速决”的目标。日本能够在三次大海战中都能突袭成功，重要原因是做了细致的情报准备，能够比较准确地掌握对手的动向。基于战略文化偏好和历史传统逻辑，日本如今也特别重视利用海空警戒监视来获取情报优势。目前，日本海空警戒监视力量建设的特点有：构建立体监控体系、推进美日信息联合一体化、监视重点向西南方向倾斜、情报与作战一体化融合。具体来说，日本与美国建立一体化的情报搜集网络，双方在海上态势、空间态势和其他领域的情报共享程度较高。日本在西南方向派驻了常态化的监视力量，通过海上、空中和陆地的雷达、侦察机、卫星等设备的使用，构建立体化的监视体系，将这些搜集而来的数据进行融合处理后传输给相关的作战力量，形成了情战一体的力量布局。

冷战期间，为了监视苏联的潜艇活动，美国和日本在太平洋西侧布设了大量的水下监听阵列。1957 年，美国在日本部署“凯撒”项目，在北海道西北端建立水下监听站，用以监视苏联的潜艇。冷战结束后，有报道称美日联合以冲绳县宇流麻市美军白沙基地内的海自冲绳海洋观测所为据点，部署了大范围覆盖“南西诸岛”太平洋一侧的最新型潜艇水下声波监听系统（SOSUS），由美日共同运用。该系统在海底铺设电缆，通过水下听音器等设备搜集潜艇发出的声波和磁力数据。② 对于美日铺设的水下监听系统，有报道称这套名为“鱼钩”的系统以九州西南部的鹿儿岛为起点，沿大隅群岛延伸至冲绳以及琉球群岛南部的宫古岛和与那国岛，经台湾延伸至菲

① （俄）库罗帕特金著，林赛译：《俄国军队与对日战争》，北京：商务印书馆，1980 年版，第 129 页。

② 王欢：《日媒称美日部署最新水下监听系统监视中国潜艇》，2015 年 9 月 10 日环球网。

律宾的巴拉巴克岛和印尼群岛东部的龙目岛，再穿过爪哇岛和苏门答腊岛之间的巽他海峡，从苏门答腊北部延伸至安达曼群岛。[①] 此外，有报道称美日在台湾北端和南端联合建立了“超大规模的水下监测系统”。

另外，凭借隐身性能好、探测能力强等特点，日本海上自卫队把潜艇作为重要的水下监视工具。有观点指出：“在平时，日本潜艇战斗群的重要任务是跟踪、监视中俄潜艇及水面舰艇，收集舰船的声呐、雷达等情报数据。战时，则可以利用潜艇的隐身性能，偷偷接近敌对国家的舰船，实施突然打击。[②] 此外，日本正研发水下无人系统，这有可能成为水下监视侦察的重要平台。日本 2014 财年划拨 12 亿日元研究支持“无人水下器”进行长期作战的能源系统，使“无人水下器”能够在广域水下辅助潜艇进行预警、侦察和监视，同时具备运输和安装水下装备的能力。

日本还沿海岸线建立了规模庞大的监视站点。例如，日本自卫队利用其地理优势，在海峡附近设立了大量的监视站点，用来监视进出宗谷海峡、津轻海峡和对马海峡的舰船。近年来，日本把监视的范围进一步向西南方向拓展。2015 年年底，日本在与那国岛部署沿海监视雷达站，用以监视通过其附近区域的飞机和舰船。日本用于空中监视的主要平台包括 P－3C“猎户座”巡逻机、P－1 飞机、SH－60J 直升机、SH－60K 直升机、E－2C 预警机、E－767 预警机。日本防卫省还计划采购 RQ－4B“全球鹰”无人机和 E－2D 空中预警飞机。日本 2016 财年防卫预算计划安排 14 亿日元提高空中预警和控制系统的能力，采购部分预警装置的改进系统，安装提供支援的电子作战系统，提升 E－767 的预警和监视系统。[③] 日本正积极部署从太空监视海洋状况的海洋监视体制（MDA），目前已经发射升空了多颗光电卫星、合成孔径雷达卫星和高分辨率的商用卫星。

---

① 王涛：《日本海洋监视与海岸防卫能力（上）》，《现代军事》，2015 年第 9 期，第 85 页。

② 《日本打造亚洲最强常规潜艇，中国需重点发展反潜》，《南方日报》2015 年 11 月 16 日。

③ Defense Programs and Budget of Japan: Overview of FY2016 Budget Request, pp. 6－8.

2015 年，日本太空政策办公室出台新版《宇宙基本计划》提出要建设“准天顶卫星系统”（QZSS）“太空态势感知系统”（SSA）“海域感知系统”（MDA），以及“天基导弹预警系统”等等。日本水面舰艇搭载的雷达、声纳系统也有很强的监视警戒能力。此外，日本还部署了多型海洋测量船，用以搜集重要海域情况。

五、日本潜艇力量的建设思想

二战结束前，日本的潜艇技术得到迅速发展，建成了一支规模庞大的潜艇部队，尤其是装备的鱼雷威力巨大。不过基于“舰队决战”思想的影响，日本在第二次世界大战主要把潜艇作为警戒和消耗对手的工具，因而并未发挥突出的战术作用。二战结束后，日本的大部分潜艇被拆解，但日本长期积累的潜艇技术被保留下来，此后不久在以苏联太平洋舰队为主要假想敌的战略指导下建立了一支16 艘潜艇的水下作战力量。冷战期间，日本潜艇力量的功能主要是部署在日本海方向，沿宗谷、津轻、对马和大隅等四大海峡进行线性布防，在苏联舰船必经的海峡通道上潜伏、监视、封锁和跟踪，通过“咽喉点拦截”等方式把苏联潜艇阻滞在日本海。冷战结束后，日本继续重视水下潜艇部队的建设。目前，日本潜艇舰队隶属于海上自卫队的自卫舰队，下辖潜艇舰队司令部、第一潜艇作战群、第二潜艇作战群、潜艇教育训练队、第一潜水训练练习队、潜艇教育横须贺分队。日本潜艇舰队现有作战舰艇 16 艘、训练潜艇 2 艘，共计 18 艘。其中，日本一线主力潜艇包括 11 艘“亲潮”级、5 艘“苍龙”级，另外有 3 艘“苍龙”级正在建造中。总体来看，日本潜艇力量建设思想有如下几个特点。

一是日本的潜艇力量愈发重视海上拒止能力。苏联解体后，日本潜艇承担的功能逐步扩展，把主要的作战区域从日本海转移到西南海域，其任务不仅包括以封锁海峡为目的的咽喉点拦截，还有以控制海域为目的的海上拒止战略。如今，日本声称即使军事科技不断进步，但并未削弱潜艇的突防能力，潜艇部队仍然是应对局势、控制海洋的重要工具。日本潜艇的最大作战半径至少达到2000千米以上，其主要活动区域从东海延伸到菲律宾海域，也就是日本海军战略家所称的“东京—关岛—台湾”三角区域。日本有观点估计：沿着日本西南海域巡逻大约需要8艘潜艇，其中冲绳岛链6艘，巴士海峡2艘。同时为了保持2艘用于训练和保养，日本需要合计24艘潜艇。①

二是把中国作为主要的防范监视对象。冷战结束后，日本潜艇的重点部署方向也逐渐从日本海转移到东海和黄海方向，把中国作为重点防范对象。目前，日本潜艇被分编成两个潜水队群，第1潜水队群（下辖第1、3、5潜水队）以吴港为基地，第2潜水队群（下辖第2、4、6潜水队）以横须贺为母港。值得注意的是，日本把最新型的“仓龙”级潜艇全都部署在西侧的吴港基地，可见对东海和黄海方向的防范比较严密。日本海上自卫队还可能把主动打击对手的能力作为未来力量建设的重点。日本海上自卫队前官员斋藤隆称，随着中国海军的迅速崛起，日本已不能想当然地获得西太平洋的海上优势与“航道行动自由”，基于“潜艇是最佳反潜武器”的理论，他认为日本海上自卫队需要获得更多的先进潜艇，以保证相关的警戒监视及作战能力。②

三是坚持低调高速升级换代。二战结束以来，日本潜艇部队建设比较低调，但发展步伐却非常迅速。日本自战后第1艘潜艇“亲潮”号建成开始，到2016年3月7日最新的“苍龙”级“仁龙”号潜艇建成入役为止，整整半个世纪，共建造9级52艘潜艇，平均每年建成1艘，每隔5—6年开发一个级别的艇型。③ 20世纪60年代，日本在仿制的基础上，自行研制成功了“早潮”级和“朝潮”

---

① Tetsuo Kotani, *U. S. – Japan Allied Maritime Strategy: Balancing the Rise of Maritime China*, April 2014, p. 12.

② 雷炎：《日本潜艇长期以美航母练反舰，消音系数达90%》，《环球人物》，2013年12月。

③ 王丹：《应该承认这一点：日本常规潜艇处于世界先进水平》，《现代舰船》，2016年4月。

级潜艇。此后，日本又在此基础上研制了“涡潮”“夕潮”及“春潮”3个级别、24艘潜艇。20世纪90年代初，日本又成功研发超大型安静型“亲潮”级潜艇，并把不依赖空气的推进装置SE/AIP装备在“苍龙”级潜艇之上。2017年3月，日本海上自卫队第8艘“苍龙”级潜艇“赤龙”号服役。日本潜艇如此快的更新速度，在全世界范围内都是领先的。伴随着频繁的升级换代，日本潜艇的发展速度和作战性能始终保持在世界前列。2010年，日本提出要分阶段把潜艇总数扩展到22艘，加上2艘训练艇合计24艘。另外，日本保持每年新建1艘、退役1艘的速度。退役潜艇的服役年限非常短，仅为10—15年，完全可以在退役后重新使用。为此，有观点指出日本除了拥有现役的18艘潜艇之外，可以随时唤起一支“沉睡的部队”，把潜艇部队的规模扩充一倍。

四是坚持质量与数量并重发展。质量建军的理念长期贯穿于日本的军力建设思想之中，在潜艇建设中也有突出表现。日本在建设潜艇的过程中特别强调潜艇的机动、探测和隐形能力。2010财年，日本防卫预算划拨49亿日元研发下一代潜艇所需要的声纳系统，提高潜艇在浅海和深海区域对隐形目标的探测和信息处理能力。2013财年日本防卫预算提出要采购潜艇宽频接收器（wideband receivers），以此来提升潜艇的电台定位性能（radiolocation performance），降低被反潜飞机探测到的可能。同时，日本拨款采购音频信息分析设备，以提高潜艇声纳操作人员对水下声音的分析能力；日本海自观测所拨出14亿日元研发海上终端移动，用以匹配下一代X波段的卫星通信网络，通过信息共享提升态势感知能力。[①] 以“苍龙”级潜艇为例，其水上航速13节，水下航速20节，借助AIP发动机和柴电混合动力系统，水下续航时间对外宣称可高达2—3周。有观点指出：如果”苍龙“级潜艇从那霸基地出航，绕过台湾岛，自巴士海峡东

① Defense Programs and Budget of Japan: Overview of FY2016 Budget Request, p. 6.

口依靠 AIP 潜航，基本上能保证潜航至我国海南岛的榆林基地外海。[①]

五是在反潜防御的名义下积累进攻能力。日本军事理论界宣称潜艇的主要任务是反潜、监视和执行警戒。然而，结合日本潜艇部队的发展历程来看，其主动进攻的能力比较强大。自 1984 年开始，“夕潮”“春潮”“亲潮”等级别潜艇相继装备了美式潜射“鱼叉”反舰导弹，可对敌舰实施“超视距打击”。此外，日本还自行研制了航速达 55 节、射程为 38 千米的 89 式重型线导鱼雷，破坏力巨大。[②] 2012 日本防卫预算划拨 35 亿日元研发新型的鱼雷。日本认为，现存的 89 式重型鱼雷已经研发完成 20 年，如今在识别鱼雷欺骗装置上存在不足，同时因浅海地区没有回波（reverberation）而导致声纳探测距离缩短。为此，日本准备研发由潜艇发射的新型鱼雷，使其能够有效对各型舰船发动攻击。[③] 随着数量的增加和规模的扩大，日本潜艇可以对敌方航母等大型水面舰艇采取“群狼战术”而发动多点攻击，重创敌水面舰艇部队；可以对敌沿海重要港口、机场、仓库实施打击，削弱对方后勤保障能力。随着 AIP 系统的使用，甚至可能潜入敌方内海攻击其政治经济中心，以瘫痪敌最高指挥系统等。[④]

六是在日美同盟框架下形成独立的发展体系。日本潜艇部队与美国的协助比较密切，在近几年举行的美日反潜演习中，日本海上自卫队的潜艇与美国航母战斗群以“完全实战”的形式演练。日本海上自卫队原反潜机飞行员川村纯彦透露，一位美国海军高官曾对他说过：“美国的潜水艇是安静的（quiet），而日本的潜艇是超安静的（ultra quiet）。”[⑤] 有美国海军将领私下表示，日本的“亲潮”级

---

① 李凌云等：《日本潜艇基地条件远东第一，作战范围覆盖南海》，中国新闻网，2013 年 9 月 23 日。

② 《日本打造亚洲最强常规潜艇，中国需重点发展反潜》，《南方日报》，2015 年 11 月 16 日。

③ Defense Programs and Budget of Japan: Overview of FY2016 Budget Request, p. 6.

④ 宫春科：《日本为何低调高速发展潜艇部队》，中国社会科学在线，2013 年 12 月 4 日。

⑤ 《日本打造亚洲最强常规潜艇，中国需重点发展反潜》，《南方日报》，2015 年 11 月 16 日。

潜艇“非常难缠”。日本国内有观点提出：在任务分工上，美国主要负责东海方向的反潜，而日本潜艇的责任是拦截试图通过中国东海驶向菲律宾海的潜艇。虽然有合作，但日本有自己的独立发展生产体系。冷战期间，日本基本实现了潜艇的自主生产和研发。另外，日本潜艇由川崎和三菱两家造船厂轮流建造，每家造船厂都有自己的独立生产线。一旦需要，能在短时间内生产出大量潜艇。

六、日本水面主战舰艇的建设思想

目前，日本海上自卫队主力水面作战舰艇配备于护卫舰队之下。日本曾设有4个护卫队群，每个护卫队群由8艘驱逐舰组成，共载有8架反潜直升机，故称为“八八舰队”。其主要的编成包括：1艘直升机驱逐舰（“白根”级或“榛名”级）、2艘防空型驱逐舰（1艘“金刚”级+1艘“旗风”级或“太刀风”级驱逐舰）、5艘通用型驱逐舰（目前通常是2艘“村雨”级+3艘“朝雾”或“初雪”级驱逐舰）。随着“出云”级、“日向”级、“金刚”级、“爱宕”级等舰艇陆续服役，“八八舰队”已经过渡到“十九舰队”，甚至不排除出现“十十舰队”的可能。2008年3月，日本海上自卫队4个护卫队群改编成8个护卫队，其中4个是以直升机驱逐舰或直升机母舰为核心的护卫队，4个是以导弹驱逐舰或宙斯盾驱逐舰为核心的护卫队。[①]截止2013年3月，日本海上自卫队拥有主要水面作战舰艇48艘、水雷作战舰艇29艘、导弹快艇6艘、登陆运输舰艇12艘、辅助舰艇30艘，共计舰艇数量为141艘（另有潜艇16艘），总排水量约为45.2万吨。在驱逐舰方面，日本2010年的《防卫计划大纲》提出要把驱逐舰数量增加到54艘。

日本发展水面舰艇思路有三个：一是重视质量，快步升级。目前，日本直升机母舰包括“榛名”级、“白根”级、“日向”级和

① 曹晓光编著：《亚太军力巡视：深度解读日本海上核心战力》，北京：航空工业出版社，2015年版，第26—34页。

“出云”级；驱逐舰包括“爱宕”级、“金刚”级、“秋月”级、“高波”级、“村雨”级、“朝雾”级、“初雪”级等各类型，更新升级的速度非常快。按照目前的建造速度，日本只需花数年时间就能够将原有的“白根”级以及“朝雾”级舰更新为新型的“出云”级和“秋月”级，使日本主力舰队的吨位和质量继续大幅扩张。二是大型化特征非常明显。例如，首艘“日向”级舰艇标准排水量为13500 吨，满载排水量为 18000 吨，首艘“出云”级舰艇基础排水量为 1.95 万吨，全长是“日向”号护卫舰的 1.25 倍，同时起降舰载机数量也由 4 架增至 5 架。据测算，如果“出云”级取代“白根”级直升机驱逐舰，那么日本海上自卫队将会拥有两个轻型航母编队和两个直升机航母编队。“出云”级队群的反潜作战能力约是“白根”级队群的两倍以上。如果“出云”级航母进行改装，其可搭载 8 架 F－35B 战机，同时装备 400 余枚各型舰空导弹，对空作战能力至少是“白根”级驱逐舰编队的两倍以上，对舰作战能力约是“白根”级队群的 3 倍以上。两艘“出云”级直升机驱逐舰可迅速将 1000 名陆战官兵投送到交战区域，使海上自卫队的远程投送和两栖作战能力成倍提升。[①] 2017 年 3 月 22 日，日本海上自卫队直升机航母“加贺”号正式服役，使其水面作战能力进一步提升。三是逐步强调舰队的综合作战能力。长期以来，日本水面主战潜艇以反潜为主，目前加强了防空和反舰能力建设。日本提出在 2020 年前把“宙斯盾”驱逐舰的数量增加到 8 艘。与此同时，日本正持续研发反舰导弹。自2013 年开始，技术研究本部着手研制新型舰舰导弹，以替代 90 式SSMC B 舰舰导弹。项目计划持续到 2017 年，总研发经费 57 亿日元。新型舰舰导弹将最大程度地利用 12 式岸舰导弹的研究成果，共用制导系统、控制系统、战斗部、头锥等部件，以降低成本。[②] 从最新下水

---

① 赵军：《日本航母密集海试，海上自卫队成进攻型力量》，《中国青年报》，2014 年 10 月 18 日。

② 苏鑫鑫、文苏丽：《日本持续采购和升级反舰导弹武器》，《飞航导弹》，2014 年第 2 期，第 11 页。

的“秋月级”通用驱逐舰来看，日本海上自卫队不再遵循“反潜第一、防空第二、反舰第三”的设计思想，而强调舰艇的任务弹性，综合考虑区域防空、隐身防护、近海作战等能力。①

七、日本反潜力量的建设思想

日本目前已经形成空中、水面和水下“三位一体”的立体反潜模式。在空中，日本通过固定翼飞机和舰载直升机对水面进行不间断巡逻，具备搜索并跟踪潜艇的能力；在水面，日本以水面舰艇及其携带的声纳和直升机进行反潜；在水下，日本在重点海峡布设了大量水下监听装置搜索潜艇的踪迹。

目前日本水面舰艇的反潜能力位于世界前列。除2艘“金刚”“爱宕”级宙斯盾舰外，其他6艘驱逐舰共搭载8架舰载直升机，反潜能力足以保障中等规模舰队的安全。特别是“日向”级和“白根”级直升机驱逐舰，可搭载至少3架反潜直升机，并配备了拖曳式阵列声纳、中低频声纳、可变深度声纳，具备较强的对潜探测能力。在美国主导的“环太平洋”系列演习中，自卫队的反潜能力被公认为是参演国中水平最高的。②

在舰载反潜直升机方面，海上自卫队2013年拥有46架SH－60J型反潜直升机、39架SH－60K型反潜直升机。SH－60J由美国西科斯基公司授权日本生产，设计源自SH－60反潜直升机。但机上航电设备大都由日本自行制造。该型直升机配备了HQS－103吊放声纳、SSQ－53和SSQ－50声纳浮标，作战半径约150千米。SH－60K基于SH－60J开发，配备更为先进的HQS－104低频主动吊放声纳，不仅增加了探测距离，还可有效侦测敷设消声瓦的低噪声潜艇。③

---

① 罗山爱：《日本四艘秋月级驱逐舰全部服役——“新八八舰队”的全能核心》，《中国国防报》，2014年3月25日。

② 《日本反潜能力与未来发展》，http：//www/knowfar. org. cn/html/zhanlue/201501/06/461. htm.

③ 同上。

陆基反潜飞机也是日本自卫队的建设重点。日本海上自卫队分别拥有 P－3C 和 P－1 固定翼反潜巡逻机 75 架和 4 架，用于侦察反潜和运输等直升机 96 架。P－3C 不仅能携带反潜鱼雷，还能携带 4—6 枚空舰导弹，续航时间达 16 小时。P－3C 型反潜机可搭载约 9 吨的反潜武器和 87 个声纳浮标，最大作战半径 2380 海里，可覆盖日本列岛周边全部水域。P－1 在飞行性能和机载武器性能上均有大幅度提升，巡航时速 833 千米，最大航程达到 8000 千米，比 P－3C 翻了一倍，令日本航空反潜触角大大超越“第一岛链”，并开始有能力向东南亚和“第二岛链”延伸。[①] 日本《2014—2019 年中期防卫力量整备计划》提出在未来 5 年内采购 23 架 P－1 替代相对老旧的 P－3C，进一步提升航空反潜的能力。此外，水下反潜也是日本海上军事力量建设的重点内容。日本可用于水下反潜的力量主要分为三部分：潜艇、无人潜航器和水下监听阵列。这些内容在前面已有讨论，就不再赘述。

八、日本西南岛屿方向军力部署调整思路

近年来，日本军事战略调整的重点就是加强西南岛屿方向的军事部署。该区域由从日本九州南端至邻近中国台湾东北海域的与那国岛之间呈点状分布的岛群构成。日本加强对西南岛屿的控制有两层目的：一是通过控制岛屿、岛礁为其声索专属经济区制造理由。日本防卫大臣小野寺五典在接受《华尔街日报》采访时明确表示：“我们国家拥有很多遥远的岛屿，这些大小不一的岛屿为我们拥有世界第六大专属经济区奠定了基础。未来为这些岛屿提供防御非常重要。”[②] 二是日本试图在中国西出太平洋途经的岛屿上驻军来对中国

---

① 顾伟：《从“安保三箭”中解析日本空中作战力量的未来》，《航空世界》，2014 年第 3 期，第 29 页。

② Jeff Schogol, Japan to Create Amphibious force Modeled after LS Marine Corps," March 3, 2014, http://www.defensenews.com/article/20140303/DEFREGC03/303030024/Report－japan－Create－Amphibious－Force－Modeled－Afte－US－Marine－Corps.

海军进行监视、跟踪甚至是封锁。日本不少政策精英就认为“西南诸岛再小的岛屿都有重大的战略价值”，为应对中国来袭“必须在离岛中处于关节点的岛上，部署以大队规模或中队规模为基干单位的驻军，同时对周边的离岛和无人岛也要进行常态化的持续警戒监视，以便在有事时能以最短时间做出应对”。[①] 日本军事评论家神浦元章称：“日本防卫重点向西南转移是以遏制中国海军力量、把中国海军封锁在东海，使其无法航行至太平洋为目的。”[②] 近些年来，日本加强西南岛屿方向军力部署调整的主要思路和措施包括如下方面：

一是增加西南诸岛的驻军。2012 年，日本在距台湾约 110 千米的与那国岛部署约 100 人的海岸警卫队。2015 年，日本计划在距离钓鱼岛 150 多千米的石垣岛上派驻 500 人规模的自卫队。2016 年 4 月，日本启用先岛群岛基地，用以监视过往飞机和舰船。未来，日本还计划在宫古岛、西表岛等岛屿部署部队，试图将其建成西南方向的前沿哨所、防御要塞，用以地面侦察、设施防护和反登陆作战等任务。目前，日本在西南岛屿设有 10 个基地，驻军约 3300 人。在国分岛、冲绳岛共设有 2 个陆上自卫队驻军基地，在鹿屋、奄美大岛、冲绳岛设有 3 个海上自卫队基地，在奄美大岛、冲永良部岛、冲绳岛、久米岛、宫古岛设有 5 个航空自卫队基地。其中，国分岛驻军约 1200 人，冲绳那霸等岛屿驻军约 2100 人。

二是利用日本海岸地形构建海上拒止能力。日本国内有观点提出，要利用日本的地形，沿重要岛屿、海峡等区域部署导弹，同时配合警戒巡逻等装备形成日本的拒止能力。《2013 年日本国防计划指南》要求陆上自卫队“保持反舰巡航导弹部队，以阻止敌人对日本偏远岛屿的入侵，在敌人还在海上的时候就击败之。”目前，日本沿西南岛屿方向部署了多处海岸监视雷达和预警探测雷达，还部署了 88 式地对舰导弹，对过往的船舰形成一定威胁。

---

① 陆伟：《“联合机动防卫力量”：日本新军事战略的构建和影响》，《外交评论》，2014 年第 5 期，第 45 页。

② 谢永亮：《日本打造西南防卫最前线》，《中国国防报》，2015 年 1 月 13 日。

三是增加西南方向的海空力量。目前，日本海上自卫队80%以上的作战舰艇部署在首都以西的横须贺、吴港、佐世保三个警备区，而在东京以北的舞鹤和大凑两个警备区，仅仅部署不到20%的作战舰艇。在空中力量方面，日本防卫省还计划把那霸基地战机数量在10年时间内从20架扩至32架，战斗机飞行队由1个增编为2个；把原驻青森县三泽基地的13架E－2C预警机的半数左右调至那霸，组建第二飞行警戒监视队，加强西南方向的军事部署。

四是组建两栖登陆部队并加强“夺岛”演习。日本“13大纲”要求陆上自卫队“聚焦实现岛屿夺还和巩固的目标而生成两栖作战能力”。陆上自卫队西部方面队从2014年起招募九州地区游泳高手，打造“陆军海战队”（实为两栖作战旅）。该旅由3个团级规模的专业两栖战斗部队和1个战斗支援营构成，总兵力约3000人，最晚计划于2018年底前编练成军。① 日本也一直在模仿美军“超地平线登陆”，即在远离登陆地的海域，利用气垫船装载坦克突击登陆，并通过大型运输直升机实施垂直降落，使登陆船只在敌方火力圈外完成登陆行动。

五是加强兵力投送装备建设。截至2013年，日本主力两栖作战舰艇是3艘“大隅”级两栖运输舰，该舰可搭载330名海军陆战队员，内部可容纳2艘LCAC气垫登陆船，后部的飞行甲板上则可供2架CH－47J重型运输直升机同时作业，舰内还能装载10辆90式主战坦克。此外，“出云”号直升机航母也可搭载直升机实施垂直登陆。在两栖登陆载具方面，自卫队已经装备了种类齐全的冲锋舟和登陆船，尤其是LCAC大型气垫登陆船，可以将90式主战坦克直接送上岸滩。有报道称，日本防卫省已经做出规划，要在未来5年为新组建的“准海军陆战队”采购17架“鱼鹰”式倾转旋翼机。

---

① 华丹：《日本自卫队对华部署情况分析》，搜狐网，2016年8月12日。

第五章　澳大利亚海上军力建设思想转型

长期以来，澳大利亚的防务战略奉行双轨政策，即坚持安全联盟与自主建设相结合，具体战略也在本土防御和远征作战之间徘徊。冷战结束以来，澳大利亚加大了国防预算投入，提出要改变过去单一军种执行任务的做法，通过陆海空三军联合来寻找海洋战略的"第三条道路"，其长远目标是建设一支具有远洋作战能力的海上军事力量。澳大利亚海上军力建设思想转型是其国家安全战略调整的产物，反映了在"中等强国"战略定位下对海上安全手段的新选择。

第一节　澳大利亚海洋安全战略的内涵特点

澳大利亚位于印度洋和太平洋之间，国土面积769.2万平方千米，海岸线长3.67万千米，是一个潜在的"海洋超级大国"。与世界其他大部分国家相比，海洋对于澳大利亚的国家安全来说具有特殊意义。有观点提出：澳大利亚独特的地理环境，导致其安全和繁荣必须完全依赖于海洋，迫使其不得不将海权视为必不可少的要素，这点跟欧洲和亚太地区以外的国家显著不同。①

一、澳大利亚对海洋安全威胁的判断

从地理上看，澳大利亚是一个"岛洲"，即周边是浩瀚的海洋，

---

① Russell Crane, "The Royal Australian Navy's Force 2030: an Asia - Pacific Strategy," Rusi Journal, April/May 2011 Vol. 156, No. 2, p. 69.

且与亚欧大陆和美洲大陆的距离遥远。澳大利亚本土面积巨大，是大洋洲最大的国家，周边也没有强大的国家对其形成挑战。在航海技术并不发达的时代，大片海洋是保护澳大利亚安全的“蓝色马其诺防线”。很少有其他力量能够跨越广阔的海洋进入到澳大利亚的腹地，更不用说对其安全造成严重威胁。澳大利亚的达尔文市在第二次世界大战期间曾遭受日本的轰炸，这也是其本土在历史上唯一一次受到的袭击。因此，澳大利亚在很长一段时间内认为海洋是庇护其安全的屏障。惠特拉姆政府就曾认为，澳大利亚是大洋洲唯一独占一块大陆的国家，四面环海，这种独特的地理优势，能够将侵犯澳大利亚的国家拒于千里之外。被广阔的“护城河”所守护，澳大利亚无需担心外敌的入侵。所以，有人甚至认为长期的历史进程让澳大利亚的战略文化有很强的大陆性特征。在这种“堡垒思维”的影响下，澳大利亚把海洋看作是将其与东南亚地区隔开的“护城河”而非机动空间，因此往往选择通过大陆防御的策略来维护其本土安全。

然而，随着海上军事投送技术的进步，澳大利亚认为长期所依赖“蓝色马其诺防线”并非坚不可摧。如果面对强大的海上对手，宽阔的海洋不再是不可逾越的“护城河”，而是对手从海上发起进攻的天然通道。澳大利亚拥有接近 4 万千米的海岸线，加上被太平洋和印度洋上星罗棋布的小岛所环绕，根本无法通过港口防御、近岸拒止等方式来阻止对手发起对其本土的进攻。澳大利亚主要的城市、人口和资源都聚集在海岸线附近，沿海岸线进行线性布防也是不可取的，这不仅需要庞大的资源，而且会降低防御的纵深和弹性。如此以来，澳大利亚长期所仰仗的海上堡垒可能成为其国家安全中最脆弱的一环，对手可以选择在广袤沿海区域的任何地点进行登陆。在这种情况下，澳大利亚极度重视关注周边区域的安全态势，试图对潜在威胁发动先发制人的打击来维护本土安全。

在现实层面，澳大利亚对海上安全威胁的判断随着形势的演变而演变。1986 年，澳大利亚国际安全问题学者兼政府政策顾问保罗·迪比（Paul Dibb）向国会提交了《保罗·迪比报告》，认为澳在当时的形势下没有直接的军事威胁，应当依靠加强自身的防御力量来应对极有可能发生的低水平的武装军事冲突。后来，随着《联合国海洋法公约》的正式生效，澳大利亚政府和军方提出要维护“良好的公海秩序”，保证海上运输安全，保护海洋资源，保卫海洋主权，保护海洋环境。[①] 鉴于世界各国对海洋资源的日益重视，可以发现20世纪90年代前后，澳大利亚非常重视关于海上权益和交通线的安全。“9·11”事件和巴厘岛爆炸事件在很大程度上影响了澳大利亚的战略判断。2003年初，澳大利亚政府发布了名为《澳大利亚的国家安全：2003年防务更新》报告，认为澳大利亚面临的最主要威胁是来自有大规模杀伤性武器和弹道导弹的“无赖”国家和恐怖分子的攻击。[②] 澳大利亚加强了同美国的合作力度，先后向伊拉克和阿富汗等地派兵打击恐怖主义。随着奥巴马政府逐步从伊拉克撤军，澳大利亚国防军的建设重点开始从陆地转向海洋。澳大利亚国防部长庄斯顿表示：“我们是个海上贸易国家，国防军必须保证澳大利亚向中日韩等国的出口运输线路不会受损。为了达成该目标，我们需要更先进、建造及维护成本更低廉的舰艇。澳大利亚必须提升造舰能力。”[③]

目前，澳大利亚认为有三类问题对其国家安全造成了挑战。第一，全球经济的不确定性和全球秩序的重组。第二，恐怖主义、暴力极端主义、有组织犯罪、大规模杀伤性武器扩散等非传统安全威胁带来的挑战。第三，小规模冲突可能影响澳大利亚安全。[④] 澳大利

① 甘振军、李家山：《简析澳大利亚海洋安全战略》，《世界经济与政治论坛》，2011年第4期，第56页。

② Commonwealth of Australia, Australia's National Security: A Defense Update 2003, Canberra, 2003, p. 11.

③ 张雅婷：《澳大利亚防长：澳大利亚海军规模可能继续扩大》，环球网，2013年9月22日。

④ 田立加：《<澳大利亚国家安全战略>解析》，《山西大同大学学报（社会科学版）》，2014年第1期，第20—21页。

亚之所以重视全球经济和全球秩序问题，主要是由于澳大利亚的经济具有较高的对外依存度。作为一个高度依赖对外贸易的国家，澳大利亚担心外部经济形势的恶化会传导影响国内安全。同时，澳大利亚担心亚洲国家崛起会削弱其国际地位，改变现有的国际力量格局而对“现有秩序将构成冲击”。澳大利亚非常关注中国、印度和印度尼西亚等新兴国家的崛起进程。在战略方向上，澳大利亚认为来自东南亚方向的威胁是最主要的，同时要注意西南太平洋和印度洋两个方向。[①] 近一段时间以来，东南亚地区掀起一轮军备采购潮，这引起了澳大利亚的担忧。在澳大利亚看来，东南亚地区特别是印度尼西亚等国家的动向将直接影响其本土安全。除了前文提及的非传统安全威胁，澳大利亚还把“非法、未报告和不受规范捕鱼”、海生物种消失、海洋污染、海水酸化、海洋自然灾害以及海洋气候异常所带来的干旱等问题也纳入海上安全的关注范畴。

特别值得注意的是，漫长的海上交通线引发了澳大利亚的战略忧虑。澳大利亚是一个贸易国家，主要的五个主要贸易伙伴全部位于亚洲或北美。2014 年，澳大利亚外贸总额在 GDP 中的比例超过 40%。澳大利亚的石油净进口量已经从 2000 年的每天 12000 桶增加到 2011 年的每天 519000 桶，所有这些石油均通过海洋运输。作为海上贸易国家，澳大利亚的农产品、煤和天然气等大宗商品经由海上运输线路出口至海外。澳大利亚提出必须尽力确保澳大利亚通向中国、日本、韩国等国家的运输线路安全。[②] 在这些漫长的海上交通线上，既需要防备诸如海盗、有组织犯罪等非传统威胁，又得考虑如何应对大国博弈、沿岸国家内部安全风险或地区冲突“外溢”带来的挑战。由于密切的经济贸易联系，澳大利亚认为远离本土的活动也会对其安全稳定造成严重影响，有观点提出：

“一个地区看似远离澳大利亚战略利益的活动现在也会

---

① 《外媒：澳大利亚全面复兴海军“防范中国”》，参考消息网，2016 年 2 月 26 日。

② 王佳可：《澳大利亚计划加强海上安全》，人民网，2013 年 9 月 26 日。

对澳大利亚本身产生重大影响。利用海湾和霍尔木兹海峡航运中断可能性这个简单的例子（类似于20世纪80年代的油轮战）可能更容易理解。虽然并未直接影响澳大利亚的大部分海运，但是对国际贸易市场上石油价格的冲击却直接影响着澳大利亚的经济。”①

二、澳大利亚对海洋利益的认知

海洋对于澳大利亚安全有着至关重要的意义。根据2013年澳大利亚《国防白皮书》和此前的官方文件来看，澳大利亚把自身的安全利益从地理空间的角度设定为四环，具体如下：

“第一环是本土安全，要求运用海空力量保护澳大利亚本土不被入侵；第二环是南太平洋地区和东帝汶等周边安全，包括巴布亚新几内亚、东帝汶和南太平洋诸国，澳大利亚提出要维护这些地区的安全，并防止其成为攻入澳大利亚的跳板。第三环是印太地区稳定。这一地区包含澳大利亚重要的海上通道。第四环是全球安全秩序，澳大利亚认为打击大规模杀伤性武器的扩散、恐怖主义等威胁，维护全球安全秩序稳定符合其利益。”②

“四环利益论”带有强烈的地缘政治色彩，反映了澳大利亚对周边安全环境的认知。这四环利益从全球到本土延伸，环环相扣，重要性逐一增加。之所以如此，可能因为澳大利亚独处于南太平洋的地理位置导致其安全感的缺失，认为周边广大区域的安全与稳定如

---

① 诺方：《澳大利亚海洋战略思想学派》，2016年5月23日搜狐网。

② Department of Australia Defense, 2013 *Defense White Paper*, pp. 24 – 27

果受到了威胁，其国家安全也会受到损害。① 基于这个逻辑，澳大利亚把周边区域视为维护本土安全的战略纵深，把南太平洋、东南亚、印太地区甚至是全球安全都视为关注的范围。其中，澳大利亚特别看重其周边地区的稳定性，明确提出要“在其他国家的伙伴关系下，阻止敌人进入我们周边地区内并建立基地。② 事实上，澳大利亚的军事战略也深受“四环利益论”的影响。澳大利亚军事战略的五大目标包括：一是必须能够自主（self - reliant）防卫澳大利亚大陆，防止受到来自澳大利亚北部群岛地区国家的攻击。二是在东南亚地区实施共同防卫。三是稳定西南太平洋地区，为地区国家保持法律和维持秩序提供支援。四是在高强度和低强度的作战行动中为全球联盟作战做出贡献。五是为警察等非军事力量提供支援。③

除了安全利益，澳大利亚也十分重视其他海洋利益，具体细分为战略、政治、经济和环境等四个方面。有资料描述了其中的主要内容：

> “战略利益主要是指我们开发利用海外岛屿、南极领土和岛间领海内资源的权力，以及航海自由的权力。政治利益是指合理有效地管理我们的领海和海上资源，并且通过与地区内的邻国合作来共同维持良好的海洋秩序。经济利益主要指传统的海上工业、运输和海上贸易，以及能源和其他一些新兴的海洋工业，比如风能和潮汐能、海水淡化、深海采矿、二氧化碳捕获和储存、海洋生物科技等等。环境利益包括维持一个健康的海洋环境，掌握更多的海洋科

---

① 田立加：《〈澳大利亚国家安全战略〉解析》，《山西大同大学学报（社会科学版）》，2014年第1期，第21—22页。

② 潘蔚娟主编：《2013年世界重要安全文件汇编》，北京：时事出版社，2014年版，第101页。

③ Stephan Fruhling, “Golden Window of Opportunity: A New Maritime Strategy and Force Structure for the Australian Navy”, Security Challenges, Winter 2008, pp. 89 – 90.

学知识、更精确的海道测量数据，建立更好的海洋管理制度。”[①]

在上述利益之中，海洋为澳大利亚提供了巨大的经济支撑。2011—2012 年，海洋工业为澳大利亚经济贡献了 470 亿美元的收入，随着沿海石油和天然气产量的增加，以及海洋旅游、贸易、船运、农业和生物技术的发展，预计这些收入将在 2025 年增加至 1000 亿美元。据估算，澳大利亚海洋工业部门的增长速度将是其整个经济增长速度的 3 倍。[②] 目前，澳大利亚已经认识到海洋对经济、生态、环保等领域的突出作用，并将其实质性地纳入到军事保护的范畴之内。据《澳大利亚人报》报道，澳大利亚海军的护卫舰及巡逻舰 2012 年对澳油气资源进行了 11 次安全巡逻，而 2011 年时仅为 5 次。据悉，澳海军最先进的“柯林斯”级潜水艇也参与了对这些油气钻台设施的巡逻任务。[③]

三、澳大利亚海洋安全战略的特点

澳大利亚的海洋安全战略受三大因素的影响：一是地理位置。作为一个面积庞大“岛洲”，既难以防守，又难以进攻，这导致澳大利亚始终在策略上面临着是选择大陆防御还是远征作战的争论。二是身份因素。虽然澳大利亚处于亚太地区，也自己定位为亚洲国家，然而实际上其历史传统、战略文化和心理认知都深受西方影响，这就导致其在身份定位上时常面临困惑和选择。三是受海洋霸权国家的影响颇深。虽然澳大利亚在一段时间内曾提出要具备独立防御本土的能力，但由于长期奉行与海洋霸权国家结盟的政策，其海上安

① 《澳大利亚加强海洋管理的战略意义》，2010 年 6 月 17 日中国网。

② Gillian Treloar, John Gunn, Tim Moltmann, et al. “The National Marine Science Plan: Informing Australia’s Future Ocean Policy,” Australian Journal of Maritime and Ocean Affairs, 2016, Vol. 8, No. 1, p. 45.

③ 王佳可:《澳大利亚计划加强海上安全》，人民网，2013 年 9 月 26 日。

全战略始终随着海洋霸权国家的政策调整而调整。这些看似相互矛盾的因素结合在一起，深刻地影响了澳大利亚海上安全战略的筹划与实施。

其一，“中等强国”定位影响下的海洋安全战略。2009 年 5 月，澳大利亚公布国防白皮书《2030 年的军力：在亚太世纪保卫澳大利亚》，把澳大利亚定位为“富有创造力的中等强国”。这表明，澳大利亚试图在全球和地区事务中发挥自己的独特影响，并争取与之相称的强国地位。澳大利亚《2016 年国防白皮书》明确提出，必须要维持一支强有力的国防力量以维护其领土安全和主权独立，并在地区和国际事务中发挥积极作用。[①] 然而，从实力上来看，这种强国地位与传统意义上的大国存在差距。正如 20 世纪 90 年代初期时任澳大利亚外交部长的埃文斯（Gareth Evans）所提出的那样，“在大多数时候中等强国的实力都不足以按照自己的意愿行事”。为了解决这个问题，埃文斯宣称要通过“说服与它们具有类似想法的国家赞同自己的意见，并因此采取一致的行动”。[②]“中等强国”的定位决定了澳大利亚尽管试图以强国的身份发出自己的声音，但又无法完全按照自己意愿行事。这就使澳大利亚在处理海上安全问题时，或者扮演协调沟通的角色来说服其他国家赞同自己的意见，或者跟随海上霸权国家采取行动来实现自己的目标，或者采取平衡战略谨慎地处理与周边大国的关系。

从冷战后澳大利亚海上军事行动来看，有两个特点值得关注。一是尽管澳大利亚海军只有 2.27 万人，各型舰艇不过 50 艘，但却长年在印度洋海域执行巡逻或护航任务，同时频繁参加“肩并肩”“科莫多 – 2016”“联合盾牌”“环太平洋 – 2016”等军事演习。可见，澳大利亚海军的训练水平和战备程度维持在比较高的水平上。二是近年来澳大利亚军队的投入增加、规模扩大、质量提升。今后

---

① 方晓志：《澳大利亚新白皮书折射了什么》，《世界知识》，2016 年 7 月，第 32 页。

② Gareth Evans and Bruce Grant, “Australia’s Foreign Relations in the World of the 1990s,” Melbourne, 1995, p. 344.

10年，澳大利亚国防军常备兵力将达到6.24万人左右，这是自1993年以来的最大规模。而且澳大利亚还计划斥巨资购买包括12艘“梭子鱼”级攻击型潜艇在内的精锐装备。目前对澳大利亚此类行为的一般解释是，鉴于亚洲国家的崛起和美国实力的下降，澳大利亚选择加强海上实力参与博弈。除了从外因的角度来解释澳大利亚的行为动机，内因也值得重视。可以认为，澳大利亚争当“中等强国”是一个重要的促因。长期以来，世界的战略重点集中在欧亚大陆，澳大利亚国力和地理位置使其往往处于“被遗忘的位置”。然而，随着印太地区的崛起，这个位于两洋之间的国家旋即成为了这条线路上最重要的国家，处于中心位置的澳大利亚或许会更加积极、活跃、主动和具有进攻性地争当海上强国，选择建立一支强大的海上军事力量可能会是其重要的战略选项。

其二，战略手段在本土防御与远征作战之间徘徊。澳大利亚国内长期围绕国防战略的方向存在两大派别的争论：即到底是坚持大陆防御，还是与英美等关键盟友发动远征作战。[①] 所谓大陆防御，是指把主要力量集中在澳大利亚本土及其周边地区，防止对手从海洋上发动对澳大利亚的攻击。远征作战是指通过结盟等方式，与盟友在远离澳大利亚海岸的地方进行军事干涉，即“把拳头伸出去”，提前消除有关威胁因素。其实，这两种战略跟澳大利亚的战略文化密切相关。前者来源于澳大利亚的大陆文化，认为海洋是其天然的安全屏障，强调保护澳大利亚海岸线附近的资产才是核心目标，因而非常强调对澳大利亚近海及其本土的防御。后者跟澳大利亚长期坚持的结盟战略有关，试图通过与盟友密切配合来尽量使威胁远离本国海岸线，通过先发制人的海外干涉来达到维护本土安全的目的。

澳大利亚政府在不同时期对两种战略有所偏重。二战结束后，澳大利亚成立了由奇夫利领导的工党政府，提出将国家安全重心集中于澳大利亚以及周边地区。尽管该届政府提出要继续加强与英国

---

① Bruce Vaughn, *Australia: Background and U. S. Relations*, CRS report for US Congress, Order Code RL33010, August 8, 2008, p. 2.

的联系，要重视集体安全的作用，但其战略选择偏重于大陆防御。1949 年底，孟席斯领导的自由党在澳大利亚大选中胜出，继而采取“积极的安全战略和防卫政策”。[①] 随着朝鲜战争的爆发，澳大利亚加大了对外干涉的力度，安全战略上明显倾向于所谓的远征作战。1969 年“尼克松主义”出台后，澳大利亚的战略也随美国战略的收缩而收缩，提出要加强自主防务能力建设，并且把战略重心放在其周边区域，大陆防御主义的色彩变得相对浓厚。1970 年，澳大利亚提出其海上舰队有两大任务：对澳大利亚管辖的海上区域进行控制（sea control），并且对在海上或海岸遭到的袭扰做出快速反应。鉴于常规力量只能通过海洋和空中对澳大利亚发起攻击，因此澳大利亚致力于寻求充足的海空力量来进行拦截或者前沿作战。此后澳大利亚政府出台的多份防务报告也强调了对澳大利亚周边海域的控制能力。1987 年澳大利亚防务白皮书提出了“拒止战略”（a strategy of denial），要求澳大利亚海军要围绕以下 5 个区域加强水面巡逻力量建设：丹皮儿（Dampier）、帝汶海（Timor Sea）、阿拉弗海和托雷斯海峡（Arafura Sea and Torres Strait）、圣诞岛（Christmas Island）以及印度洋通道（the Indian Ocean approaches）。[②] 冷战结束后，澳大利亚又加强了对远征作战的重视。1994 年出台的澳大利亚防务白皮书在强调拒止能力建设的同时，提出要“发展澳大利亚军队掌握作战主动权的能力”。1997 年的《澳大利亚战略政策》（Australian Strategic Policy）提出要重视大陆防卫之外的能力。[③] 这种转换反映了澳大利亚当时对填补世界权力真空，扩大国际影响的战略考虑。澳大利亚前总理基廷曾表示：“我很清楚 90 年代的世界正处于一种权力真空状态。在我记忆中还没有哪个时期的世界能具有这样的可塑性。

---

① David Lee, “Australia's Defense Policy: A Historical Overview,” in J. Mohan Malik edited, *Australia's Security in the 21st Century*, Sydney: Allen and Unwin, 2000, p. 11.

② Stephan Fruhling, “Golden Window of Opportunity: A New Maritime Strategy and Force Structure for the Australian Navy,” Security Challenges, Winter 2008, p. 84.

③ Stephan Fruhling, “Golden Window of Opportunity: A New Maritime Strategy and Force Structure for the Australian Navy,” Security Challenges, Winter 2008, pp. 85 – 86.

新的国际环境正在出现，并使澳大利亚面临着严峻的挑战：如何在一个更加复杂的世界中维护我们国家的安全？如何保证我们在获得经济全球化利益的同时不被经济大国挤出世界市场？如何确保澳大利亚能够参与到制订新的国际格局中来，并且能够从中获益？”①

其三，坚持与海洋霸权国家结盟的历史传统。历史上，澳大利亚曾在很长一段时间内把海军交给英国管理。澳大利亚前国防部长谢立旦（Sheridan）曾表示：“澳大利亚应该把自身安全与英联邦紧密联系在一起，澳大利亚的安全是英国全球战略的有机组成部分”。② 1942 年，澳大利亚总理柯廷又把澳大利亚军队的指挥权交给美军指挥官麦克阿瑟。柯廷表示：“我十分确定澳大利亚的未来应该寄托在美国身上”，由于“英联邦这个大团体正在经历着前所未有的挑战”，“美国的出现就是我们的希望，我们只有制定一个以澳美关系为基础的内政外交计划，才能帮助我们渡过难关。”③ 二战结束后，澳大利亚与美国缔结了美澳同盟条约，并一直保持密切合作关系。在美国奥巴马政府抛出“亚太再平衡”战略后，吉拉德政府在 2013 年 1 月发布的澳大利亚首份成文的国家安全战略中提出继续“坚定维护美澳同盟、面向亚洲、参与联合国多边行动”，可见其与强权结盟的战略一直延续至今。

澳大利亚选择与海上强权结盟有着深刻的历史根源。有观点指出“依附”战略一直是澳大利亚立国之本，对世界强国的依赖性已经深深地根植在其国家的观念中。从其历史传统看，澳大利亚的结

---

① 保罗·基廷著，朗平、钱清译：《牵手亚太：我的总理生涯》，北京：世界知识出版社，2002 年版，第 24 页。

② Bilveer Singh, *Defense Relations between Australia and Indonesia in the Post－cold War Era*, London: Greenwood Press, 2002, p. 26.

③ 赵昌、甘振军：《国内关于二战时期澳大利亚外交研究综述》，《东南亚纵横》，2008 年第 10 期，第 90 页。

盟战略是："谁是头号大国就与谁结盟"[1]。这种强烈的依附性既是传统结盟政策的延续，又是一种由地缘劣势带来的自助反应。[2] 澳大利亚地处南太平洋和印度洋之间，远离欧洲文明中心，这使得自视为欧洲在海外自然延伸一部分的澳大利亚总是处于一种随时可能被作为母体的欧洲"抛弃"的担心之中，而历史上曾经仅仅作为囚犯流放地的地位更加重了澳大利亚作为欧洲"弃儿"的自卑感。为摆脱被"抛弃"的厄运，澳一直寻求与强者结盟，并忠诚地履行作为盟国的义务。[3] 从现实层面来看，澳大利亚通过与强权合作，还可以通过获得诸如贸易、军火、技术等实质利益。奉行与海洋霸权国家结盟的战略可以在一段时间内降低安全成本，通过"搭便车"和"敲边鼓"等方式来实现本土安全，并借势扩大国际权力。乔治·弗里德曼曾解释了澳大利亚与海洋霸权国家结盟的利益考虑：

> "为了维系经济，澳大利亚必须开展贸易，鉴于其地理位置，它的贸易必须经由海上完成。由于人口规模和地理位置，澳大利亚靠自己保障不了其海上航线的安全。……澳大利亚就好比是一个主要循环系统在体外的生物，这种生物会非常脆弱，不得不形成独特的防御机制。这个挑战指引着澳大利亚的战略。首先，澳大利亚必须与全球最大的海上力量结盟，或者至少不敌对。在澳大利亚历史的前半部分，这个最大海上力量是英国，到了近代则是美国。其次，澳大利亚需要诱使海上强国更积极地保护澳大利亚的利益。澳大利亚必须能够说服海上强国相信有必要保持

---

① Stewart Firth, *Australia in International Politics: An Introduction to Australian Foreign Policy*, New York: Allen & Urn, 1999, p. 829. 转引自张东顺：《当前澳大利亚在美国印—太战略中的战略选择——基于安全领域视角》，《战略决策研究》，2015 年第 6 期，第 69 页。

② 肖洋：《一个"中等强国"的战略空间拓展："印—太战略弧"视阈下的澳大利亚安全重构》，《太平洋学报》，2014 年第 1 期，第 44 页。

③ 孙君健：《澳大利亚对美国"重返亚太"的战略的反应》，《现代国际关系》，2014 年第 8 期，第 39 页。

那条路线畅通。仅仅拥有亲切友好的关系是做不到那一点的。澳大利亚必须使那个强国依赖它。”①

其四，把亚太和印度洋地区作为重点关注区域。澳大利亚很早就注意到亚太地区的重要性。1994 年，澳大利亚发表的《国防白皮书》中提到：“我们的经济发展离不开亚太地区，同样，要在最大程度上保证我们的国家安全，也必须依托于亚太地区的安全和稳定。澳大利亚对该地区的战略介入是我们致力于在该地区确定位置的要素。”② 当然，澳大利亚长期以来也非常重视印度洋上的形势发展。澳大利亚国防部长金·比兹利曾在 1988 年提出：必须注意印度在印度洋不断扩大海军军力的现状，没有哪一国海军像它发展得这样快，澳大利亚在印度洋从事积极的防御工作，并将密切注视局势发展。③ 随着印度洋重要性的增加，澳大利亚在 1994 年就开始谋划“向西看”战略。澳大利亚国内有观点提出：“下个世纪将只是部分属于太平洋。正如欧洲的崛起使得大西洋在五百年来成为海上争夺的中心一样，力量中心的转变将把更多商船和军舰吸引到 6860 万平方千米的印度洋上。在历史上，堪培拉忽略了这片广阔的西部海疆，但在海域的划分方面澳大利亚却属于最大的印度洋国家。④ 基于这个考虑，澳大利亚更倾向于使用“印度洋—太平洋”这一概念来形容其所关注的战略区域。事实上，澳大利亚一直非常重视印度洋的战略作用，在冷战期间就曾试图提出加强在印度洋方向的战略投入。对澳大利亚来说，印度洋关系着东西部海上战略通道安全和海洋资源的安全，加之澳大利亚 1/4 的海上贸易要穿越印度洋，所以不能忽视其重要性。⑤ 澳大利亚“向西看”的战略从根本上与印度控制印

① 吴挺：《澳大利亚再定位：已成为美亚洲战略重要支撑》，东方网，2012 年 6 月 12 日。

② Department of Defense, *Defending Australia*, Defense White Paper 1994, p. 3.

③ 阮光峰等：《印度海上力量——挺进大洋》，北京：海洋出版社，1999 年版，第 206 页。

④ 《澳大利亚和美国在本世纪的特殊关系》，搜狐网，2012 年 7 月 9 日。

⑤ 刘新华：《澳大利亚海洋安全战略研究》，《国际安全研究》，2012 年第 6 期，第 126—127 页。

度洋战略是冲突的。当然，在目前的形势下，澳印矛盾并未显得尖锐和突出。因此，澳大利亚一方面加强与印度的合作与接触，另一方面也对印度加强对印度洋的控制，以及扩大在东南亚地区的影响力保持疑虑和戒备。

四、澳大利亚海洋安全战略的影响因素

澳大利亚的海洋安全战略表现出诸多矛盾性，这表明澳大利亚国内精英在海洋安全战略的具体内容上存在诸多分歧和矛盾。当然，这也可能是澳大利亚进行理性选择的结果，试图通过这种看似矛盾的政策同时兼顾实现经济和安全利益，以此降低军事力量建设的投入成本。当然，从根本上来说，这还跟澳大利亚特殊的地缘环境、战略文化和手段策略密切相关。具体而言，影响澳大利亚海洋安全战略的因素有如下几个方面。

（一）地理上远离西方，却深受西方战略文化所影响

澳大利亚四周被大片海洋所环绕，这种独特的地缘因素深刻地影响着澳大利亚的海洋战略。澳大利亚著名的历史学家南维兰·米尼指出："地理，或者更明确地说，地缘政治在影响澳大利亚与世界关系中起着更为重要的作用。"① 虽然地理上远离西方，但澳大利亚在文化上却长期跟西方在一起，从最早的把国家安全交给英国打理，到冷战后充当美国的海上前沿，无不深深地与西方战略文化融合在一起。美国政治学家塞缪尔·亨廷顿甚至认为澳大利亚是一个"破碎的国家"，"一个在文化的断层上不断徘徊并徒劳地寻找其在世界上的身份和位置的国家"。澳大利亚战略文化充满了矛盾性：地处亚洲而具有西方特征；既是大陆而又是岛洲；既强调自立而传统上又离不开大国；战略理论与战争实践相互矛盾。②

---

① Neville Meaney, "Australia and the World: A Documentary History from the 1870s to the 1970s," Melboume: Longman Cheshire, 1985, p. 12.

② 《澳大利亚和美国在本世纪的特殊关系》，搜狐网，2012年7月9日。

（二）广域防卫面积与相对有限资源之间的矛盾

澳大利亚需要防卫的海上区域有两大特点：面积大、分散广。有数据显示：澳大利亚人口不到2000万，海岸线周围及其沿海岛屿的专属经济区却是世界第三大经济区，延伸范围超过810万平方千米，拥有256万平方千米扩展大陆架的使用权。如果加上澳大利亚主张的南极部分地区的权益主张，那么其范围就更加广。赫德岛、麦克唐纳群岛、科科斯岛、圣延岛、诺福克岛和麦夸里岛等澳大利亚外部领地也非常分散，最远的距离澳大利亚海岸将近4000千米。[①]鉴于澳大利亚的海上防卫范围是环形的大面积海域，需要执行的任务又复杂多样，从维护本土安全到保证海上运输安全；从保卫海洋主权到保护海洋资源、海洋环境，直至阻止外部力量入侵。在如此广袤的地域环境中进行布防无疑极具挑战性，这对人力、资源和军事策略都提出了极大的要求。例如，珀斯和达尔文两地之间相隔约3000千米，遥远的距离限制了军事力量之间的相互支援和策应能力，导致澳大利亚对外部的威胁极其敏感。在战略手段选择上，澳大利亚除了加强自身力量建设之外，还会选择跟海上强国结盟来维护其自身安全，甚至会考虑通过远征作战的形式确保安全威胁远离澳大利亚本土。

（三）依附海上强权的传统与被盟友抛弃的担忧

历史实践证明，澳大利亚把与海上强权结盟作为维护其安全的支柱性政策。然而，在这个过程中，澳大利亚始终担心被盟友所抛弃。例如，如何在新的时代背景下处理澳美关系，澳大利亚国内展开了激烈辩论，主要有三种思想流派。第一种是联盟最小化主义（Minimalist Alliance），认为美国是否有能力担当一个亚洲地区长期可靠安全的提供者值得怀疑，澳大利亚应该寻求一种更加自主的安全政策。第二种是联盟最大化主义（Alliance Maximalists），认为要深化与美国的安全关系，提高联盟威慑的持久性和可靠性。第三种

① 诺方：《澳大利亚海洋战略思想学派》，搜狐网，2016年5月23日。

是渐进主义，主张加强澳美同盟，但对美国的政策战略有所担心和保留。[①] 从这些观点可以发现，澳大利亚对美国的政策既有主张长期的结盟依附，又有对美是否会坚定履行同盟义务表示出的怀疑和担忧。1997 年，澳大利亚外交和贸易政策白皮书明确提出：今后 15 年要保持强大的防御性的国防能力，为东南亚提供一个“安全的南方”和为南太平洋地区提供一个“安全的西方”。2008 年爆发国际金融危机之后，尽管奥巴马政府多次在各种场合重申要继续维持亚太同盟关系，但澳大利亚开始实质性地加强本国的海上防卫力量。近年来，澳大利亚加大国防投入的趋势更加明显。澳大利亚政府决定将国防预算从 2015 –2016 财年的 324 亿澳元（约合 233 亿美元）增长到 2025 –2026 财年的 257 亿澳元（约合 421 亿美元），将占澳大利亚国内生产总值的 2%。此外，除了固定的国防预算，政府还决定在未来十年额外增加 299 亿澳元（约合 215 亿美元）的国防开支。[②]

第二节　“第三条道路”与澳大利亚海上军力建设思想

围绕着如何防卫本土等问题，澳大利亚海上军事战略一直在本土防御和远征作战之间摇摆。这两种战略仅仅是在手段选择上存在差异，其目标是完全一致的。从前文的分析来看，澳大利亚选择何种战略往往跟其盟友的战略选择有关。第二次世界大战结束后，当美国倾向于进行海外干涉时，澳大利亚则往往采取远征作战战略，当美国进行战略收缩时，澳大利亚则倾向于回到大陆防御政策。

随着盟友的政策选择不同的战略，这固然可以保持战略的稳定

① Jim Thomas, Zack Cooper, Iskander Reham, “Gateway to the Indo – Pacific: Australian Defense Strategy and the Future of the Australia – U. S. Alliance,” Nov 9, 2013. http: //csbaonline. org/research/publications/gateway – to – indo – pacific – australian – defencse – strategy – and – the – future – of – the – australia – us – alliance.

② 《澳大利亚决定未来十年增加国防预算》，新华网，2016 年 2 月 25 日。

性。但是，如果澳大利亚海上利益不断扩大，需要更多地保持自己政策的弹性和自由度，这就需要确定新的战略框架。澳大利亚国防部在2000年公布的文件中提出：防卫澳大利亚的关键是控制通往澳大利亚大陆的海洋和空中通道，拒止怀有敌意的舰船和飞机进入，同时为己方部队的行动提供最大的自由，这意味着需要一个从根本上统领全局的（fundamentally）的海洋战略。① 在这个概念的指导下，澳大利亚开始在本土防御与远征作战之外寻找第三条道路来界定澳大利亚的安全战略。2012年8月，澳大利亚海军部长雷·格瑞斯（Ray Griggs）提出：澳大利亚传统的战略思想，即大陆防御和远征作战是不完整的，因为这从根本上忽略了海洋的价值。澳大利亚陆军部长大卫·莫瑞森（David Morrison）也提出要对澳大利亚的安全战略进行调整。他认为澳大利亚的安全战略是一个海洋战略（maritime strategy）而非海军战略。②“第三条道路”的提出，标志着冷战后澳大利亚海上军事力量建设进入新的转型期。归结起来，澳大利亚海上军事力量建设主要考虑解决如下几个问题：

一是如何发挥本土四面环海的优势，使海洋成为防卫本土的战略纵深，避免对手将海洋变成进攻的广阔通道，防止澳大利亚本土四面受敌。澳大利亚在官方文件中提出：我们的大陆及其海上和沿岸要道对任何想要征服它们的潜在敌人都构成了巨大挑战，尤其是在他们寻求在澳大利亚领土上持续驻扎陆地部队时更是如此。敌人将需要在极为艰难的作战环境中、漫长的战线上以及广袤的区域内投射力量并实施控制，同时还必须要试图保护和维持漫长的供应和通信线路。这种纵深赋予了澳大利亚重大的优势，而我们的海洋战略正是要寻求使这种优势最佳化。③

---

① Department of Defence, *Defence* 2000, *Our Future Defence Force*, 2000, p. 47.

② Michael Evans, "The Third Way: Towards an Australian Maritime Strategy for the Twenty – first Century," May 2014, p. 22.

③ 潘蔚娟主编：《2013年世界重要安全文件汇编》，北京：时事出版社，2014年版，第101页。

二是如何在控制海上军事力量规模的基础上，对广域面积进行有效防卫。如前文所述，澳大利亚面临着广域防卫面积与相对有效力量之间的矛盾。澳大利亚解决这个问题主要靠两个手段：各军种的联合以及与其他国家缔结同盟。澳大利亚海洋战略的核心要素包括：最大限度地发挥中等规模海军的效益，方式是强调高效联合协调与多边作战能力（multilateral operational capacity），而非依靠规模扩张。[①] 也就是说，澳大利亚并未选择单纯通过扩大海上军事力量规模的手段来维护海上安全，而是试图通过陆海空各军兵种之间的融合，同时依靠与美国等盟友的多边行动来弥补本身力量的不足。

三是如何建立与美国等盟友更加紧密的海上安全合作关系。与海洋霸权国家结盟是澳大利亚的历史传统，也是其弥补自身力量不足、维护自身海上安全、扩大世界影响力的重要手段。如前文所述，澳大利亚不仅要与海洋霸权国家保持密切的盟友关系，还要“诱使”其更加积极地深化这种盟友关系。目前看来，澳大利亚主要采取两大策略：一方面渲染海上威胁，试图说服盟友加强海上军事力量的投入，扩大与自身的合作范围。或许这就能解释为什么澳大利亚在经济上与中国保持密切合作的同时，却始终在南海等问题上对中国进行无端指责，其目的之一可能是通过渲染“中国威胁”来巩固同美国的海上关系。

另一方面，澳大利亚还通过实质性的机制手段密切与美国的安全联系。2013 年澳大利亚《国家安全战略报告》提出，澳美联盟应当深化三个领域的密切合作：一是在现实防务及安全事务上展开合作。二是在区域范围内展开合作。澳美联盟是美国在亚太地区一系列联盟链条中的一个关键部分，澳美联盟符合澳大利亚的关键利益和目标。三是在必要时互相提供包括武装力量在内的各种支持。[②] 在

---

① Russell Crane, “The Royal Australian Navy’s Force 2030: an Asia - Pacific Strategy,” Rusi Journal, April/May 2011 Vol. 156, No. 2, p. 68.

② Australian Government, *Strong and Secure*; *Strategy for Australian National Security*, January 23, 2013, p. 22.

实质活动方面，除了美澳联合演习、情报合作、联合海外军事行动之外，澳大利亚还积极为美军进驻本土提供便利，通过这种实质性的军事关系来深化双边关系。目前，澳大利亚正计划将如下几个地区向美军开放：

> “在澳大利亚东北部的布里斯班，新的海军基地将能容纳美国船舰造访；在西部的珀斯市，澳皇家海军基地斯特林将进一步扩充，以满足美国航母及其他舰艇的停靠之需；在达尔文港，除了每半年轮换的美海军陆战队员之外，包括B-52轰炸机、F-18战斗机和“全球鹰”在内的美国军机将更频繁地出入当地的军事基地，核动力战舰也将加强存在；在位于澳大利亚与斯里兰卡之间的科科斯群岛上，一处小型机场预计将进行升级，以供P-8反潜机和“全球鹰”无人侦察机使用。”[①]

归结起来，澳大利亚实施“第三条道路”的主要手段是建立一支“多功能的联合海上军事力量”，用以解决不同领域、不同环境、不同任务范畴的问题。美国海军战争学院教授米兰·维戈（Milan Vego）指出，通过将濒海作战能力、两栖登陆能力、岸基火炮和有效的空中支援相结合，小国可以使贸然进军弧形地带的强大敌手付出沉重的代价。澳大利亚的位置相对接近印度尼西亚群岛的南部，当军队将多样性及其高水平联合作战结合起来时，意味着它可以在控制龙目岛和巽他海峡上发挥重要作用。[②]

澳大利亚建立联合的海上军事力量主要从三个层面展开。一是

---

① 吴挺：《澳大利亚再定位：已成为美亚洲战略重要支撑》，东方网，2012年6月12日。

② Jim Thomas, Zack Cooper, Iskander Reham, “Gateway to the Indo-Pacific: Australian Defense Strategy and the Future of the Australia-U. S. Alliance,” Nov 9, 2013. http://csbaonline.org/research/publications/gateway-to-indo-pacific-australian-defencse-strategy-and-the-future-of-the-australia-us-alliance.

整个军种层面的联合。澳大利亚的安全战略主要强调应对来自海上的威胁。有观点提出：现代海洋战略概念的关键是将海洋、空中和陆地的力量整合起来，实现各自部队联合作战，实现海上拒止、海洋控制和力量投送能力相互统一。作为一个中等实力的国家，澳大利亚追求创造和维护国家利益，同时在这些利益具有重要海洋性质时，通过实施联合海洋战略来维护这些利益。对于将高效联合系统和联合作战作为关键力量放大工具的中型国家而言，联合部队一体化尤为重要。[①] 二是海上军事力量的联合。在海上力量配置方面，澳大利亚海军配置了所谓的“三级保卫网”。即由导弹驱逐舰和护卫舰组成第一级保卫网，用以应对来自空中、海上和水下的各种威胁；护卫舰构成第二级保卫网，负责支援第一级保卫网。大型巡逻艇和水雷战舰艇构成第三级保卫网，主要负责巡逻监视。澳大利亚还设置了警戒雷达和海底声纳，用以监控在此活动的外国潜艇。海上军事力量的联合为澳大利亚的海上防卫构筑了一道由近海到远洋，由空中、水面直至水下的立体防卫网络，使各种海上军事力量具备高度的互通性、灵活性和联合行动能力。三是加强与美国等盟友的军事联合，主要手段是通过技术转移、信息分享、联合演习等方式提高美澳两军的互操作性。例如，澳大利亚“霍巴特”级驱逐舰是首艘使用美国专用防空系统的外国军舰，其装备的“协同作战能力”系统可与美军舰船和飞机共享数据。

在强调联合能力的同时，澳大利亚注重赋予海上军事力量的多重职能任务。早在2005年，澳大利亚海军就被要求承担军事、外交和警察管辖（Constabulary）三大任务，具体包括：

> 军事职能细分为海上作战（combat operations at sea）与从海上作战（combat operations from the sea）两大类。前者的职能包括：情报搜集与监视、掩护、反舰（against

① 诺方：《澳大利亚的海洋战略和区域军事外交》，搜狐网，2016年5月22日。

shipping)、海上打击与拦截、围堵封锁（containment)、分层防御（layered defence)、第一梯队作战（advanced force operations)、海军合作与船只导航（naval cooperation and guidance for shipping)；后者包括海上机动、对陆打击、陆上作战支援、海上打击与拦截、两栖作战。外交职能包括：胁迫、撤离行动、展示力量存在（presence)、对外国军队提供支援、灾难救助。警察管辖职能包括：制裁与禁运、维和行动、充当海上屏障（maritime barrier operations)、为民事力量提供防御援助、环境和资源管理保护。"[①]

为实现“多功能联合海上军事力量”的目标，澳大利亚海上军力建设有如下几个显著特点：

其一，海上军事防御重点从东部和南部转向西部和北部。鉴于太平洋和印度洋地缘战略发生变化，“为了防范可能来自北部海岸的入侵”，澳大利亚海军已经将“战略防御重点由东部和南部改到北部和西部”。[②] 之所以发生如此转变，原因是澳大利亚近年来加大了北部和西部地区的投资，在这些近海地区配置了大量的海上资产。随着商业贸易的发展，澳大利亚与中国、日本、韩国的经济联系日益密切，保护北部西部和北部海上交通线也成为其海洋战略的关注点。澳大利亚的基本构想是，通过各军种的联合，严密监视西部和北部区域的海洋和空中态势，快速打击与拦截接近澳大利亚的敌对力量，加强近海和陆地防御，有效保护国家安全。

其二，海上军事力量建设强调满足多维作战模式需求。根据澳大利亚出台的“2010 未来海上作战概念”和“2020 未来海上作战概念”，其海上军力建设需求已经从满足单一的作战模式调整为满足多种作战模式。新的作战概念提出澳大利亚海军不仅能遂行近海防御、

① Royal Australian Navy, op. cit., 2005, p. 9.

② 王光厚：《澳大利亚的南海政策解析》，《东南亚研究》，2011 年第 6 期，第 11 页。

海上拦截、水下封锁、水面作战的能力，还要建设兵力投送、对陆攻击和发动高端不对称作战的能力。澳大利亚皇家海军的海权中心在2010年出版的《澳大利亚海洋主义》一书中提出：要使“海军部队可以在‘蓝水’海洋、大陆架海域、群岛和‘绿水’海域以及近海岸地区和‘棕水’条件下的河口地区等广泛区域内展开行动。……通过与海上巡逻、参战和合作安全措施保持一致并参与其中，使澳大利亚的海上力量能够在冲突萌芽之时就可对其进行预防和处理”。[①] 在力量建设过程中，澳大利亚注重各种力量的协同配置，可根据任务需要将各类装备组成水下突击群、轻型航母战斗群、两栖攻击群和防空反导作战群，以满足水面、水下和空中作战的任务需求。[②]

其三，从狭义的区域拒止转向选择性控制。在很长的一段时间内，澳大利亚防务规划的重点是大陆防御，或者说实施狭义的海上拒止战略，即阻止敌人通过印度尼西亚群岛和澳大利亚北部海岸之间的“海空通道”进入澳大利亚本土。[③] 然而，这种情况发生了变化。澳大利亚《2013年国防白皮书：保卫澳大利亚及其国家利益》提出在战略上不能被动防御，而是要主动塑造环境，把力量投送到印度洋—太平洋地区，在澳大利亚的主导下进行作战。文件提出：

> “控制到达澳大利亚大陆的海上和空中要道对于保卫澳大利亚至关重要。澳大利亚要阻止敌人进行针对澳大利亚的攻击或者胁迫；在澳大利亚选定的地点和时间，取得并

---

① Sea Power Centre, *Australian Maritime Doctrine*: *RAN Doctrine* – 2010, Canberra: Royal Australian Navy, 2010, p. 19.

② 《澳大利亚海军的勃勃雄心》，《中国青年报》，2014年10月31日。

③ Jim Thomas, Zack Cooper, Iskander Reham, “Gateway to the Indo – Pacific: Australian Defense Strategy and the Future of the Australia – U. S. Alliance,” Nov 9, 2013. http: //csbaonline. org/research/publications/gateway – to – indo – pacific – australian – defencse – strategy – and – the – future – of – the – australia – us – alliance.

保持对我们要道的空中和海上控制，组织或击败敌人的攻击，并且保护海上通道；澳大利亚要阻止敌对力量获得前沿作战基地，或是阻止从澳大利亚海上要道之外对澳大利亚发动的打击；澳大利亚要通过在印度洋—太平洋地区部署联合特种作战部队来投射力量，并且在必要时支持地区伙伴的作战行动。”①

第三节　冷战后澳大利亚海上军力建设新思路

目前，澳大利亚皇家海军兵力超过1.6万人（含航空兵），拥有各型舰船50余艘，下设水面作战大队、潜艇大队、海军航空兵大队、海军两栖及海上支援大队、海军巡逻艇大队、水雷作战及水下爆破大队。澳大利亚皇家海军现有兵力统一编为3个地区司令部、6个海区司令部、7个作战部队大队和14个主要海军基地，而且所有作战力量都划归为不同的作战部队大队统一管理。② 近年来，澳大利亚推进海上军事力量建设的思路包括如下几个方面。

一、加大国防经费投入，打造进攻型未来舰队

澳大利亚增加国防预算的重要目标是打造一支多功能的远洋型海军。2001年8月，澳大利亚公布了《21世纪的澳大利亚海军》发展蓝图，提出要提升海上快速作战能力、支援登陆作战能力和区域防空能力；要求澳大利亚海军的“存在舰队”到2015年转变为“增强舰队”，到2025年发展成“未来舰队”。2010年，澳大利亚政府

---

① 潘蔚娟主编：《2013年世界重要安全文件汇编》，北京：时事出版社，2014年版，第101页。

② 杨小辉：《“中等强国”澳大利亚的海军政策与实力及其对中国的影响》，《上海交通大学学报（哲学社会科学版）》，2013年第4期，第42页。

颁布了国防白皮书《在亚太世纪保卫澳大利亚：面向 2030 年的军队》。该文件认为澳大利亚面临的不确定和不可预测的威胁日益增多，同时强调除邻近地区外，从北亚到东印度洋之间更为广泛的亚太地区的稳定，都关系到澳大利亚持久的战略利益，提出要加强澳大利亚海军远程投送和作战能力。[①] 与此同时，澳大利亚海军还先后提出“2010 未来海上作战概念”和“2020 未来海上作战概念”，集中讨论如何配置海上舰队以及发挥最大的作战效能等问题。目前来看，澳大利亚海军的目标是建立一支远洋型、具有进攻能力的力量，同时具备两栖登陆、海上拦截、兵力投送、常规突击、发动高端不对称战争、反潜和反舰作战、海基远程对陆攻击等能力。

2013—2014 年间，澳大利亚的国防总支出达到 254 亿美元，占 GDP 总量的 1.59%。近期，澳大利亚把防务预算提高到 GDP 2% 的水平，这标志着其防务政策出现重大调整。澳大利亚国防军常备兵力预计在今后 10 年将增加约 4800 人，达到 6.24 万人左右，这是自 1993 年以来的最大规模。除了固定的国防预算，澳大利亚政府还决定在未来十年额外增加 299 亿澳元（约合 215 亿美元）用于防务建设。[②] 澳大利亚计划将这笔预算用于增加潜艇、战舰和侦察监视系统建设，同时升级相关的国防基础设施。澳大利亚未来的采购对象包括：12 艘常规动力潜艇、9 艘护卫舰、2 艘大型航行补给船和 12 艘近海巡逻船（OPV）；4 架 P－8A“海神”海上巡逻机、7 架 MQ－4C“人鱼海神”海上无人侦察机、2 架 KC－30A 多用途加油运输机、1 架中空长航时无人机系统和 5 架“湾流”G550 ISREW（情报、监视、侦察和电子战）平台。未来，澳大利亚还将升级“乔尔斯”号后勤保障舰和“柯林斯”潜艇。[③]

从资源投入来看，澳大利亚的目标并非是要建设一支具有威慑

---

① 孔光：《澳大利亚——以海洋强国梦为牵引打造战斗力》，《解放军报》，2011 年 9 月 12 日。

② 《澳大利亚决定未来十年增加国防预算》，新华网，2016 年 2 月 25 日。

③ 《澳大利亚大举采购海军装备，欲对华搞平衡》，参考消息网，2016 年 3 月 1 日。

性质的“存在舰队”，而是朝着建设争夺制海权的“未来舰队”方向发展。除了强调传统的拒止封锁能力之外，澳大利亚极其重视两栖作战和对陆攻击能力建设，这无疑是发展进攻型海上军事力量的重要举措。澳大利亚政府早在2000年就颁布《防务2000：我们未来的国防军》白皮书，提出要“在敌方领土内、前沿行动基地和到达澳大利亚的途中打击敌对势力”。显然，澳大利亚正逐渐把这种作战构想落实到海上军事力量建设的具体过程之中。

二、加强潜艇部队建设，完善反潜力量布局

2013年澳大利亚防务白皮书提出：澳大利亚军队需要在水下作战、反潜作战、水面作战、空中优势、战略打击、特种部队、情侦监和网络安全方面获取更强的能力。[①] 从优先顺序来看，澳大利亚首先重视的是应对水下威胁，这反映了澳大利亚对东南亚各国潜艇现代化的担忧。澳大利亚潜艇是其封锁海峡、控制海域的重要工具。在巽他和龙目海峡的浅水水域，地形复杂，声学探测十分困难，潜艇成为在有关水域进行潜伏攻击、警戒监视、海域控制的重要平台。目前，澳大利亚的潜艇部队主要由6艘“柯林斯”级潜艇组成。“柯林斯”级潜艇采用了“不依赖空气推进装置”技术，还安装了美国现役最先进的潜艇作战系统，航行速度快，装备2枚533毫米MK48型有线制导鱼雷和6枚潜射型“鱼叉”反舰导弹。2003年12月8日，澳大利亚潜艇公司与澳大利亚海军签订了一份为期25年、价值35亿美元的合同，为澳大利亚海军改装“柯林斯”级常规潜艇，以维持该种潜艇拥有的技术优势。2016年4月26日，澳方宣布购买12艘价值500亿澳元（约合385亿美元）的法制“短鳍梭子鱼”常规动力潜艇，以进一步提升潜艇部队的现代化水平。

此外，澳大利亚还比较注重海上反潜力量建设。澳大利亚装备

---

① Jonathan Tringham, “Regional Military: Australian Aspirations,” 1 February 2015. http://www.asianmilitaryreview.com/regional-military.

了6架波音公司生产的E-737“楔尾”预警机、高空长航时海上监视无人机和18架AP-3C“猎户座“海上巡逻机。另外，澳大利亚正考虑用P-8“海神”海上巡逻机代替AP-3C。为了开展反潜任务，澳大利亚海军装备了大量的直升机，包括AS350BA松鼠轻型多用途直升机、贝尔429培训和多用途直升机、海鹰反潜直升机、MRH 90多用途直升机，等等。

三、以发展新型两栖登陆舰带动远洋进攻力量建设

2000年3月，澳大利亚皇家海军两栖及机动支援大队成立，下设两栖登陆运输中队及机动支援中队，负责为澳大利亚海军提供两栖作战与海上机动支援兵力。两栖及海上支援大队所辖兵力包括：2艘满载排水量8586吨的“新港”级两栖登陆舰（即“卡尼姆布拉”和“曼努拉”号）；1艘改进后的“圆桌”型登陆舰；1艘“湾”级登陆舰；3艘“巴厘巴板”级重型登陆艇；1艘“叶”级补给油船；1艘“迪朗斯河”级辅助补给油船。在两栖船只方面，澳大利亚还计划保留“乔勒斯”号重型运输船。[①]澳大利亚之所以强调两栖部队建设，基本考虑是通过海上投送力量对可能危及澳大利亚的安全威胁发动预先打击，从而对这些威胁造成心理震慑效应，防止其接近或威胁澳大利亚本土或近海。有观点认为：一支规模较小但训练精良的两栖部队，在远海以外（out of the blue）的关键区域（vital spot）发动打击，可以产生远超于其数量规模的战略效应。[②] 此外，建设远程两栖打击力量是配合美国对外干涉的重要手段，在澳大利亚看来也可扩大自己的国际影响力。

2000年12月，澳大利亚国防部在名为《国防2000：我们未来

① 李训：《“堪培拉”号两栖攻击舰——澳大利亚海军的新旗舰》，《解放军报》，2015年3月28日。

② Russell Crane, “The Royal Australian Navy'S Force 2030: an Asia - Pacific Strategy,” Rusi Journal, April/May 2011 , Vol. 156, No. 2, p. 69.

的国防军》的国防白皮书公布了“JP2048 第四阶段”计划，提出要建造新型两栖攻击舰。目前，澳大利亚海军迄今最大的舰艇“堪培拉”号已经交付使用，第二艘“阿德莱德”号已经开始海试。“堪培拉”号无需过多编队舰艇的配合，就可同时从海面和空中展开进攻，由各种登陆装备和直升机实施快速立体登陆。同时还能配合海上其他作战力量开展海上联合作战，承担封锁、阻击以及近海作战、对陆支援作战和陆上兵力投送等任务。另外，“堪培拉”号设有独特的13°仰角滑越甲板，可供“海鹞”或F－35B等固定翼舰载机滑跃起飞，完全具备轻型航母的功能，从兵力投送平台转化为“制海平台”。如果两艘“堪培拉”级两栖攻击舰艇被改装成轻型航母，那么澳大利亚就进入所谓的“双航母时代”，在大大提升其海上实力的同时还可与美英等国达成利益交换。①

四、以水面主战舰艇升级换代增强对周边海域的控制能力

澳大利亚皇家海军原有的主力水面作战舰船包括12艘护卫舰、14艘巡逻船和9艘反水雷战舰。其中，包括8艘“安扎克”级直升机护卫舰和4艘“阿德莱德”级导弹护卫舰。② 2000年，澳大利亚国防部制定了使用通用导弹护卫舰群（FFGS）代替原有护卫舰的“SEA4000计划”。该方案计划2017年研发成功14艘“SEA4000”系列防空驱逐舰，包括I型舰——“霍巴特”级3艘（“霍巴特”号、“布里斯班”号和“悉尼”号）；II型舰——第4代防空反导“宙斯盾”驱逐舰“墨尔本”级11艘。2006年，澳大利亚对该方案进行了升级，提出2020年研制第4代兼具海上“区域防空反导”能力的“宙斯盾”驱逐舰“墨尔本”号。目前，第一艘“霍巴特”级

① 谢武：《澳海军“堪培拉”级两栖攻击舰海试，弥补航母缺失》，中国网，2015年6月29日。

② 杨小辉：《“中等强国”澳大利亚的海军政策与实力及其对中国的影响》，《上海交通大学学报（哲学社会科学版）》，2013年第4期，第34—42页。

驱逐舰处于初始作战系统激活过程中，第二艘“布里斯班”号目前正处于船体建造阶段，第三艘防空驱逐舰“悉尼”号举行了龙骨铺设仪式。这三艘“霍巴特”级驱逐舰可轮流在远离本土1500海里处的海域进行战斗值班巡逻，既可带领一个中等规模（7—10艘战舰）的多任务战斗群进行远征作战，也能组建一个小规模（3—5艘战舰）的单一编队在近海执行任务，对于澳大利亚夺取澳洲大陆周边海域的制空、制海权具有重要意义。①

① 《“悉尼”号驱逐舰开工建造，澳大利亚造舰计划将持续》，中国网，2015年11月30日。

第六章　韩国海上军力建设思想转型的路径

韩国位于朝鲜半岛南部，与中国、俄罗斯、日本和朝鲜相邻，是美国在东北亚地区的重要军事盟国。自冷战结束以来，韩国在“自主国防”思想的影响下，把建设大洋型海军作为其战略目标。在建设海上军事力量的过程中，韩国既注重发展近岸力量，又强调要重视远洋能力，具有明显的混合性特征。

第一节　韩国海上军力建设的历史进程

韩国海上军力建设经历了从组建近岸防御力量到筹划建设大洋海军的过程，其海军的任务职能也从冷战初期的配合陆上作战拓展到冷战结束以后的远洋作战。这些转型的动力既来自于韩国经济的复苏繁荣和造船工业的迅猛发展，也有韩国保护海外贸易和交通线的现实考虑。

冷战初期，韩国海军主要依靠美国的军事援助而发展起来。1945 年，韩国海军的前身海防兵团在汉城创建。1946 年，海防兵团更名为海岸警备队。1948 年，韩国海军正式成立，从美国获得转赠而来的 20 多艘小型舰艇。1949 年，韩国向美国采购了排水量为 600 吨的猎潜舰，主要是为了应对朝鲜的潜艇。朝鲜战争结束后，美国又多次向韩国提供了海上军事援助。截至 1955 年，韩国海军拥有各类舰艇达 73 艘，[①] 形成了一支初具规模的近海防御力量。此后，韩国又从美国接收了包括支援艇、大型登陆舰、对潜舰、高速运输舰在内的多型装备，进一步增强了海上防御能力。

当时，韩国海上军事力量把朝鲜作为主要威胁来源。韩国海军的任务重点是保护近海安全，防止朝鲜的近岸部队、布雷艇和潜艇对韩国近海的海上通道发动攻击，并阻止朝鲜特种部队利用小型舟艇和微型潜艇进行渗透和袭扰。[②] 尽管韩国海军的主要任务是防止朝鲜海上渗透，但由于朝韩的主要矛盾集中在陆地上，所以韩国海军也受此因素影响，其主要力量由陆战队构成。20 世纪 60 年代以前，韩国海军战略主要根据大规模地面作战构想制定的，目标是确保韩国在战争爆发时免于海上入侵，同时防卫包括沿海交通线在内的滨海地区。当时，韩国海军并未重视涉及远洋地区的防卫问题，此类任务主要依赖美国海军完成。[③]

20 世纪 70 年代，韩国海军进入快速发展时期。这主要得益于两个因素的推动：韩国经济在冷战后期开始腾飞，海军建设有了比较充足的经费支持。另外，韩国自 1974 年开始实施旨在推动武器国产化的“栗谷计划”，以此推动韩国国防自主化进程。1972 年，韩国海军尝试独立建造“学生”号舰艇。1980 年开始，韩国海军开始建造 1800 吨的“蔚山”级护卫舰。在应对朝鲜利用高速快艇进行海上渗透的指导思想下，韩国先后建造了 100 艘 80 吨级小型快艇和 150 吨级中型快艇。1986 年，为了在东、西、南三个方向的海域进行巡逻和警戒，韩国组建了第一、第二和第三舰队。另外，韩国还组建了一支颇具规模的海军陆战队。1987 年，韩国卢泰愚政府开始执行“第三次栗谷计划”，基本做法是从美国引进退役支援舰艇，增加高

① 郭锐等：《韩国海洋安全战略演变的路径探析》，《太平洋学报》，2011 年第 8 期，第 88—89 页。

② （美）吉姆·多尔施纳著，付征南编译：《太极旗飘扬——韩国军事现代化进程透视》，《国际展望》，2007 年第 19 期，第 54 页。

③ Ian Bowers, “The Republic of Korea and Its Navy: Perceptions of Security and the Utility of Seapower,” Journal of Strategic Studies, Vol. 37, No. 3, 2014, pp. 446 – 447.

速登陆艇、军需支援舰和海上作战直升机的数量，同时着眼建造新型舰艇。

1995 年，韩国总统金泳三接受了时任海军参谋总长安炳泰的建议，决定打造一支面向海洋的“蓝水”海军，这标志着韩国走上建设大洋型海军的道路。1994—1995 年韩国《国防白皮书》提出，海军的任务要从反北方的海上渗透转向“发挥地区作用”。海军要实现由防御型向攻击型、由近海型向远洋型的转变。在海上部署方面，韩国要求继续加强在朝韩海上军事分界线附近的力量，以提高应对海上突发事件的快速反应和紧急出动能力。在防御重点上，韩国要求逐步将海上防御重点由东海（日本海）转向西海（黄海），不断加强西海海域及沿岸地区的军事部署。此外，为加强对朝鲜海峡的控制，韩国投巨资在济州岛修建海军基地，并部署数十艘驱逐舰和护卫舰，以及美制 P-3C 型反潜巡逻机，以此作为未来将要成立的海军战略司令部的主要作战力量。①

至此，韩国海军战略发展发生重大转型，即从一支近海防御力量开始转变为具有威慑性质的“存在舰队”。这支将威慑作为主要任务的海军，既能够在近海地区活动，又能在全球范围内作战。根据这些能力要求，韩国海军计划发展现代驱逐舰、常规潜艇、护卫舰、巡逻舰和能力更强的两栖登陆能力。② 这种海上军力建设转变有两大背景：一是随着对海洋的依赖程度加深，韩国的经济与世界其他国家和地区在更广的领域内进行互动，保护全球贸易和海上交通线的迫切性加强。二是韩国国防战略发生重大调整。1994—1995 年的韩国国防白皮书建议从常规威慑（conventional deterrence）转变为综合安全（comprehensive security），这也直接影响到了韩国海军的发展定位。

---

① 冯梁、方秀玉：《韩国海洋安全政策：历史和现实》，《世界经济与政治论坛》，2012 年第 1 期，第 116 页。

② Ian Bowers, “The Republic of Korea and Its Navy: Perceptions of Security and the Utility of Seapower,” Journal of Strategic Studies, Vol. 37, No. 3, 2014, p. 443.

1997 年，时任韩国海军参谋长安炳泰上将提出了建设“大洋海军”的具体思路，即通过建造大型多用途导弹驱逐舰等新型装备，以实现“1000 海里作战水域”的目标。[①]“大洋海军”除了强调在活动地域上扩展到远洋地区之外，还包括一些其他内涵。

> 具体来说，作为独立国家，具有一定的意志力量为地区的和平稳定做贡献，并保护在远洋上的交通线和海洋资源，参加多边合作活动等具备战争能力之外的作战能力。海军力量规模至少具备小型航母、驱逐舰以上战斗舰与一定的潜水艇与海上作战飞机、登陆舰及机动军需支援舰，并具有在大洋进行一定时间的单独作战能力的海军。[②]

2001 年，金大中总统在韩国海军学院毕业典礼的演讲中指出，韩国“应打造一支战略机动舰队，以保卫韩国在世界五大洋的利益并为世界和平做出贡献”，并明确表示“韩国政府将不遗余力地协助海军打造一支真正的蓝水部队”。[③] 金泳三政府时期，韩国海军装备了“张保皋”级常规潜艇、UH－60 直升机、ASR－21 潜艇支持舰、ATS－27 水上舰艇支持舰、P－3C 海上巡逻机等新装备。韩国潜艇数量从 1 艘增加到 6 艘，飞机数量从 0 架增加到 60 架。这段时间，韩国海上军事装备的数量和质量得到大幅提升。

2005 年，韩国国防部发布《国防改革 2020》。该计划的总基调是要着眼长远目标，提升军队的质量，向能力导向型军队转型。在这个过程中，韩国高层继续强调发展一支大洋型海军。2006 年时，韩国共有 178 艘舰艇服役，总吨位约为 34.1 万吨，包括 22 艘潜舰、

---

① 浪潮：《全景扫描韩国海军之十：战略及作战能力分析》，《当代海军》，2007 年第 7 期，第 56 页。

② 转引自韩禧：《韩国海洋安全战略的嬗变及其影响因素》，复旦大学硕士学位论文，2014 年，第 21 页。

③ http：//www. globalsecurity. org/military/world/eok/navy. html.

95 艘救生舰艇，110 艘辅助舰艇，10 架固定翼飞机，50 架旋翼飞机，1 艘直升机航母“独岛号”和科技含量极高的驱逐舰 KDX 系列。①

此后不久，韩国发展大洋型海军的战略受挫。一方面，随着 2008 年全球金融危机的影响，韩国国防预算被大幅压缩，导致海军获得的经费投入相应削减。另一方面，受朝核问题等因素影响，朝韩双方在西海方向的摩擦不断。“延坪岛事件”和“天安舰事件”爆发后，韩国国内对发展大洋型海军的战略发生质疑，认为发展大洋型海军忽视了近岸防御。这导致韩国内部围绕海军发展战略产生严重分歧，有观点要求把资源重点集中投入到反潜、反渗透等近岸防御问题上。为此，李明博政府及韩国军方对卢武兹政府提出的“国防改革 2020”进行了较大幅度的修正，提出“国防改革 307 计划”，决定改造韩国军队的体系构造，加强陆海空军的协调性，加大对朝遏制力量建设。同时，关于“未来战”和“大洋海军”等提法被弃用。② 受此次战略调整的影响，韩国海军的重要性有所下降，2012 年的韩国海军力量与 2008 年相比，没有得到任何增加。不过，韩国总统李明博依然强调海军的重要性。他提出：“21 世纪是海洋的世纪。我们必须建造一支可以保卫我国海权的顶尖海军。我们必须打造一支可以捍卫海上交通线的大洋海军，同时为世界和平做出贡献。海洋是我们国家生存和繁荣之基，只有我们充分捍卫和利用海洋，才能保证和平和经济发展。”③

两年后，韩国再次把发展大洋型海军提上日程。朴槿慧政府上台后，重新推进大洋型海上军事力量建设。2013 年 2 月，韩国国防安保论坛和韩国海洋战略研究所共同召开研讨会。韩国海军参谋总

---

① 魏森：《朝鲜半岛军力检阅韩国篇：主要针对朝鲜海军实力有限》，《中国航空报》，2012 年 9 月 8 日。

② 杨震、方晓志：《关于当代韩国海军建设的几点思考——以海权理论的角度》，《韩国研究论丛》，2014 年第 2 辑，第 79 页。

③ 转引自南琳：《韩国大洋海军战略及其对东北亚安全的影响》，《上海大学学报（社会科学版）》，2014 年第 3 期，第 5 页。

长崔润喜出席研讨会并发表了演讲。崔润喜指出，韩国已重新确立起大洋海军目标，并且会努力发展远程海上打击力量。崔润喜称，海军将会把限定在韩半岛周边的作战半径向外延伸，拓展至半岛以外。① 与此呼应，韩国 2014—2018 年中长期国防计划提出：要完成济州岛海军基地建设，追加韩国新型驱逐舰和登陆舰建设。这些信号被外界解读为韩国开始回到发展远洋海军的道路之上。

第二节　韩国海上军力建设的战略目标

韩国建设海上军事力量主要在两条路径之间徘徊：应对朝鲜威胁、走向深蓝。前者的重点是发展近岸防御能力，后者则是为了发展远洋进攻能力。韩国海军出现这样的发展路径，跟其特殊的国情和传统战略文化密不可分。具体来说，韩国建设海上军事力量有如下几个战略目标。

一、应对来自朝鲜方向的海上威胁

朝鲜半岛问题是冷战遗留下来的产物。自成立之初，韩国海军就将朝鲜作为主要的威胁来源。当时，韩国海军的主要任务就是阻止朝鲜利用高速快艇等方式进行渗透。另外，韩国海军在建设之初特别重视海军陆战队的作用，把其作为支援陆上作战的一股重要力量。韩国海军建立了三支舰队，负责三个方向海域的安全任务，并维持了一支规模为2. 5 万人左右的海军陆战队，约占海军总兵力的近一半。② 按照韩国《国家武装力量组织法》的规定，登陆作战与海上作战在韩国海军的任务中具有同等重要的使命。韩国海军还提出“登陆别动队”建设构想，提出要依靠两栖登陆部队对朝鲜发动

① 《韩国确立大洋海军目标，快发展远程海上打击力量》，搜狐网，2013 年 2 月 19 日。

② （美）吉姆·多尔施纳著，付征南编译：《太极旗飘扬——韩国军事现代化进程透视》，《国际展望》，2007 年第 19 期，第 54 页。

突袭来取得战争胜利。韩国军方高层认为：

> “建立强大的两栖部队是赢得战争的关键。朝鲜半岛南北狭长，执行“防守反击”策略的一方要想发动“逆袭”，就得向敌方侧翼投送登陆部队，如利剑一般斩断其补给路线，形成对敌“两头夹击”的局面，而半岛上适合“斩腰”战术的，就是朝鲜元山湾至清川江下游的连线处。”①

除了长期的军事对抗之外，韩国和朝鲜也因“北方界线”长期存在海上争端。1953 年 8 月，美军单方面在“西海五岛”与朝鲜西部沿海之间划定一条临时“北方界线”。此后，韩国将“北方界线”作为海上警戒区的边界。朝鲜一直不承认这条界线，并在 1973 年 12 月宣布领海为 12 海里，并将“西海五岛”划入朝鲜管辖区域。此后，双方军舰与渔船在争议海域不断发生“越线”磨擦。朝韩双方多次围绕该区域的主权归属、渔权管辖等问题发生摩擦冲突，甚至发生了“天安舰事件”和“延坪岛炮击事件”。在这些背景下，韩国海军进一步加强了在相关海域附近的力量建设和部署。

冷战结束以来，朝韩关系持续紧张，半岛问题依然复杂多变。韩国把发展海上军事力量作为威慑朝鲜的重要手段。同时，韩国还跟美国协同合作，每年举行大规模的海上军事演习，演习科目涉及海上对岸攻击、海上巡逻警戒、海上登陆作战等，目的是加强韩美协同，增强对朝鲜半岛周边海域的威慑和控制。

二、维护海洋经济安全

韩国海洋研究与发展协会海洋工业与政策分会会长洪成勇认为：海洋政策可以说是有关海洋事务中的国家意志及行动准则的体现，

---

① 刘轶博：《韩“大洋海军”释放新信号，新舰队“押宝”济州岛》，《北京日报》，2013 年 2 月 20 日。

其目的是利于海洋资源及空间的综合管理，避免或减少因利用海洋而产生的冲突，以确保国家的长远利益，并希望随着国家管辖海域范围的扩大而从中获得更多的利益。应该指出，韩国的海洋政策并非仅仅是旨在取得民族利益的国内政策，它还包括国家海洋主权扩展的涉外问题，即作为沿海国家在新的国际法秩序下对控制海洋空间所履行的责任（或义务）。①

冷战结束以来，韩国把海洋作为获取资源和实现经济增长的重要动力。为保持经济高速增长，水产业、运输业、造船业、海岛结构建设、沿海建设被韩国列为优先发展方向。1996 年韩国颁布了《海洋水产发展基本法》，并根据该法先后制订了《第一次海洋水产发展规划（2000—2010）》和《第二次海洋水产发展规划（2011—2020）》。这两大规划均被作为海洋水产领域的国家战略付诸实施。为了保证两大规划的落实，韩国又制订了海洋相关领域的中长期发展计划，包括《海洋科学技术开发计划》（2004 年）、《新再生能源研发战略 2030》（2007 年）、《海洋生命工程培养基本计划》（2008 年）、《绿色技术研究开发综合措施》（2009 年）、《第四次海洋环境综合计划》（2011 年）、《2020 海洋科学技术计划图》（2011 年）等等。通过制订上述国家总体海洋战略规划和具体发展计划，韩国实现了海洋发展战略的法制化，保证了海洋发展战略的长期性和稳定性。

为了实现 2020 年步入世界“海洋强国”的目标，韩国在《第二次海洋水产发展规划（2011—2020）》中提出了三大目标和五大重点推进战略。三大目标是：扩展国内和国外的海洋领域；根据新趋势重新革新海洋工业；建立可持续的海洋管理系统。五大重点推进战略包括：对海洋和沿海区域进行科学且安全的管理；提升海洋文化和海洋旅游；通过海洋技术创造新的增长势头；在东北亚地区建设生态友好的国际后勤基地；系统地实施海洋管辖（ocean jurisdic-

① 洪成勇、陈鸿横译：《韩国的海洋政策》，《太平洋学报》，1996 年第 3 期，第 8 页。

tion）同时发展全球海洋基地。①

发展海洋经济的过程中，韩国认为传统威胁和非传统威胁危及其安全。为此，韩国加强了包括海上军事能力在内的各种力量建设。1955年，韩国海务厅成立，负责港口、水产、造船、海洋警察等业务的综合行政管理。后来，韩国又把海洋管理部门细分为海运港湾厅、水产厅、科学技术处、农林部、产业资源部、环境部等单位。1996年，随着韩国海洋水产部的成立，韩国走上了海洋综合管理道路。在韩国加强海上执法部门建设的同时，也注重与军事力量的协调合作，力图将其整合到统一的海上安全战略之下。2016年7月1日，韩国海军和海洋警备安全本部在鸡龙台海军本部召开了"第一届海军与海警会议"。与会者表示：面对日趋复杂的海上安全威胁，仅依靠海军或海警难以满足现实需求。为了切实维护海洋权益，海军和海警之间将建立密切的协调配合机制，创新合作模式，不断提升合作效能。②

三、保护海上交通线安全

1991—1992年度韩国《防卫白皮书》中明确提出，韩国海军要重点保障海上交通线的畅通和安全。③ 韩国对海上交通线的依赖非常严重，其原因有如下几个方面：一是长期的南北对峙导致韩国的对外补给和通商渠道主要依赖海上交通线。二是韩国的资源比较匮乏，大部分支撑韩国经济发展的物资需要靠进口。有观点称：韩国能源的96.4%、金属矿物的98%靠进口，对经济持续发展形成瓶颈因素。以石油和天然气为例，韩国是世界第五大石油进口国和第七大

① Sung Gwi Kim And Hee－Jung Choi，"The Evaluation of the 2nd Ocean Plan in Korea：Focused on the Implementing Power of the Plan，" Coastal Management，6 Nov，2013，p. 475.

② 《韩海军携手海警共商海洋安全，系韩军历史首次》，搜狐网，2016年7月6日。

③ 浪潮：《全景扫描韩国海军之十：战略及作战能力分析》，《当代海军》，2007年第7期，第56页。

天然气进口国，几乎完全依赖海上运输。[①] 三是韩国的对外贸易依存度较高。如果韩国的海上交通线路遭到自然灾害或外部敌对势力的破坏，那么，韩国的粮食供应、能源供应就会中断，整个国家的经济就会全面崩溃。有报告称，如果韩国的海上交通航路被完全切断15 天以后，那么韩国国内的基础产业将陷入瘫痪，国家将面临生存危机。特别是济州岛海域作为韩国最为重要的海上交通线路，原油的99.7%、粮食和原材料的100%通过这一海域进行运输。因此，如果这条海上交通线路被封锁，那就意味着韩国的产业和经济将彻底瘫痪。[②] 此外，跟其他国家一样，韩国对海盗问题也极其关注。在过去10 年间，发生了16 起针对韩国货船的海盗事件，7 起发生在非洲海域。[③]

目前，韩国海洋战略界定了四条至关重要的交通线：一是中韩海上通道；二是西海海上通道。这条交通线是韩国从中东进口能源的重要通道，由于需要经过马六甲等多个咽喉点，加之在东海和南海地区存在海上领土权益争端，韩国因此认为该线路的安全形势存在较大的不确定性。三是东南海上通道。这是经日本南部进入太平洋的航线，是连通韩国与美国的海上通道。四是韩日海上通道。[④] 除此之外，还有观点认为从韩国东部海域经俄罗斯与日本北海道附近海域到太平洋的北方航线也至关重要。如今，随着海洋权益争端的升温和海盗问题等非传统安全威胁的凸显，韩国提出要加大海上力量的建设来维护海上安全，希望拥有一支具备强大远洋作战能力的“大洋海军”，以便在关键海域和交通线上为本国的运输船队保驾护航。

---

① 诸初尚：《韩国的海洋开发基本计划》，《全球科技经济展望》，1997 年第7 期，第21 页。

② 金江宁：《济州海军基地的国家战略》，搜狐网，2012 年8 月13 日。

③ Suk Kyoon Kim, “Korean Peninsula Maritime Issues,” Ocean Development & International Law, Vol. 41, No. 2, 2010, p. 179.

④ Ian Bowers, “The Republic of Korea and Its Navy: Perceptions of Security and the Utility of Seapower,” Journal of Strategic Studies, Vol. 37, No. 3, 2014, p. 453.

四、为中等强国战略目标提供支撑

韩国在地缘上是一个半岛国家，其海岸线占到了整个朝鲜半岛海岸线的1/3左右。韩国北邻朝鲜，南临朝鲜海峡，西接黄海，东濒日本海。作为一个连接太平洋和亚洲大陆的半岛国家，韩国政治地理位置十分重要，是大陆力量与海洋力量交汇的地方，被布热津斯基称为“战略支轴”国家。[①] 冷战结束后，韩国把争当中等强国作为重要的战略目标，并试图寻求与之相称的国际地位。其中，从战略上重视海洋，并发展较强的海上军事实力可以为其中等强国的战略目标提供物质支撑。

尽管韩国与美国保持着密切的安全合作关系，但是韩国始终对周边的安全形势保持高度关注。随着周边国家特别是日本海上力量的迅猛提升，韩国认为需要加大投入尽快建成“大洋海军”。1998年3月，日本两栖登陆舰“大隅”号正式加入海上自卫队服役。韩国在次年公布的“2000—2004年中期防务计划”中，首次提出了轻型航母建造计划。有观点提出，韩国航母发展可能采取“三步走”战略。

> “第一步，首先为近期即将列装的第二艘‘独岛’级两栖登陆舰装备滑跃甲板，以实现飞机的短距离起飞和垂直着舰。为使甲板能够承受飞机在起飞过程中产生的高热量，韩国海军计划在其表面喷涂一种特殊材料。第二步，2019年前，建造一艘类似西班牙海军的“胡安·卡洛斯”号的两栖攻击舰。第三步，2036年前，建造两艘3万吨级的轻型航母。该舰类似于意大利的‘加富尔’号航母，能

① 李军：《试析卢武兹政府的“均衡者外交”》，《现代国际关系》，2005年第12期，第31页。

够搭载大约30架飞机。”①

韩国之所以将航母计划提上日程，其背后很大的原因来自于对安全形势判断的转变。韩国《国防目标修正案》认为，21世纪东北亚地区仍存在诸多不确定因素，对韩国构成长期威胁的不是朝鲜，而是日本、中国和俄罗斯。因此，韩军提出了逐步由以朝鲜为主要防御对象，转变为对付多元威胁的“全方位防御概念”。② 例如，韩国海军对日本海上自卫队的防备和竞争就比较明显。在日本拥有6艘“宙斯盾”驱逐舰的情况下，韩国提出也要建造6艘“宙斯盾”驱逐舰，同时要求性能更加先进，且装备各式反舰、防空和巡航导弹。在日本建设“大隅”号两栖登陆舰的同时，韩国也发展两栖登陆舰，且命名为“独岛”号。从性能指标上看，“独岛”号比“大隅”号长21米、宽5.2米，满载排水量多6000吨，最高航速快1节。③

第三节　冷战后韩国海上军力建设新思路

韩国海军由海军本部、海军作战司令部、海军陆战队司令部/西北岛屿防卫司令部以及其他辅助部队组成。海军作战司令部下设3个舰队司令部，海军陆战队司令部/西北岛屿防卫司令部下设2个师。韩国海军兵力6.8万余人，潜艇12艘，战斗舰艇140余艘，辅助舰艇20艘，直升机/海上巡逻机60余架。④ 韩国海军的主要任务

---

① 康永升、王荣新：《韩国拟建造两艘轻型航母应对韩日海洋争端》，《中国青年报》，2013年11月15日。

② 刘吉文：《韩国军队军事转型及其特点》，《国际研究参考》，2014年第4期，第21页。

③ 有资料显示：韩国“独岛”号长199米、宽31米，最高航速23节，标准排水量为1.4万吨，满载排水量为1.9万吨；日本的“大隅”号长178米、宽25.8米，最高航速22节，标准排水量为8900吨，满载排水量为1.3万吨。

④ 潘蔚娟主编：《2013年世界重要安全文件汇编》，北京：时事出版社，2014年版，第404页。

包括：和平时期抵御朝鲜的海上进攻，通过保护韩国海上利益来维护国家主权；支持韩国政府的外交政策，提高韩国的国际影响力；战争时期海军行使控制海上局势的职能，并确保韩国海上活动的安全，阻止敌人的海上军事行动，并组织在敌人侧翼和后方实施登陆作战。[①] 冷战结束后，韩国海上军力建设思路有如下几个新特点。

一、平衡多重任务的需求，建设多功能、混合型结构的海上军事力量

从韩国海上军事力量的建设过程可以发现，冷战后韩国国内围绕是将资源重点投入到近岸防御还是大洋海军建设的问题上展开了激烈的辩论，在具体实践环节上也曾出现过反复和调整。之所以出现这种现象，主要还是源于韩国面临的独特安全环境。

从区域上看，对于韩国防务决策者来说，需要做好两方面的平衡：既需要考虑威慑朝鲜所需的装备采购和部队态势塑造，同时也应考虑与地区安全环境之间的互动。为了理解这种平衡，韩国的安全认知往往从两方面入手，把地区范围内的非传统安全和朝鲜带来的传统安全挑战进行统筹考虑。[②] 从海上军事力量建设的任务来看，韩国防务决策者既需要考虑部队应对来自北方的威胁，又要在地区范围内保护韩国领土，同时又要具备在潜在情况下独立保护海上交通线的任务。三个任务职能代表了三个不同的战略方向，对海上军事力量建设的重点和资源投入也有不同的要求。[③]

正是基于上述原因，韩国在筹划和制定海上军事力量建设计划时面临着两难：单纯重视基于应对朝鲜威胁的近海防御战略，就会

---

① 束必铨：《韩国海洋战略实施及其对我国海洋权益的影响》，《太平洋学报》，2012 年第 6 期，第 94 页。

② Ian Bowers, "The Republic of Korea and Its Navy: Perceptions of Security and the Utility of Seapower," Journal of Strategic Studies, Vol. 37, No. 3, 2014, p. 450.

③ Ian Bowers, "The Republic of Korea and Its Navy: Perceptions of Security and the Utility of Seapower," Journal of Strategic Studies, Vol. 37, No. 3, 2014, p. 460.

降低保护海上交通线的重要性。与此同时，韩国的目标还不仅仅着眼于建设一支“存在舰队”，而是要拥有一支能够发动进攻作战、能与中等强国地位相称的海上力量。反之，过度重视大洋型海军的建设，又会受到韩国国内关于忽视近海力量防御建设的批评。有观点从另外的角度论述了类似的两难困境：

> “韩国海军的主要假想敌是朝鲜人民军海军和日本海上自卫队。前者是一支装备落后的轻型海上力量，但海上渗透能力强；后者是一支强大的海上武装力量，具有较强的远洋作战能力。如果以夺取制海权为目标，发展远海作战能力，若朝鲜人民军海军采取不对称战法，韩国将难以招架。如果以进行海上拒止作战为核心，强化近海防御能力，日本海上自卫队将占据优势，且韩国日益增加的海外利益将无法维护，这是韩国不愿意看到的。因此，韩国海军战略定位的不明确使其海军建设失去了具体目标。”①

为解决上述问题，韩国提出建设多功能、混合型的海上军事力量，即实现水下、水面、空中三种结构，海上作战、近海防御和对陆攻击等三类力量之间的平衡。2000 年韩国发布的《国防白皮书》提出：要使海军军力结构“从海岸防卫型转向多功能型，拥有足够的实力保护包括海上交通线和海洋资源在内的国家利益，确保国家的海洋安全”，通过发展“国家战略机动部队”，以实施主动防御战略，执行报复性打击、全球维和行动以及大型自然灾害救助等任务。② 这种理念也体现在具体的造舰过程中。即使在大型远洋舰队中，韩国也非常重视对陆攻击能力。为兼顾近岸防御和支援陆地作战，韩国的远洋舰队“采用两栖攻击舰、驱逐舰及导弹驱逐舰相结

---

① 杨震、方晓志：《关于当代韩国海军建设的几点思考——以海权理论的角度》，《韩国研究论丛》，2014 年第 2 辑，第 84 页。

② ROK Ministry of National Defense, *Defensc White Paper* 2000, pp. 111 – 113.

合的编成”。以至于有观点提出这种编组显得很不合常理，以防空为主的“宙斯盾”驱逐舰还配置了大量的对地攻击武器，这导致舰队的作战目标与作战理念难以明确。①

二、围绕“机动舰队”的概念建设“蓝水”海军

韩国建设“蓝水”海军的直接动力来自于保护海上交通线。尽管韩美之间保持了比较密切的安全合作关系，但韩国仍然担心商船可能暴露在没有己方军舰保护的冲突区域之内。因此，韩国非常重视建立在没有盟国帮助的情况下能够独立有效保护海上交通线的海上军事力量，同时具备对半岛地区紧急情况作出反应的能力。基于上述两个方面的需求，韩国确定把“机动舰队”（Mobile Flotilla）概念作为建设“蓝水”海军的基石（cornerstone）。② 韩国的“机动舰队”概念有两大特点：一是能够对事态进行快速反应，且具备处理不同事态的能力，突出舰队编组的多功能和多任务属性。二是既能在远洋作战，又能应对半岛近海地区的事态，活动范围比较灵活。韩国原计划在“机动舰队”下设置三个机动战团，后因经费不足而决定先建设一个机动战团。

2010 年 2 月，韩国成立了第一支机动舰队，即第七机动战团，这是一支小型的战略机动舰队。1 个机动战团由 2 艘“宙斯盾”驱逐舰、2 艘韩国型驱逐舰、2 艘新一代护卫舰、若干 214 级潜艇、海上巡逻机和直升机等组成。该舰队的成立，标志着韩国逐渐形成一支能够进军大洋的快速行动力量。为进一步提升其作战能力，韩国加大了资源投入。韩国国防部在《2014—2018 年国防中期计划》中提出：《2014—2018 年国防中期计划》预算较此前制订的《2013—2017 年国防中期计划》预算增加了 15 万亿（韩元，下同）。其中，

---

① Yoji Koda, “The emerging Republic of Korea Navy: a Japanese perspective”, Navy War College Review, Spring 2, 2010, pp. 27 – 28.

② Ian Bowers, “The Republic of Korea and Its Navy: Perceptions of Security and the Utility of Seapower,” Journal of Strategic Studies, Vol. 37, No. 3, 2014, p. 454.

用于战略运营的预算增加了 8.8 万亿，总数为 144.3 万亿；用于防卫力改善的预算增加 6.1 万亿，总数为 70.2 万亿。国防预算的年均增长率从 6.0% 提高至 7.2% 。此外还将引进韩国型新一代驱逐舰（KDDX，5000 吨级）、张保皋 II 级潜艇（1800 吨级）、新一代登陆舰、新一代战斗机（F－X）、大型运输机等装备。[①] 韩国海军计划在 2020 年前建成的机动舰队的核心装备主要有：新型护卫舰（FFX，2300 吨级）、宙斯盾系统驱逐舰（KDX－111，7600 吨级）、新型潜水艇（KSS－111，3000 吨级）和排水量为 1.4 万吨级的“独岛”级登陆舰。[②]

随着“机动舰队”逐渐成形，韩国的远洋作战能力大幅提升。从水面舰艇来看，韩国海军的“独岛”级大型两栖登陆舰集指挥、反潜、防空、运送步兵登陆等多种功能为一体，吨位堪比轻型航母。韩国的 KDX－3 级驱逐舰采用了第 7 代“宙斯盾”系统，比日本的“爱宕”级驱逐舰的“宙斯盾”系统还要先进，防空性能极其优越。韩国海军目前拥有 9 艘 209 型潜艇，4 艘 214 级潜艇。韩国另计划建造 5 艘 214 型潜艇，同时打算在 KSX－III 的名义下建造 9 艘大约 3000 吨的大型常规潜艇，首艘预计在 2020 年服役。这些潜艇的主要目标是针对朝鲜，但同时也可对地区邻国进行威慑，且用来保护海上交通线。[③] 事实上，韩国的潜艇质量极高，韩国海军的潜艇曾在 1997 年成功横渡太平洋，“张保皋”号潜艇创造了 10 年 32 万千米安全无事故作战运用的纪录，首艘 209 级潜艇创造了服役 20 年航行 32 万千米无事故的新纪录，韩国计划到 2030 年拥有先进常规潜艇超过 30 艘，在数量上实现超过日本的目标。[④]

---

① 临河：《韩国出台未来 5 年国防预算》，《中国国防报》，2013 年 7 月 30 日。

② 师小芹：《韩国：战略需求决定海军建设》，《中国海洋报》，2014 年 2 月 11 日。

③ Ian Bowers，“The Republic of Korea and Its Navy：Perceptions of Security and the Utility of Seapower，” Journal of Strategic Studies，Vol. 37，No. 3，2014，p. 452.

④ 宫春科：《韩国海军潜艇力量不容小觑》，《中国青年报》，2014 年 10 月 31 日。

三、调整海上军事力量布局，增加海上军事力量的快速反应能力

近年来，韩国在军事力量部署上有两大举措值得关注：一是组建西北岛屿防御司令部，强化对朝鲜的防范和威慑；二是加强济州岛海军基地建设，提升海上快速反应能力。

韩国组建西北岛屿防御司令部主要是为了增强对朝鲜的威慑和反应能力。2010 年 12 月，韩国国防部长金宽镇向时任总统李明博提交《2011 年国防业务报告》，提出创建西北岛屿防御司令部。2011 年 6 月，西北岛屿防御司令部成立。据报道，西北岛屿防御司令部的主要任务包括："部署战斗力，遏制朝鲜挑衅行为；韩国的核心利益遭到侵犯时，进行军事介入；向朝鲜传递明确信息，敦促朝鲜终止旨在改变现状的挑衅行为等。"[①] 为提升快速反应能力，西北岛屿防御司令部突出部队的"联合性"，即西北岛屿责任区域内一旦发生突发状况，对海军、海军陆战队、空军等各种作战要素的指挥控制将实现一元化，这为快速处置突发情况提供了可靠保障。[②] 韩国在该地区部署了大量的侦察监视、远程打击和海上作战装备。为加强西北岛屿防御和登陆作战能力，韩国还组建了拥有登陆机动直升机和登陆攻击直升机的航空团，强调提高反舰机动打击能力。[③]

1993 年 12 月，金泳三政府首次提出建设济州海军基地的主张。后来，因遭到济州岛居民的强烈反对，该计划被搁置。2005 年，济州海军基地建设预算案通过韩国国会预算委员会的审议，最终决定选址于济州岛西归浦市大川洞江汀村。2012 年，韩国正式启动南部济州岛大型海军基地的建设。2013 年初，韩国开始在江汀村建设大

① 《西北岛屿防御司令部的作用和职能》，http：//mil. sohu. com/20130513/n375736755. shtml.

② 同上。

③ Yoji Koda, "The emerging Republic of Korea Navy: a Japanese perspective," Navy War College Review, Spring 2, 2010, pp. 27 – 28.

型军民两用码头，将其作为首支机动舰队的基地。之所以加强济州岛基地的建设，韩国海军主要有两层考虑：一是便于第七机动战团的训练作战活动。韩国目前的海军基地各有分工：东海基地、平泽基地、木浦基地、釜山基地主要负责特定海域作战任务；镇海基地主要负责对韩国海军舰艇的维护保养、军需支援、教育训练等任务。前者的港口很难停靠第七机动战团中“世宗大王”号和“宙斯盾”驱逐舰等大型舰艇，后者则无法满足第七机动战团高节奏的训练和战备需求。为了使第七机动战团实现高效集结和快速反应，韩国海军因此专门修建济州岛基地。该基地的建成会来带三重影响：一是扩大韩国海军的战略纵深，为其本土防卫提供帮助；二是加强对苏岩礁及其附近海域的影响与控制；三是增强对中日两国的海上威慑能力。济州岛可同时扼守中韩、韩日水道，能够监控和威胁中国上海以北的所有港口。以济州岛为中心，韩国海军航空兵的战斗机两个小时内可飞抵包括东京在内的18个人口超过500万的城市上空。[①] 在该基地部署机动战团，可大幅提升韩国海军的反应能力和军事威慑能力。

此外，韩国还组建了承担快速机动作战任务的“制胜部队”。作为一支国家级战略机动作战力量，这是一支规模大约3000人的团级部队，可在包括朝鲜半岛“东部、西部、南部海域岛屿在内的任一地区”执行任务。该部队24小时保持战备状态，且能够在24小时内投入作战，主要负责“应对局部挑衅与反恐作战；遏制敌人挑衅，进行武力展示，快速增援；大规模灾害救援、恢复重建；战时登陆作战；海外侨民保护与撤出作战”等五大任务。[②] 可以认为，“制胜部队”是与机动战团相协调配合的一支快速反应力量。机动战团负责快速出动夺取制海权，或者负责将“制胜部队”投送到目标区域。“制胜部队”则在获得制海权等情况下到达指定区域完成陆上相关作战任务。

① 南琳：《韩国大洋海军战略及其对东北亚安全的影响》，《上海大学学报（社会科学版）》，2014年第3期，第9页。

② 《韩国成立战略机动部队，全天候执行决定性任务》，搜狐网，2016年5月17日。

第七章　冷战后越南海上军力建设思想转型

冷战结束后，越南进一步从战略层面重视海洋的作用，明确把海洋强国作为长远的战略目标，并制定了涵盖多个层面的政策措施。在海上军事力量建设方面，在充分利用特殊地理环境的基础上，越南通过对外购买和自身研发等方式提升海上军事实力，同时研究非对称的战略战术，力图建设一支强大的区域性海上军事力量。

第一节　冷战后越南海洋战略的发展过程

越南的海洋战略包含了经济、外交、安全和科技等多个层面，是一个综合性的体系。越南政府提出：保卫国家海洋权益与海上主权的安全是一个综合性的战略体系，它具体包括：海洋经济战略、海洋对外战略、保卫与发展海洋经济战略、发展科技与保护海洋环境战略等。①

冷战后半期，越南逐步确立了以经济建设为中心的国家发展战略，将海洋资源开发利用作为促进经济增长的重点。1977 年，越南公布了第一个《石油勘探法》，通过区块招标与产品分成等方式邀请外国企业共同开发海上油气，在南海获取了大量的油气资源。冷战结束后，越南进一步重视海洋在国家战略中的地位和作用。1990 年，被誉为“越南海洋战略思想的奠基人之一”、曾任越南外交部部

① 成汉平：《越南海洋安全战略构想及我对策思考》，《世界经济与政治论坛》，2011 年第 3 期，第 17 页。

长助理、部长会议边界委员会主任的刘文利出版《越南：陆地、海洋、天空》一书，提出“占有东海的黄沙和长沙群岛，并将其纳入祖国的领土，是极其重要的，其重要性远远超过开发沿海岛屿”。[①] 随后，越南从国家层面加强对海洋的重视和研究，先后编制了《海洋战略》（草案），成立“东海和长沙问题指导委员会”来“协调海洋战略的制定和实施”。1993 年 5 月，越南公布《关于近期发展海洋经济的若干任务》的决定，明确提出“成为一个海洋强国”的战略目标，并认为这是“从建设和保卫越南祖国事业的要求和客观条件出发的”，要求海洋基础调查和科学研究工作应对海洋经济各部门、海洋规划和政策的制订提供科学基础和必需的技术支持，以“形成一个结构合理、统一的海洋体系”。[②]

越南将战略重心转向海洋，主要受到三大因素的影响。一是海洋意识的提升。20 世纪 70 年代以后，越南就出台了大量关于发展海洋经济、加强海洋疆域管理的措施，这推动了越南海洋战略的形成。二是人口增长与有限土地之间的矛盾。有数据显示：越南全国的国土面积大约是 32.96 万平方千米，人口却有 8600 万人。除了北方的红河平原和南方的九龙江平原之外，3/4 的面积是山脉和高原。人均可耕土地面积仅为 0.11 公顷，相当于世界平均水平的 1/3，在东南亚是人均耕地面积最少的国家。[③] 土地的总量是有限的，随着人口和经济的快速发展，二者之间的矛盾日益显现，促使越南必须寻找新的发展路径。在此背景下，越南提出了向大海要生存、向海洋谋发展的新思路。其基本考虑就是在陆地资源被超负荷开发和严重损耗之前，必须向大海发展，大力发展海洋经济，用海洋来养活陆地，

---

① 转引自郝晓静：《越南海洋政策的演变：1995—2011》，郑州大学博士 2012 年学位论文，第 154 页。

② 转引自于向东：《越南全面海洋战略的形成述略》，《当代亚太》，2008 年第 5 期，第 105 页。

③ 魏香镜、高红娜：《分析称越南防务重心从陆地转向海洋》，《南方日报》，2012 年 7 月 2 日。

用海洋来补充陆地资源的消耗。① 三是海洋利益的刺激。越南将重心转向海洋的主要措施包括开采海上油气资源和非法抢占南海地区的岛礁。至今，越南共占领了包括南威岛、景宏岛在内的29个岛礁，并且开采了大量的南海油气资源，使越南从一个原来的原油进口国变成出口国。这些实际利益的取得，无疑进一步刺激了越南的战略重心向海洋方向转移。

随着“海洋强国”目标的确立，越南相继出台《至2010年水产业发展战略》和《至2010年旅游业发展战略》等配套措施，并在1993年7月出台《油气法》，试图通过引进外国公司开发海上油气资源，借此把南海问题国际化，在获取经济利益的同时为加强对南海岛礁的控制创造条件。1996年，越共“八大”正式确定了“结合国防安全开发海洋的最大潜能，发展社会经济、保卫祖国海洋”的“海洋战略”。这一战略的要点是控守北部湾、南海西南部和泰国湾的产油区，控制南海海上交通线，维护其石油开发区的安全，为发展海洋经济提供海上安全保障。② 2007年1月，越共十届四中全会讨论并通过了《至2020年海洋战略规划》，标志着越南海洋战略的全面完善。

目前来看，越南海洋战略的内容比较丰富，特别是“靠海致富”和“以岛治海”两个特征比较明显。越共中央委员、中央思想文化部部长何登在《发展海洋经济和保卫祖国海域、海岛中的若干思想工作问题》一文中提出：“我国的海洋专属经济区面积辽阔，数倍于陆地面积，连绵13个纬度，沿海有中央直辖的27个省市。因此，它对当前和长远的经济发展、国防和安全具有十分重要的意义。正因为这样，我们决定：成为一个海洋强国是我国的战略目标，它是以建设和保卫祖国事业的要求和客观条件出发的。”③

越南非常重视海洋的经济价值。越共十届四中全会提出，要在

① 《外媒关注越南海洋战略核心：已取得显著成绩》，中国新闻网，2010年8月12日。

② 陈柳宁：《迅速扩张中的越南海上力量》，《现代舰船》，2007年第10期，第41页。

③ 转引自孙小迎：《稳扎稳打的越南海洋强国战略》，《太平洋学报》，第24卷，第34页。

2020年实现海洋和沿海经济占越南GDP的53%—55%，“纯海洋经济”产值占全国GDP的20%—22%。为达到这个目标，越南还制定了《海洋法》，明确提出发展海洋经济的四大原则和六大内容。该法律提出应该按照下列各项原则稳步、有效地发展海洋经济：

> 一是为国家经济社会的建设和发展提供服务；二是与捍卫国家主权、国防、安全和海上安全秩序的事业相衔接；三是符合管理海洋资源和保护海洋环境的要求；四是与沿海和海岛各地方经济社会的发展相衔接。①

此外，越南《海洋法》还提出应该优先集中发展下列几种海洋经济：

> 一是对海洋石油、天然气，各类海洋资源、海洋矿产的调查、勘探、开发、加工；二是海洋运输、海港、新造和修缮出海船舶、工具以及其他各种航海服务；三是海洋旅游和岛屿经济；四是海产开发、养殖、加工；五是发展、研究、应用和转让涉及开发和发展海洋经济方面的科技和工艺；六是培养和发展海洋人力资源。②

从上面的内容可以看出，越南海洋经济发展的重点是油气资源、海洋运输、海洋旅游、海产养殖开发等内容。在发展的过程中，越南的海洋战略注重人才培养和技术研发，强调与国防、安全、环境和社会问题的配套衔接。经过几十年的发展，越南海洋经济发展已经初具规模。2009年，越南油气出口赚取的外汇约30亿美元，约占越南国家财政的1/3。2012年，越南油气集团开采原油1670万吨，总收入达422亿美元，上交财政92亿美元。同年，越南全国水产产

---

① 米良译：《越南海洋法》，《南洋资料译丛》，2015年2期，第11—12页。

② 同上。

量约580万吨，同比增长5.8%。其中，养殖水产量320万吨，捕捞水产量260万吨，水产出口总额达61亿美元。[①]

在发展海洋经济的同时，越南进一步加强对非法侵占岛礁的实际控制。2007年通过的《至2020年越南海洋战略》首次明确地将海洋安全问题提升到国家战略层面。越南海洋战略的制定和实施紧扣“黄沙”“长沙”两群岛的海洋权益，按照“以岛治海”的方针，依靠对两群岛部分岛屿的非法占领，加强在所占岛礁上的力量存在，依靠所谓的“法理依据”，在“牢固保卫主权和海上安全”的同时最大限度地攫取政治与经济利益。[②] 2009年，《越南国防政策》白皮书提出在南海争端问题上“不排除以武力手段来保卫其领海”。2011年，越南在“2020年海洋与海岛战略高级会议”中强调，海洋和海岛作为“天然的屏障”对国家和国防建设具有重要地位和重要意义。2012年，越南通过的《越南海洋法》提出了海洋管理与保护政策的具体手段：

> “发挥全民族的力量和采取各种措施捍卫各个海域、岛屿和群岛上的国家主权、国家主权权利、国家仲裁权，保护海洋资源和环境，发展海洋经济。
>
> 坚定不移地制定和实施各个海域、岛屿和群岛的管理、使用、开发、保护战略、规划、计划，为实现建设和发展经济社会、国防、安全目标服务。
>
> 鼓励组织和个人投入劳动力、物资、资金，以及在应用科技和工艺方面投资与使用、开发、发展海洋经济，保护海洋资源和环境，稳步发展各个海域，使其与各个海域的条件和保障国防安全的需求逐步相符。
>
> 鼓励和保护渔民在各个海域从事水产活动，保护越南组织和公民在越南所属的各个海域以外的、与越南社会主

① 李华杰：《越南海上民兵自卫队解析》，《国际研究参考》，2013年第12期，第12页。

② 转引自于向东：《越南全面海洋战略形成述略》，《当代亚太》2005年第5期，第106页。

义共和国作为其成员国缔结或者参与的其他各类国际条约、国际法、相关各个沿海国家法律相符合的各个海域活动。

加大投入，确保各类执行海上巡查、检查力量的行动，升级后勤基地为从事海上、岛屿和群岛各类活动、发展海洋人力资源提供服务。

对于在岛屿和群岛上生活的人民群众实行各种优惠政策；对于参与各个海域、岛屿和群岛管理以及保护的各种力量实行优待制度。”①

从上述内容可以看出越南海洋战略的三个特点：一是政策上向海洋方向大幅倾斜，对从事海洋活动的个人或组织进行保护或优待。二是把发展海洋经济与国防安全结合起来，利用海洋经济开发获得的资源和资金来支持海上安全力量建设，同时依托海上安全力量来保护和获取各类海上利益。三是注重集结动用组织、个人、国家等多层次的力量来参与海域、岛屿和群岛的占领、控制、管理或开发，以“为实现建设、发展经济社会、国防、安全目标服务”。

第二节　冷战后越南海上军力建设的指导思想

越南明确提出坚持“将岛屿经济发展与国防建设密切结合”的思路，试图在加速开发南海海洋资源，大力攫取经济利益的同时，建设海上积极防御力量，控制以南海、北部湾、暹罗湾为核心的“一海两湾”。② 目前越南海军总兵力约为 4.2 万人（其中海军陆战队 3 万人），划分为 4 个沿海区，现役主战装备种类比较齐全。此外，由于特殊的地理位置，越南在沿海区域部署了大量的作战飞机

① 米良译：《越南海洋法》，《南洋资料译丛》，2015 年 2 期，第 2 页。

② 《越南海洋战略的发展——“走向海洋，利用海洋，保卫海洋”》，华广网，2013 年 12 月 17 日。

和岸防力量。随着“海洋强国”战略目标的确立，在海上纵深防御、非对称作战和海上综合防卫思想的指导下，冷战后的越南海上军事力量得到快速发展。

一、越南军事战略方针的调整

20世纪80年代中期以后，越南调整了“北防南攻”的军事战略，开始奉行“陆缩海进”的战略方针，提出要“保护沿岸重要油气田，控制沿海重要岛屿，应对地区国家力量投射和应付中国等国家数量不断增长的潜艇的威胁”。[①] 所谓的“陆缩海进”就是根据建设“海洋强国”的战略目标，重新调整战略目标和战略手段，把“保卫海洋领土和海洋资源”作为新军事战略的重心突出出来，加强海上军事力量建设的力度。2008—2011年，越南是亚太地区军费开支增幅最大的国家之一，增幅达90%。[②] 越南先后制定了多个海军发展计划，提出通过“三步走”的发展规划在2020年前建成“南沙舰队”，到2050年以前建设一支具有远海作战能力的现代化海军。具体步骤为：2005年前，通过外购少量导弹舰艇，通过改造、升级和加强舰艇国产化，提升近海作战能力；2010年前，在增加新型舰艇的基础上，发展海军潜艇及航空兵部队；在2050年前，形成独立的远海和立体作战力量，全面实现海军的正规化和现代化。[③]

在军事力量部署上，越南开始调整原有“北重南大中间轻”的态势，重点加强中部地区和非法侵占岛屿上的兵力部署，增强海空军对近岸地区的控制力。[④] 越南海军将全国分成岘港、金兰、海防、胡志明（西贡）等四个沿海军区。从海军基地的整体部署情况来看，越南海军大约90%以上的海军基地和大部分海军主力作战兵力都部

① Carlyle A. Thayer. “Vietnam People’s Army: Development and Modernization,” April 30, 2009. p. 15.

② 祁雷：《越南购潜艇：意欲驶向何方》，《南方日报》，2015年2月2日。

③ 陈道银：《越南经略海军，剑指中国南海》，《社会科学文摘》，2013年第6期，第30页。

④ 陈柳宁：《迅速扩张中的越南海上力量》，《现代舰船》，2007年第10期，第41页。

署在岘港以南的南部沿海地区。南方的海军基地不仅能提高战略生存空间和生存能力，而且距离中国南海的南沙群岛较近，将大批海军基地设在这里更利于越南抢占海洋资源。[①] 2013 年 7 月，越南正式组建海军航空兵部队，试图通过舰机协同提升海军的作战能力。越南也非常重视空军对海作战的力量体系建设。例如，越南空军 370 航空师下属的第 935 团将苏－30MKV 部署在位于胡志明市郊区的边和空军基地，其作战半径可覆盖包括马六甲海峡在内的大片海域。此外，越南空军部署在富吉基地的苏－27 战机可有效覆盖南海的西沙和南沙群岛。

二、海上纵深防御思想

越南位于东南亚的中南半岛东端，西靠大陆，东临南海，国土呈南北狭长走势，海岸线长达 3260 千米，陆地南北长 1650 千米。越南对海洋方向的辐射面积较大，可沿海岸线部署岸基防御力量，借助陆上军事力量实现近海防御的目标。越南东南沿海的海港，地理位置独特，战略地位重要，多条国际航线由此通过，可以成为控制南海和马六甲海峡的据点。[②] 另一方面，越南地理环境的劣势也比较突出，即陆地纵深较短，东西最宽处约 600 千米，最窄处仅 40 多千米。一旦战争爆发，极易被登陆部队分割包围，南北军事力量相互驰援困难。历史上，法国、日本和美国等国家曾多次取道海上入侵越南，这使得越南在冷战后十分重视海洋方向的战略防御。

为解决上述问题，越南提出了“依靠海上防御纵深，缓和陆地防御纵深较浅”的指导方针，加强在海洋方向的岛礁军事力量，使这些岛礁成为支撑海上军事作战的“桥头堡”。如此以来，就可将越南南北方向的防御范围向外延伸数百公里，扩大海上战略纵深。越

① 战金龙、曹晓光：《越南主要港口及海军基地》，《现代舰船》，2011 年第 10 期，第 25 页。

② 《越南加强海空军实力，欲在 2050 年能远海作战》，《学习时报》，2011 年 8 月 15 日。

南试图建立连接白龙尾岛、西沙群岛、南沙群岛、昆仑岛和土珠岛的外围远海防线，形成一条御敌于远海之上的“战略边界”。如果上述战略意图得以实现，越南中南部的海岸防线可推前 250—350 海里，海域势力范围可扩大到 200 万平方千米，其控制的海洋势力范围则能扩大至陆地面积的数倍。[①] 在具体思路上，越南的主要做法包括：在所控制的岛礁上构筑立体防御体系，建设包括直升机起降场设施、地堡、弹药库、火炮阵地、射击掩体、战壕、交通壕及抗登陆掩体等永备性防御设施，提高这些岛礁的抗登陆及防空作战能力。[②] 与此同时，加强海岸线附近的海军基地和空军基地建设，提高主力舰队和岸基飞机对上述控制区域的协同支援能力，在地理上形成一张近海防御网络。

三、“以小打大”思想

越南的海上军事力量在东南亚地区实力较强，但综合实力与美、日、印、澳等域外国家相比依然存在较大差距。在此背景下，越南充分利用其漫长的海岸线和所控制的星罗棋布的南沙岛屿，选择利用空军、潜艇、导弹快艇和特种作战等方式来发起攻击。有观点提出：近年来越南有所谓的三大“杀手锏”，即大威力导弹舰艇、远程战斗机以及海上特种作战，试图借此形成“以小制大”的非对称作战优势。此外，越南不仅花费巨资引进俄罗斯潜艇，还积极打造一支高质量的空军力量，以形成空中、水面和水下的立体攻防能力，最终保卫远离本土的岛屿。[③]

从装备类型上看，各型导弹艇是越南海军的建设重点。越南将这些导弹艇分组编队，分散部署在海岸线及控制的岛礁群内，依托地理优势进行掩护，借助高机动性快速转移攻击位置，针对特殊目

① 倪霞韵：《越南海洋战略研究》，《东南亚纵横》，1993 年第 4 期，第 35 页。

② 向建民：《浅析越南的南海战略》，《金田》，2014 年第 8 期，第 397 页。

③ 《越南把海上利益当命根子，海上扩张紧连民生》，《世界新闻报》，2012 年 6 月 27 日。

标发动突然性的远程攻击。如果这些导弹艇形成一定规模的打击群，那么可能会对大型水面舰艇造成一定的威胁。在这其中，越南海军“闪电”级导弹艇最具有代表性。空中对海作战是越南与其他国家海军进行对抗的另一手段。如前文所述，越南沿海岸线部署的战斗机具有作战半径大，火力强的特点，越南可以运用这支力量拦截对手的飞机，或者向对手的水面舰艇、护航编队、支援编队发动快速突击，或者进行反潜作战，以及与水面舰艇协同打击对手的主力舰队或登陆编队。借助有利的地理位置，越南可以派出多批次、多类型的飞机从不同方位发动攻击，手段多样且机动灵活。越南海军长期重视海上特种作战，主要形式包括蛙人潜渡、攻占高脚屋、水下爆破等等。

另有观点提出，在“以小打大”的思想指导下，越南海军正构筑以“飞、潜、快”为主线的作战体系，即以接近50架俄罗斯苏－27/30三代战机在一定区域内夺取制空权，并从空中形成对海威胁；以基洛级潜艇的水下潜伏、突袭和封锁等方式获得水下威胁能力，据此发挥战略级的威慑效果；以导弹快艇和轻型护卫舰获得短促、快速突击能力，同时形成对潜艇的掩护，[①] 其目标是“即使无法夺取制海权，也能给对手造成较大损失”。

四、海上综合防卫思想

在越南，以人民战争为基础的“全民国防”是其长期坚持的战略战术。这种思想也在海上作战中得到运用。越南的基本考虑是，如果发生海上武装冲突，参加作战的主体不仅包括海空力量，还要以全民国防为基础，将守岛部队、沿海准作战部队、民兵和海警力量整合起来，形成一支覆盖范围极广的综合性作战力量。2009年11月，越南批准组建海上民兵“与边防卫队、海军、海警及其他部队

① 冷鹏：《越南首支潜艇旅将进驻金兰湾，成越最具实力海军据点》，《国际先驱导报》，2015年8月3日。

合作，保卫国家边境安全和越南海洋区域主权”。在这个过程中，越南认为：“保卫岛屿和沿海的作战对海上作战的效果具有决定性的影响”。为此，越南在发展经济的同时强调对岛屿和沿海地区的防御，基本做法是根据地域设立力量集结区域，将所辖岛屿、沿海地带和海军等机动力量密切配合起来，依托在部分岛屿上所构筑的工事，发挥各种装备的火力分阶段抗击岛礁登陆；或者运用岸舰导弹、火炮和其他作战装备，有效反击敌人的空中火力打击，且以适当的形式和规模打击向岛上、沿海登陆之敌。①

海上综合防卫的第二层面是强调多种力量的协同行动。有观点提出：当前越军在南海方向的作战原则呈现出运用陆海空集群遂行协同突击的特色，即通常由航空兵集群先行突击，削弱对方舰艇编队的防御，随后是航空兵与岸防部队、水面快速舰艇乃至潜艇协同的导弹远程攻击，这是对敌方编队歼灭性的攻击，随后再由海军舰艇和航空兵实施扫荡性补充攻击，彻底瓦解对手的战斗力。② 据估计，如果发生武装冲突，越军可能首先派出苏－30、苏－22 系列战斗轰炸机发动对海攻击。然后，运用“堡垒”岸基机动反舰导弹系统、高速快艇和基洛级潜艇在极短的时间内发动导弹齐射，最后派出水面舰艇和轰炸机进行收尾。各攻击波次之间的间隔可能在5—10分钟左右，整个攻击过程强调短促、密集和协调，这种“机—舰—机”的方式试图通过快速行动有效杀伤对手的水面舰艇和登陆部队。

第三节　冷战后越南海上军力建设的新思路

为强化海上力量的建设，越南军队制定了《21 世纪海军发展规划》。该计划提出：“在 2010 年前，逐步淘汰旧装备，增加新型舰

---

① 成汉平：《越南海洋安全战略构想及我对策思考》，《世界经济与政治论坛》，2011 年第 3 期，第 19 页。

② 秦鸥：《越南基洛级潜艇潜伏南海》，《中国国防报》，2015 年 2 月 17 日。

艇，发展潜艇和航空兵；在2020年前，将海军建成包括水面舰艇、岸防、陆战、水上特工、潜艇、航空兵等六个兵种在内的战略性军种，初步完成防卫南海的基本兵力体系建设；在2050年前，具备远海独立作战能力。”[①] 围绕这个计划，越南近年来加大了经费投入，初步建成了兵种齐全、层次立体的海空防御体系。

一、越南海军水面主战舰艇的建设思路

围绕“近海防御”的战略目标，越南把护卫舰和导弹艇作为水面舰艇的主要装备。这两种舰艇的特点是成本相对较低，速度快，机动灵活，装备的导弹射程较远且具有很强的杀伤力。作为“以小打大”战略的主要装备，这些舰艇能够快速集结、快速分散，能部署到多个不同环境的海域。当然，也有观点指出这些舰艇也存在一定的劣势，即防空能力较弱，面对空中力量的攻击时比较脆弱。

目前，越南水面舰艇的主力包括4艘“猎豹”级护卫舰、11艘“闪电”（1241.8型）级大型导弹艇。“猎豹”级护卫舰列装在金兰湾的海军四区，部队编号为海军第162旅。根据越南与俄罗斯的合同，2艘“猎豹”级护卫舰由俄罗斯建造，于2011年交付，分别命名为“丁先皇”号（HQ－011）和“李公蕴”号（HQ—012）。2018年2月，俄罗斯向越南交付第三、第四艘“猎豹”3.9级护卫舰，分别为“陈兴道”号和“阮惠号”。另外，荷兰造船厂目前正在为越南建造订购的2艘“西格玛”级轻护舰，另外的6艘导弹艇也在建设之中。

“闪电”级导弹艇被北约称为“毒蜘蛛”级。越南拥有的“闪电”级主要分为三个类别，分别是1241RE型、自行建造的BPS－500型（仅1艘）、以及最新的1241.8型。越南先从俄罗斯手中进口2艘成品，然后在俄罗斯的协助下完成剩余6艘的建设，并取得Kh－35反舰导弹升级版的许可证。

---

① 《王凤岭：越南充实海军，欲利用地理优势控制南海》，《新民晚报》，2012年5月31日。

具体来看，越南建设水面主战舰艇的思路有三个方面：一是购买和自建相结合。目前，越南已经基本掌握“猎豹”级护卫舰和“闪电”级导弹艇的自主生产能力。二是强调水面舰艇的高速机动性。“闪电”级导弹艇最高航速可超过40节，具有较长的续航能力，能控制近5000平方海里的海域，能在海上执行任务持续10天以上，并可实现海上快速突击，消灭近岸和中近海的敌方水面舰艇、运输舰及登陆艇等。① 三是装备威力巨大的反舰武器。越南水面舰艇吨位不大，但装备武器的火力惊人。“猎豹”级护卫大约2100吨左右，“闪电”级导弹艇满载排水量为550吨，但装备有Kh－35E反舰导弹系统，可以在130千米的射程之内攻击敌方目标。“闪电”级导弹艇配备有12枚便携式SA－N－8“针”式防空导弹、四座两联装SS－N－25“天王星”反舰导弹，其火力在一定程度上可以跟两栖攻击舰匹敌。越南还希望在从荷兰订购的“西格玛”级轻护舰上安装“西北风”舰对空导弹和“飞鱼”舰对舰导弹。

二、越南空军与对海作战支援

越南空军总兵力大约有5万人，战机有550架，最早分别装备有124架米格－21、40架米格－23M、53架苏－22飞机。由于这些飞机型号较老，已经不是空中作战的主力。此外，越南空军还有18架捷克生产的L－39初级教练机，该机购于2004年，机载设备较为先进，也可作为轻型攻击机使用。目前，越南空中主要作战力量包括24架苏－27/苏－30多用途战机、50架苏－22攻击机、150架米格－21歼击机，但具备现代化作战手段的只有十几架苏－30MK2V。②

为增强空中作战能力，越南从俄罗斯购进了大量战机。1994

① 《欲“以小博大”，越南提前交付最新“闪电”导弹艇》，澎湃新闻网，2016年4月23日。

② 于冬：《越南国产导弹艇下水，打造南海袖珍防御体系》，《南方周末》，2016年4月24日。

年，越南与俄罗斯首次达成购买12架苏－27战斗机的协议。这批战机分两批次交付，第一批苏－27装备越空军第370航空师下辖的第937“后江”战斗机团，第二批装备第935战斗机团，驻地均在藩朗机场。2003年12月，越南与俄罗斯达成购买苏－30MK2V的合同。后来，越南又追加了采购数量，预计目前将达到32架。2007年，越南获得了10架波兰PZL公司生产的M－28型海上侦察机，4架W－3RM型海上搜索救援直升机。M－28型海上侦察机使越南可前出2000千米进行海上侦察与监视，该机航程虽远，却未装备大功率对海对空搜索雷达，不能为越南海空军提供有效准确的空中预警。

此后，越南海空军逐渐意识到这个问题，把海上巡逻机作为建设重点。2012年9月6日，空中客车集团西班牙分公司向越南交付了首架CASA C212－400巡逻机。越方总共订购3架该型机，该机不但具有对海监视能力，还具备一定空中预警能力。2012年6月，越南空军派出一架AH26运输机、一架负责联络指挥的军机和两架苏－27执行所谓的巡逻侦察任务，飞行时间长达两个小时，这是越南空军第一次使用苏－27战斗机自中部地区飞往南沙群岛，标志着越南空军的对海作战能力有所增强。①

三、越南潜艇部队的建设思路

越南水下打击力量主要由6艘“基洛”级常规潜艇组成，从俄罗斯购买获得。在俄罗斯为越南海军建造的6艘636型柴电潜艇中，第一艘HQ－182“河内”号和第二艘HQ－183“胡志明”号，已经于2014年4月交接入列，编入越南海军潜艇部队第189支队服役。第三艘潜艇“海防”号则于2015年1月下旬运抵越南。它们全部由荷兰驳船运输，从俄罗斯港口驶往越南金兰湾。“基洛”级常规潜艇的特点是噪音低、吨位大、火力打击强。在越南采购的6艘潜艇中，装备了53－65K反舰鱼雷和TEST－71反潜/舰鱼雷，以及可以在

① 陈道银：《越南经略海军，剑指中国南海》，《社会科学文摘》，2013年第6期，第30页。

300千米射程内攻击水面和岸基目标的Club－S巡航导弹。

越南装备6艘“基洛”级常规潜艇具有重要的战术意义。[①] 在这6艘潜艇中，可随时保持2艘出海作战。从功能上来看，越南可能将这些舰艇用于反水面舰艇作战和封锁海上交通线。特别值得注意的是，越南可能在南海南部马六甲海峡入口方向，建立一个所谓的“潜艇伏击区”，形成局部封锁马六甲海峡东部入口的能力。一旦越南因为南海岛礁主权或海域划界纠纷等问题，与中国发生海上武装冲突，越南海可能启动南部“潜艇伏击区”，封锁中国南下进入马六甲海峡的航线。而越南海军的终极目标是，构建一支由更多先进俄制潜艇组成的水下部队，增强在南海的威慑力。[②]

四、越南岸基防御体系建设

越南加强近岸防御体系建设主要沿着两条思路展开：完善近岸基地布局、装备并部署岸基反舰导弹。

越南现有各类港口119个，其中主要的海军基地和军用港口10余个，越南海军基地总体布局呈现出“南重北轻”的特点。2006年初，越南国防部宣布在海防市耗资5亿美元打造越南第二大深水军港，即海防海军基地。这标志着越南的近岸基地建设朝着向南部地区倾斜的方向发展，其主要目的是为了缓解越南战舰只能停靠南部金兰湾基地的困境。此举将极大地提高越南海军基础设施的战斗保障水平，加强越南对南海海域的监控力度。[③] 此外，越南加紧修建和扩建了岘港、归仁、芽庄、金兰等几个中部及南部的重要军港和军民合用港口，以便更好地满足各式舰船的停泊和补给需求。特别需要注意的是，建成后的芽庄潜艇基地，将和金兰湾海军基地互为

① 美国《国家利益》杂志网站认为越南可能从如下5个方面使用这些潜艇：特种作战、战略威慑、伏击作战、封锁作战、局部区域控制。参见滕子明等：《美媒称越南潜艇将成为中国噩梦，或改变南海平衡》，《环球时报》，2015年3月31日。

② 《越南潜艇部队：两大“撒手锏”对付中国海军》，新华网，2013年8月14日。

③ 陈道银：《越南经略海军，剑指中国南海》，《社会科学文摘》，2013年第6期，第30页。

“犄角”，成为越南的两座“海岸堡垒”。[①]

越南对岸基反舰导弹比较重视。越南海军很早就获得了苏制“冥河”岸舰导弹，后来又从俄罗斯引进了 K－300P“棱堡”岸舰导弹系统。此外，越南在加强自身反舰导弹能力建设的同时，还试图从印度引进“布拉莫斯”巡航导弹。这些导弹的飞行速度快、射程远，是从陆地打击水面目标的重要手段。2010 年 8 月，俄罗斯向越南交付了可装备一个营的“宝石”岸基反舰导弹。这些导弹部署在靠近胡志明市的藩切，阵地距离海岸仅 1.3 千米。该系统的岸防雷达对海上目标的探测距离达到 450 千米，对导弹目标的探测距离达到 35 千米；以主动模式搜索时，能够同时跟踪 30 个目标，以被动模式搜索时能跟踪 50 个目标；其数据处理系统能够同时处理 200 个目标，可有效拒止他国战舰靠近越南近海区域。[②]

① 祁雷：《越南购潜艇：意欲驶向何方》，《南方日报》，2015 年 2 月 2 日。

② 陈道银：《越南经略海军，剑指中国南海》，《社会科学文摘》，2013 年第 6 期，第 30 页。

第八章　印度尼西亚海上军力建设思想转型

近年来，在“全球海洋支点”战略的指导下，印度尼西亚把国内经济建设与海洋安全战略结合起来，力图建设海上强国。在军事力量上，印度尼西亚提出军事现代化计划，把更新海上装备作为主要任务，试图打造一支“绿水海军”。

第一节　印度尼西亚海洋安全战略的特点

印度尼西亚是一个群岛国家，其在地缘上有如下几个特点：一是岛屿多、海岸线长，管辖水域广。有资料显示，印度尼西亚全境分布着约17508座岛屿，海岸线长约55000千米。其海洋面积达580万平方千米，包括30万平方千米的领海，280万平方千米的群岛水域以及270万平方千米的专属经济区。二是印尼地缘位置突出。印度尼西亚是印度洋与太平洋航道的重要连接点，周边有3个具有重要战略意义的海峡，即马六甲海峡、巽他海峡和龙目海峡。[①] 三是印尼是东南亚地区的重要经济体，近年来经济保持高速增长，在东盟中的地位十分突出，国际影响力日益提高。对于印度尼西亚来说，海洋在其国家安全战略中有着独特的作用。

与其他陆上国家和岛国不同，海洋对印度尼西亚而言

① （马来西亚）拉姆利·多拉万·沙瓦鲁丁·万·哈桑：《印度尼西亚海洋边界管理中的挑战：对马来西亚的启示》，《南洋资料译丛》，2015年1期，第23页。

> 不仅仅是陆地向外的延伸、国家间来往通商的渠道和防御的屏障，更是这个国家之所以为国的不可或缺的要素——是海洋水体将印度尼西亚一万七千多个岛屿联合在一起，在很大程度上支持了国家的生产生活，也塑造了印度尼西亚作为群岛国家独特的身份认同。一直以来，印度尼西亚充分认识到群岛海域的脆弱性，尤其在海军力量不足的情况下，国家被更强大的外国势力分而治之的可能始终是印度尼西亚最大的忧虑。①

群岛海域有其特殊性，辐射面积较广，需要较为庞大的海上力量加以管控。群岛在地理上比较分散，如何对其协同管理也是需要重点解决的问题。印度尼西亚位于世界最繁忙的海上交通要道之上，全球1/3的海上运输要通过马六甲海峡完成，各国都对这个区域的安全形势极为关注。长期以来，世界海上强国在东南亚海域的活动一直比较频繁。例如，美国派出濒滨海战斗舰部署在新加坡，同时在澳大利亚西北部部署了海军陆战队。美国还派出飞机和舰船定期对东南亚海域进行巡航。澳大利亚、日本和印度也经常通过打击海盗和联合军事演习等形式强化在该区域的活动和存在。尤其需要注意的是，澳大利亚在1987年公布的《国防白皮书》就曾提出："群岛国家，尤其是印度尼西亚的发展，在战略上对于我们意义重大。印度尼西亚是澳大利亚国家安全最为重要的因素之一。印度尼西亚不仅仅覆盖了澳大利亚北部群岛链的绝大部分——任何针对澳大利亚发动的军事进攻的必经路线，也跨越了澳大利亚通往欧洲和北太平洋空中和海上生命线。"②

除了关注域外大国在东南亚地区的活动之外，印度尼西亚认为目前还面临着如下三类安全挑战：第一，与周边国家存在海上争端。

① 转引自尚子絮：《澳大利亚与印度尼西亚的战略关系及其地区影响》，《太平洋学报》，2017年第10期。

② Commonwealth of Australia, Defense 1987, Government Publishing Service, Canberra, 1987.

目前印度尼西亚与其他国家存在争端的岛屿分布在18个省、34个县之中。它们的面积大多仅有0.02至200平方千米，而且只有一半是有人居住的。[①] 与此同时，东南亚国家加快了海上军事力量建设的步伐。随着6艘“基洛”级潜艇的服役，越南对相关海域的控制威慑能力会大幅加强。另外，马来西亚、新加坡、菲律宾等国先后提出军事现代化发展计划，宣布要进一步加强海空力量建设，增强对相关岛屿和海域的巡逻和控制力度。第二，海上非传统威胁带来挑战。印度尼西亚是印度洋与太平洋之间的海上走廊，其周边海域面临的非传统安全威胁比较严重。印度尼西亚认为本国面临的外部威胁主要来自非国家行为体的有组织跨国犯罪行为，这些犯罪行为主要是“利用印度尼西亚国内的状况进行的”。[②] 第三，印度尼西亚还担心地区的海上争端、武装冲突和大规模杀伤性武器扩散等因素危及自身安全。东南亚及印度洋沿岸部分国家内部矛盾严重，其国内冲突有可能“外溢”到海上。2016年印度尼西亚最新发布的国防白皮书中把未来面临的挑战分为两类：事实威胁和非事实威胁。事实威胁包括恐怖主义、极端主义、分裂主义、武装叛乱、自然灾害、边境骚乱、知识产权侵犯、自然资源盗窃、瘟疫、网络攻击、间谍活动、走私以及毒品泛滥。而非事实威胁指不同国家因武力竞争而导致的外部冲突。[③] 需要特别指出的是，印度尼西亚对大国在马六甲海域的活动存在疑虑。2008年，印度尼西亚出台的国防白皮书中曾提出：

“在东南亚地区，由于国际贸易运输要经过马六甲海峡及附近海域，因此马六甲海峡仍然是国际社会的焦点。马六甲海峡的战略地位使主要大国希望能在海峡安全上发挥

---

① （马来西亚）拉姆利·多拉万·沙瓦鲁丁·万·哈桑：《印度尼西亚海洋边界管理中的挑战：对马来西亚的启示》，《南洋资料译丛》，2015年1期，第26页。

② Indonesia: “Defending the Country Entering the 21st Century,” Republic of Indonesia, 2003, p. vi.

③ 《印尼发布新版国防白皮书，强调加强海洋防御力量》，国际在线，2016年6月2日。

直接的影响。”虽然“印度尼西亚在维护国家安全问题上也面临很大的挑战”，但是“对印度尼西亚而言，马六甲海峡的直接安全关乎马来西亚、新加坡和印度尼西亚的主权。从而，尽管印度尼西亚承认海峡其他使用者的利益，也同意他们以教育、培训和信息交流的方式间接参与马六甲海峡的安全维护”，但这并不意味着印度尼西亚能够接受区域外大国直接介入马六甲地区事务。①

总结起来，印度尼西亚的安全战略环境有着显著的独特性。首先，作为一个群岛国家，如何充分运用安全力量对区域大、分散广的国土面积进行有效防卫，其中的规律和特点与其他国家的安全战略存在很大不同。其次，印度尼西亚面临的安全威胁具有多元化的特点，既对域外大国在东南亚地区的活动保持着疑虑和戒备，又面临着分离主义、恐怖主义、海盗袭击和跨国犯罪等非传统威胁，如何有效平衡安全力量的结构和分布问题也是面临的重大挑战。再次，印度尼西亚特殊的地理环境和安全环境增加了维护安全稳定的复杂性。印度尼西亚位于世界最繁忙的海上交通线之上，世界大国对其地缘位置极其重视；南海问题涉及主体多，各方之间的矛盾和分歧各异，加之域外势力的介入，此问题显得更加复杂。在既需要维护内部秩序，又需要应对外部的威胁和挑战的背景下，印度尼西亚采取的策略是构筑“一个同心、多层级的战略体系”。

在这个战略体系当中，印度尼西亚的人民安全是全部战略的核心目标和核心任务。围绕这一战略核心，印度尼西亚的国防战略分为国家内部层面和国外地区层面两个层级。在国家内部层面，印度尼西亚的武装力量和本国的国防工业支撑起印度尼西亚全国军事与非军事的综合性总体

① 《印度尼西亚主要海上威胁及其海上防务战略》，2014 年 10 月 14 日，http://www.lunwenstudy.com/bjzhengzhi/39799.html.

防务体系；在国外地区层面，印度尼西亚主要通过与东盟国家的协作网络，以及“东盟+6”战略，运用军事和非军事的要素（如经济、文化、身份认同等）来保护和维持国家利益。①

在上述防务战略的指导下，印度尼西亚维护国家安全的路径可以细分为如下三个方面：

其一，加强内部军事力量建设。虽然是群岛国家，但冷战结束以来，印度尼西亚的主要战略重心都放在了国内。其主要原因是印度尼西亚长期面临着来自内部的威胁和挑战，使其需要不断保持军队的机动性和灵活性。有观点认为：印度尼西亚军队在印度尼西亚政治生活和保持国家领土完整方面扮演着关键角色，长期职能都是聚焦国内威胁而非外部安全关切。② 根据印度尼西亚武装力量改革中期计划（2004－2014 年）和 2024 年前武装力量发展的长期计划，印度尼西亚军方将对现有装备进行换装，引入苏－27CKM 和苏－30MK－2 飞机、雅克－130 教练战斗机，向美国购买 20 架 C－130 运输机、向法国购买 10 架 NAS－332 “超级美洲豹” 直升机、向俄罗斯购买 “伯朝拉河－2M” 对空导弹系统、向印度购买雷达等装备。③ 然而，印度尼西亚的国防经费长期以来始终保持在 GDP 的 0.8% 左右。2008 年，印度尼西亚提出建设 “最小限度必备部队” （Minimum Essential Force）。该计划提出在未来 15 年内分三个阶段扩大国防开支，即从 2010—2014 年、2015—2019 年，以及 2020—2024 年期间，将防务开支的比例提高到 GDP 的 1.5%—2% 。最终目标是建立一支 “绿水” 海军，总体提升空军的战斗能力，建设一支更加

① （印尼）丹迪·苏森托：《印度尼西亚新防务战略解析——兼谈与中国在地区安全方面的合作》，《东南亚研究》，2007 年第 5 期，第 5 页。

② Bruce Vaughn, “Indonesia: Domestic Politics, Strategic Dynamics, and U. S. Interests,” CRS Report for Congress, January 31, 2011, RL32394, p. 12.

③ 《印尼 2024 年前军队建设重点曝光，增九个空军中队》，中国网，2009 年 11 月 19 日。

机动灵活的陆军部队，逐步发展国内防务工业能力。[①] 在军事战略层面，印度尼西亚坚持“全民防御”（total people's defence）战略。在印度尼西亚看来，战争分为三个阶段：入侵者在短期内击败印度尼西亚的常规军事力量；接下来是在领土范围内的长期游击战争；最后是扩大到整个国家的人民都参与进来的战争。[②]

其二，借助东盟机制来维护其安全也是印度尼西亚的战略选择。自 1967 年印度尼西亚、马来西亚、菲律宾、泰国和新加坡五国组建东南亚国家联盟以来，印度尼西亚就希望通过东盟各国的合作来对抗外来威胁，通过“遵循正义、国家关系准则和联合国宪章，促进东南亚的和平和稳定”。[③]

其三，推行大国平衡外交。美国、日本、印度和澳大利亚都对东南亚海域高度关注，各大国的亚太地缘战略构想均成为影响印度尼西亚重要战略利益所在地——马六甲海峡及海峡周边地区安全的重要因素。印度尼西亚作为一个经济改革还没有全部完成的发展中国家，妥善处理好与外部环境的关系是其新时期国防战略的重要内容。[④] 印度尼西亚将自身定位为“两大洲和两大洋之间的国家”，通过平衡处理太平洋国家和印度洋国家之间的关系来扩大战略影响。在太平洋方向，印度尼西亚与中国、美国、日本和澳大利亚保持相对稳定关系。目前，印度尼西亚与太平洋国家建立了“印度尼西亚—美国安全对话”“美国—印度尼西亚双边国防对话”“印度尼西亚—澳大利亚战略防御对话”等机制，还与德国、英国、法国、荷兰、意大利、西班牙等欧洲国家就军备购买、技术转让等问题签署

① Brigadier Vinod anand, “Modernization of Indonesian Defence Forces,” SP's Land Forces, 5, 2014, p. 2.

② Brigadier Vinod anand, “Modernisation of Indonesian defence Forces,” SP's Land Forces, 5, 2014, p. 3.

③ 方连庆等主编：《战后国际关系史（1945—1995）》（上），北京：北京大学出版社，1999 年版，第 412 页。

④ （印尼）丹迪·苏森托：《印度尼西亚新防务战略解析——兼谈与中国在地区安全方面的合作》，《东南亚研究》，2007 年第 5 期，第 6 页。

了合作备忘录和协议。在印度洋方向，印度尼西亚推行“西向”战略，与印度的“东向”战略对接，重点推进双方的接触与合作。印度尼西亚提出要借助2015—2017年印度担任环印度洋组织主席国的机遇来加强同印度洋沿岸国家的合作，以谋求在该地区的一席之地。①

第二节　印度尼西亚海上强国战略与“绿水”海军建设

印度尼西亚总统佐科上台执政以来，提出了“全球海洋支点”战略。佐科总统提出：“大洋大海、海峡海湾是印度尼西亚文明的未来”，现在是“恢复印度尼西亚‘海上强国’称号，像祖辈那样雄心壮志，‘称雄四海’的时候了”②。以“全球海洋支点”战略为标志，印度尼西亚的海上军事力量建设思路正发生重大转型。

在“全球海洋支点”战略中，除了从观念上强调海洋的重要性，还提出要加强海洋资源的开发和利用，重点突出港口、航运和海上旅游的建设，以实现海洋主权和海洋经济发展。在安全方面，该战略特别突出两个方面的内容：一是重点加强与各国的海洋安全合作，妥善处理领土争端，注重打击非法捕捞和海盗袭击，强调保护濒海主权以及海洋环境；二是加强海上防御力量，用以保护国家领海主权完整和海洋资源，维护区域海洋航行安全。③“全球海洋支点”战略的提出，反映了印度尼西亚建设海上强国、在国际上以中等国家身份发挥影响的目标。该战略的立足点是利用印度尼西亚位于太平

---

① 李峰、郑先武：《历史承续、战略互构与南海政策——印尼佐科政府海洋强国战略探析》，《太平洋学报》，2016年第1期，第69—70页。

② 转引自张洁：《“一带一路”与“全球海洋支点”：中国与印尼的战略对接及其挑战》，《当代世界》，2018年第2期。

③ http://csis.org/publication/southeast-asia-scott-circle-jokowi-spells-out-vision-indonesias-global-maritime-nexus#commentary.

洋和印度洋十字路口的地缘位置，对内加强海洋经济发展与治理，对外注重与其他国家展开合作，在增强印度尼西亚总体实力的同时提高国际地位。根据“全球海洋支点”愿景，佐科总统希望一手抓基础设施建设，一手抓捍卫国家主权，两手并进不悖，促使印度尼西亚重新成为海洋强国，恢复历史上的辉煌。[①]

为实现上述目标，印度尼西亚着眼在未来20年内建设一支介于“蓝水”和“褐水”之间的“绿水”海军（green water navy）。印度尼西亚在发展海上军事力量的过程中有如下预期：一是相对于本国的领海面积，印度尼西亚的海军规模虽然不大，但仍需要具有坚实而可靠的实力；二是以一定的威慑力量为基础，保证实现阻止外部势力干预国际冲突的最低目标，以保护国家主权为最高目标；三是依托地理条件实行纵深防御的理念；四是在和平时期注重力量积累，以备战之需；五是成为东南亚一支重要的力量，为保护地球和平与稳定与其他国家和组织展开合作。[②] 综合看来，印度尼西亚海上军事力量建设的目标是发展一支规模合理、实力坚实可靠，在东南亚地区具有重要地位，在实施海上威慑的同时，能够依托其自身地理环境阻止外国干涉的海上力量。

据《简氏国际海军》的资料，印度尼西亚海军目前有6.5万余人。印度尼西亚海军共有213艘舰船，包括逾70艘近海巡逻战舰，但“真正能用的舰船却不及这个数量。印度尼西亚不到一半的船只处于战备状态，且多数舰队整体情况不理想。多数舰船是十多年前启用的，亟需更新”。[③]为了提升海上军事实力，印度尼西亚政府制定了海军中远期发展规划，从组织编制、部队结构、武器装备和基地建设等诸方面人手，大力推动海军现代化建设，力争在未来20年内建成的“绿水”海军。2013年11月，印度尼西亚军方出台了“军

---

① 刘畅：《印尼建设“全球海洋支点”的两难抉择》，《南风窗》，2015年第7期，第71页。

② 转引自（德）乔尔根·苏尔茨等著，鞠海龙等译：《亚洲海洋战略》，北京：人民出版社，2014年版，第214—215页。

③ 《寻坠机暴露印尼海军不足：战备舰艇不到一半》，《参考消息》，2015年1月13日。

事现代化战略”。根据该军事现代化战略，未来10—15年，印度尼西亚军方将强力打造包括274艘舰船的“绿水”海军，计划采购12艘柴电潜艇、2艘轻型护卫舰、24艘导弹艇、60艘巡逻艇、4艘补给舰、11架反潜直升机和3艘海巡船。①

总体上来看，印度尼西亚“绿水”海军的目标是建设一支具备一定打击能力的近海部队。在这支力量中，巡逻艇和导弹艇的数量较大，这跟印度尼西亚要处理复杂安全威胁的定位是一致的。新计划将潜艇的数量由2艘增加到10余艘，这也是一个重大的调整和变化。在水下情况复杂的东南亚地区，印度尼西亚加大潜艇部队的建设无疑会提升海上威慑能力。新的建设计划突出了舰艇结构编成的多样性，增加了扫雷舰、登陆艇和拖船等后勤船只的建设，可使海上军力结构更加均衡化和多样化。值得注意的是，随着C－802反舰导弹发射装置、“飞鱼”MM－40反舰导弹发射装置、“西北风”近距防空导弹系统、“天王星－Э”舰载导弹系统和“宝石”反舰导弹发射装置的大量使用，印度尼西亚海军的远程打击能力可能会得到大幅提高。

目前，印度尼西亚主要通过对外采购的方式来升级装备。具体计划包括从韩国采购4艘两栖船坞登陆舰，对外采购4艘“迪波内哥罗”级轻型导弹护卫舰、从意大利引进1艘大型巡逻舰，与韩国达成技术转让协议建造3艘柴电潜艇，从荷兰采购集成信息技术系统用于监控领海区域，基于瑞典萨博公司的技术建立国防数据整合系统。另外，佐科政府将振兴国防工业提升到战略高度，提出在2025年前实现军工业“自立”，以应对武器禁运和国外武装干涉的可能性。为从长远角度减少购买外国武器的支出，印度尼西亚采取了多种措施，具体包括：以对销贸易和抵销贸易的方式购买国外设备、增加本国军工产品订单、促进技术转移、引进武器生产线、提

① 彭玲霞：《印尼推行军事现代化，将打造274艘舰船的“绿水海军”》，中国国防科技信息网，2013年12月12日。

高武器系统整合能力，等等。[①]

在海上军事战略方面，印度尼西亚海军长期坚持“逐岛防御”的军事思想，基本做法是以大岛为核心，以群岛为基地，建立独立防守与机动作战相结合的防御体系。其中，主要军事力量用于大岛防御，同时依靠机动力量加强海域（南海、印度洋）、边境重要海峡（马六甲海峡）及偏远地区的防卫力量。[②] 印度尼西亚“逐岛防御”有如下特点：

> 海军军舰并不集结在某一特定地区，而是根据需要派遣小型舰队在东、西、中三个地区[③]进行集结、游弋和巡逻。……加强濒临马六甲海峡、南中国海及印度洋等具有战略意义的前沿、边境、重要海峡及偏远地区的防卫力量，形成以爪哇岛为中心、东西兼顾的战略布局。……此后，印度尼西亚海军又提出以近海防御为主，力求取得相关海域、海岛和有争议地区的控制权，支援和保卫海洋资源开发、保障海上航道畅通。目前，印尼海军正在推行一系列转型计划，以提高海军海岸阻绝作战的能力。[④]

---

① 薛松、许利平：《印尼“海洋强国战略”与对华海洋合作》，《国际问题研究》，2016 年第 3 期，第 73—74 页。

② 王受业等：《印度尼西亚》，北京：社会科学文献出版社，2006 年版，第 286—287 页。

③ 另有资料显示，印尼海军将印尼领土划分为四个主要的防卫区域：西部由苏门答腊岛组成，中部由婆罗洲和爪哇岛组成，东部则将西里伯斯海和南部岛屿合为一个区域，其余的西巴布亚、马鲁古省和一部分南部岛屿合为一个区域。参见吴艳：《印度尼西亚海洋战略探析》，《战略决策研究》，2014 年第 2 期，第 52 页。

④ 叶林：《前岛之国的海上卫士》，《现代舰船》，2008 年第 3 期，第 36 页。

第九章　印度海上军力建设思想的路径

历史上，印度多次遭受到来自海上方向的威胁和侵略。特殊的历史记忆让印度战略精英比较重视来自海洋方向的安全威胁。随着综合国力的不断增强，印度逐步把“控海”和“拒海”作为海洋安全战略的目标，力图把印度建设成为一个海洋强国。在此战略的指导下，印度通过自主和引进相结合的方式建立了一支规模庞大、结构相对比较均衡的海上军事力量。

第一节　印度海洋安全战略的主要特点

印度海洋安全战略表现为多重复杂的特点，这跟其特殊的历史和地缘因素密切相关。作为一个陆海复合型国家，印度既重视大陆方向的安全，又强调海洋方向的威胁。在此过程中，印度的海洋安全战略受英国和苏联的影响较深，这对印度海军的作战理念和装备建设产生了重大影响。另外，印度的长远目标是建立一支能够控制印度洋的海上军事力量，因此在与域外大国进行接触合作的同时依然存在较强的戒备与排斥心理。

一、大陆主义与海洋意识的交织

从地缘状况来看，印度属于一个陆海复合型国家。独立之初，印度把战略重心放在大陆方向。1947 年 8 月，印度在发布的《海军发展计划书》中提出，海军在未来 10 年的主要任务是：“保护在公海上的航运免受干扰；保证能够在任何情况下通过海洋到达和离开印度；保持港口和沿海航运路线的畅通；阻止任何敌人在其海岸登陆；在促进国家政策实施方面，根据可能的要求在任何行动中支援陆军。”① 可见，当时印度海军被认为是陆军的支援力量，其主要功能是防止敌对势力从海洋进入印度，保证印度港口和海上航线的安全。印度之所以如此定位海军的功能，这跟当时其奉行的安全战略密切相关。冷战初期，印度的战略重心是在陆地上奉行“两线扩张”战略，无暇重视海上军力建设，主要的战略资源均用于建设陆军和空军。有观点认为印度大陆主义的根源有两个：一是印度在殖民时期长期处于分裂状态，独立之后把陆地上的完整巩固作为优先任务。② 二是印度在20世纪50年代提出要把喜马拉雅山作为“印度的安全线”，极力通过“前进政策”将自己的势力向那里推进。③ 另外，印度在独立之初面临比较严重的国内经济困难，所以在20世纪70年代之前，印度海军的军费开支维持在相对较低的水平。目前，印度国家安全战略中的大陆主义思想依然存在，尽管印度强调加强海上军事力量建设，但依然没有放松在西部和北部方向的战略投入，这对其海洋安全战略造成了一定的影响。

在大陆主义主导印度安全战略的同时，印度建国后的海洋意识也在逐渐复兴。这种复兴来自于三个因素的推动。一是当时印度国内精英的呼吁。例如，潘尼迦就曾提出：“对于像印度这样一个由于地理因素几乎全靠海上贸易过日子的国家，这种来自海上的控制，更好比是用手掐住脖子。”印度洋“不过是众多重要海区之一，但对印度来说，却是唯一重要的海区”，因为“印度的生命线集中在这

① Satyindra Sing Avsm, *Under Two Ensigns: the Indian Navy* 1945 - 1951, London: Oxford&IBH Publishing Co. , 1986, p. 68.

② Iskander Rehman, India's Aspirational Naval Doctrine, p. 68. http://www.academia.edu/Indias_ Aspirational_ Naval_ Doctrine.

③ 曹永胜等：《南亚大象：印度军事战略发展与现状》，北京：解放军出版社，2001年版，第51页。

里，它的未来有赖于保持这个海区的自由”。[①] 显然，以潘尼迦为代表的印度精英把海上安全上升到直接关系国家安全的层次，这对印度海洋意识的复兴产生了直接的推动作用。二是来自对历史经验教训的总结。近代以来，印度就是因为受到了来自海上方向的入侵而沦为殖民地。这些经历和记忆直接刺激了印度的不安全感，使印度对于外国在印度洋上的活动存有深深的疑虑和戒备。在印度看来，“任何域外大国在印度洋的存在都被认为是一种威胁”。[②] 在这种认识的影响下，印度国内提出要建立一支强大的海上力量来抵御来自印度洋的海上威胁。三是对控制印度洋的考虑。印度一方面对来自印度洋上的军事威胁十分的疑惧，但同时又面临着控制印度洋的战略诱惑。作为在印度洋上“居于核心地位”的国家，印度的思想家很早就提出要控制印度洋。潘尼迦评论到：“印度如果自己没有一个深谋远虑、行之有效的海洋政策，它在世界上的地位总不免是寄人篱下而软弱无力；谁控制了印度洋，印度的自由就只能听命于谁。因此印度的前途如何，是同它会逐渐发展成为强大到何等程度的海权国，有密切联系的。”[③] 印度三面环水，俯瞰印度洋，同时遏控亚洲通往欧洲和非洲的海上交通线，地理位置十分优越。比较而言，印度的综合国力远在印度洋沿岸国家之上，尽管欧美国家在印度洋保持着海上军事存在，但力量相对遥远分散，相互驰援的距离比较遥远。印度享有地理之便，力量集结较为方便，在建设海上强国的目标指导下，无疑会把控制印度洋作为远景目标。

此外，印度洋地区的安全形势也是促使印度加大海上力量建设的重要促因。在第二次印巴战争中，印度海军侦察能力不足，海上机动和支援力量捉襟见肘，使印度认识到必须加强投入。在第三次

---

① （印）K. M. 潘尼迦著，德隆、望蜀译：《印度和印度洋：略论海权对印度历史的影响》，北京：世界知识出版社，1965 年版，第 81—82 页。

② Zinger Marcust, “The Development of Indian Navy Strategy since 1971,” Contemporary South Asia, Vol. 2, 1993, Issue 3, p. 340.

③ （印）K. M. 潘尼迦著，德隆、望蜀译：《印度和印度洋：略论海权对印度历史的影响》，北京：世界知识出版社，1965 年版，第 89—96 页。

印巴战争中，印度依靠航母舰队取得海上优势，达成了预先设定的战略目标，这进一步刺激了印度加快海军建设的步伐。20 世纪 60 年代，随着国力的相对下降，英国逐渐把影响力撤出印度洋，而美苏两国对印度洋的争夺却日益激烈。在这种背景下，印度认为有必要加强自身的海上军力，以实现维护自身安全，实现填补力量真空、扩大海上影响力的目标。经过数十年的建设，印度海军已经发展成为印度洋上一支重要的海上力量，并逐步把影响力拓展到全球其他海域。

二、英国传统与苏联观念的结合

如果说大陆主义和海洋意识是影响战略资源投放方向的主要因素，那么下一步需要探讨的问题就是哪些因素影响了印度海军的具体职能、任务和运用原则。对于这个问题，托马斯·巴内特（Thomas P. M. Barnett）认为印度海军存在两个派别：英国学派（British school）和苏联学派（Soviet school）。前者强调构建国际海洋联盟，致力于保护海上交通线；后者则更多地强调威慑战略和海上拒止战略。巴内特甚至认为印度东部舰队是苏联学派的代表，而西部舰队则是英国学派的代表。① 对于这个观点，印度国内有观点明确表示了否定，认为苏联在冷战期间“只是给印度提供了装备，并未向其提供战术知识和学说”。②

不过，从印度海上军力的发展过程来看，似乎不能完全忽略英国和苏联因素带来的影响。印度海军受英国的影响主要体现在两个方面：一是印度海军建立之初的装备主要来自英国。第二次世界大战期间，英国皇家印度海军的规模曾达到 3.3 万人。战争结束后，英国皇家印度海军的规模有所缩减。1947 年，印巴按照 2：1 的比例

① Iskander Rehman, India's Aspirational Naval Doctrine, p. 73. http: //www. academia. edu/Indias_ Aspirational_ Naval_ Doctrine.

② Iskander Rehman, India's Aspirational Naval Doctrine, p. 74. http: //www. academia. edu/Indias_ Aspirational_ Naval_ Doctrine.

进行海军分配，印度分到了28艘轻型舰艇，共约1.1万名官兵。20世纪70年代之前，英国是印度海上军事装备的主要来源国。1948年7月，印度海军从英国获得“德里”号巡洋舰。随后，印度通过租借、购买等方式又从英国获得多艘战舰。1951年到1960年间，印度从英国先后获得8艘护卫舰，包括3艘反潜护卫舰和3艘防空护卫舰。1961年，印度从英国获得“维克兰”号航母。此外，印度还从英国方面获得了6艘扫雷艇、6艘海上防卫艇等小型舰只。冷战初期印度海军的装备主要从英国获得，这势必要求建立与英国相一致的技术、后勤和操作体系，并学习和借鉴英国的作战、训练和战略思想理念。二是印度海军早期的军官主要依靠英国进行教育和培训。独立后的印度海军，前四位指挥官军均来自英国皇家海军。1947年11月，印度和英国达成军官和海员培训协议，英国同意帮助印度建立并完善鱼雷学校、反潜学校、电气学校等培训机构。尽管印度逐步开始建立独立的海上军事力量体系，但英国在第二次世界大战之后依然控制着印度洋的海权。英国在印度洋地区控制着查戈斯群岛，其中的迪戈加西亚基地是英国舰船重要的停泊点和补给点，加之英国海军仍然控制着苏伊士运河、好望角、马六甲海峡等战略“咽喉”，这使得当时将战略重心放在大陆方向的印度把英国作为重要的海上合作对象。时至今日，印度海军战略依然受到英国的影响。2015年，印度对2009年出版的《印度海上学说》（Indian Maritime Doctrine）进行了更新。在该文件中，明确了提及孙武、克劳塞维茨和科贝特的战略思想。从海洋战略来看，科贝特的海洋安全思想独树一帜，可见英国因素对印度海军建设思想的影响犹存。

印度与英国合作的主要考虑是获取海上军事装备，进而建设一支独立的海上力量。潘尼迦曾提出：印度海军不仅要使敌船“不能近岸，不能干扰本国对外通商贸易”，而且要“反其道而行之，对敌岸进行封锁，对敌船进行歼击”。[①] 印度试图建立一支能够具有区域

---

① （印）K. M. 播尼迩著，德隆、望蜀译：《印度和印度洋：略论海权对印度历史的影响》，北京：世界知识出版社，1965年版，第88—94页。

控制和远洋进攻能力的海上军事力量。英国则希望通过合作关系将印度海军作为其全球军事力量的有效补充。显然，印度和英国在海军发展建设目标上存在很大的分歧。印度海军试图扩大在印度洋上的地位和角色，英国的决策者则更希望印度海军承担更加单一、地区化的任务，比如反潜作战和海岸防卫等行动。1950 年 11 月，英联邦事务大臣（Secretary of State for Commonwealth Relations）帕崔克·沃克（Patrick Walker）表示：

> “事实上，我想我们都已意识到，我们和印度之间在印度海军的功能上存在根本的分歧。我们自然希望他们建立一支能够满足他们防卫需求、人员充足的海军，未来能够对英国的海军战略做出贡献。也就是假设印度愿意进行合作，我们将极力向印度提供足够的反潜和扫雷部队。而印度人却不断地向英国施加压力，要求英国提供援助建立他们称之为完全平衡的舰队（a fully balanced force），包括大规模的海上航空力量。”①

冷战后期，在向英国采购潜艇被拒绝之后，印度开始向苏联寻求海上装备。印度与苏联展开军事合作，除了寻求武器装备之外，还有借苏联制衡美国的战略考虑。印度海军先后从苏联采购了战斗机、反潜直升机等空中作战力量，以及巡洋舰、驱逐舰、护卫舰等水面舰艇。1967 年底，印度从苏联获得首艘潜水艇“卡尔维里号”。有观点提出：尽管苏联看起来对南亚海军战略思维并未产生长期影响，但是印度海上战略中重视“交通线和咽喉点”的观点与苏联“区域防御”的观点存在相似的地方（certain parallels）。因为“区域防御”主要着眼于对关键“咽喉”点（chokepoints）的控制，以更好地确保苏联海域以及核潜艇的安全，以阻止敌方航母对苏联海

① Iskander Rehman, “India's Fitful Quest for Seapower,” India Review, Vol. 16, 2017, p. 239.

岸线附近的目标进行打击。而印度海上学说非常强调对咽喉点和交通线的控制，这两者的理念非常接近。因此，可以认为印度海军的战略思想在一定程度上受到了苏联的影响。①

三、对域外国家的戒备与合作

印度洋在全球海上贸易交通线中占据重要位置，同时在全球地缘格局中发挥独特影响，美国、日本和澳大利亚等域外大国势必要加强在该地区的活动。以美国为例，有观点认为其在印度洋有四大利益：确保印度洋作为国际商业通道的安全畅通；控制中东地区的石油；阻止对美国不友好国家主导印度洋，特别是印度洋的咽喉要道；应对非传统安全威胁。② 而印度的海上安全利益包括：保护海岸线、岛屿领土（Island Territories）和离岸资产（Offshore Assets）；保护海上区域和边界安全；开发和管理海洋资源；保护海上贸易和商业；在公海上保持航行自由；在印度洋地区进行力量投送。③

仔细比较二者的利益发现，双方在维护海上交通线、打击非传统安全挑战方面存在共同利益，但又在印度洋的控制与反控制方面存在矛盾。从根本上来说，印度的目标是确保印度洋成为其“内湖”，那么对于域外大国在印度洋的活动是存在疑虑的。而美国则反对“不友好的国家主导印度洋”。有观点提出：美军在迪戈加西亚岛上的军事存在让印度颇感不安。印度继承了英帝国将印度洋视为其“内湖”的观念。在印度看来，任何出现在印度洋上的军事力量都可

① Iskander Rehman, India's Aspirational Naval Doctrine, pp. 74 –75. http://www.academia.edu/Indias_ Aspirational_ Naval_ Doctrine.

② 时弘远：《美国的印度洋政策及对中国的影响》，《国际问题研究》，2012 年第 4 期，第 69—72 页。

③ Satyavir Singb, "The Indian Ocean and India's Maritime Security in the 21st Cencury," Rajendra Prasad Ed, *India's Security in 21st Century: Challenges and Response*, New Delhi: Dominant Publishers and Distributos, 2002, p. 284.

以被认为是“炮舰外交”。[①] 显然，这种理念对美国的定位也不例外。印度的政策底线是美国不能危及其核心的海上利益，不能削弱其在印度洋的主导地位，否则就会与其控制印度洋的战略目标相冲突。2004 年，印度在其颁布的《印度海洋军事学说》中明确提出，在阿富汗战争与伊拉克战争结束之后，随着美国和西方国家在印度洋的军事存在不断加强，这使得“来自于印度西部海岸的威胁日益突出”。

印度非常担心西方国家在印度洋日益扩大的海军影响，因为这会危及自身在印度洋的主导地位。有观察提出：历史经验表明，印度洋是印度未来安全之所在；而 21 世纪之初发生在印度洋北岸地区的由美国发动的几场战争表明，在印度洋上，印度的真正对手已经主要是美国，而不是中国；对印度最直接的威胁就是以迪戈加西亚等基地为依托的军事存在。[②] 事实上，印度在冷战期间加强海上军事力量建设的重要促因就来自美国。在美国“企业”号航母驶入印度洋后，印度海军部长称：印度有必要建立一支更强大的海军，尽管不是为了同超级大国竞争，但要提高他们干涉印度半岛海域的成本。有观点称，印度开始核潜艇的设计与研制，也是受到了“企业”号事件的刺激。[③]

美国的政策目标是阻止不友好的国家控制印度洋，防止己方被排斥在印度洋之外，日本和澳大利亚等国也并不完全支持印度控制印度洋。印度的根本最终目标是希望能够实现对印度洋的绝对控制，必然对西方大国在印度洋的活动存在戒备和疑虑，可见，二者的战略目标存在很大的分歧和矛盾。然而，这种矛盾和分歧在短期内激化的可能性不大。印度目前客观上的实力并不能将美国排除在印度

---

① Zinger Marcust, “The Development of Indian Navy Strategy since 1971,” Contemporary South Asia, Vol. 2, 1993, Issue 3, p. 340.

② 张文木:《印度与印度洋：基于中国地缘政治视角》，北京：中国社会科学出版社，2015 年版，第 117 页。

③ Iskander Rehman, “India’ Fitful Quest for Seapower,” India Review, Vol. 16, 2017, p. 242.

洋之外，印度主观上也依然把海洋战略的重心放在保护近海和交通线之上。美国把目前的海洋战略重心放在地中海和西太平洋地区，且在战略上对印度保持接触合作的政策。从策略上来看，美国默许印度的军事力量在安达曼—尼科巴群岛—马六甲海峡以东一线展开，以配合印度在政治上的诉求，需要时也不反对印度海军在南海的活动。然而，以“有限度的影响力”为前提，尽管不明确反对印度在相关海域的航道巡逻和军演，但除安达曼—尼科巴群岛这一印度自身的领地外，美国不支持印度在其他国家建立军事基地的想法。① 对于印度来说，最长远的目标是防止印度洋被域外国家所控制。诺曼·帕尔默就曾对印度的意图进行了描述：“它们（印度）希望印度洋成为和平区，摆脱大国之间的争夺和紧张状态。如果不能做到这点，它们希望大国在印度洋中维持一个‘低姿态’。假若它变成大国之间争夺的地区，它们希望这样至少可使印度洋不致受到一个大国的统治或几个大国的联合统治。”②

尽管存在分歧，但印度与域外大国在印度洋上存在合作的可能性。有观点提出：虽然外部海上力量部署在印度洋地区执行全球反恐战争，开展“持久自由行动”（Operation Enduring Freedom）和“伊拉克自由作战”（Operation Iraqi Freedom），但这些海军的主要战略目的与印度的战略利益基本一致。因为大多数国家对来自波斯湾的石油供应极其依赖，而印度在印度洋的地位和重要性也完全被这些国家所理解。③ 从实际力量来看，印度当前并不能在印度洋上完全排除美日澳等大国的海上力量而独自主导印度洋。这也可以解释印度海军为什么要在2007年5月发布的《印度海军军事战略》中区分首要利益区和次要利益区，并且明确地提出考虑到印度海军的现有

---

① 许可：《美国和印度在亚太的战略碰撞》，《亚非纵横》，2014年第4期，第49页。

② 管带：《向海的步伐——印度海军战略思想发展》，《海陆空天惯性世界》，2011年第11期，第6页。

③ Devbrat Chakraborty, “Regional Maritme Security Environment: an Indian Perspecitive,” Sam Bateman and Joshua Ho eds. *Southeast Asia and the Rise of Chinese and Indian Naval Power: between Rising Naval Powers*, Routledge, 2010, p. 156.

条件，印度海军的战略职能将主要聚集到首要利益区。[①] 从美澳等国家角度来讲，如果印度并没有明确直接地排斥其在印度洋上的存在，那么也没有十分迫切的因素来促使其与印度海军展开对峙或冲突。

在此背景下，印度策略性地加强与域外大国的海上接触与合作。印度的海上综合实力与英美等国相比，还有很大差距。印度支配印度洋仅是其长远战略目标，无法在短期内得以实现，加强对外合作是提升影响力的有效途径。冷战后期，印度提出将印度洋打造成“和平之洋”“无核地区”的基本主张。冷战结束后，印度加强了同美日澳等国家的接触、合作与互动。2016 年，印度总理莫迪表示，印度洋地区是“与我们海上邻国相连接的战略桥梁”，印度将继续积极追求并推动在海上的地缘政治、战略和经济利益。[②] 为此，印度多次举行或参加双边或多边海上演习。演习对象不仅包括新加坡、越南、菲律宾、缅甸等东南亚国家，还包括美国、日本、俄罗斯等域外大国。印美、印韩、印日、印越等国相继建立了海上合作机制，提出要通过战略对话、签订备忘录、缔结合作协定等方式加强海上安全联系。

可见，尽管印度试图在印度洋地区奉行类似“门罗主义”的政策，即排除域外国家对该地区的影响，使印度洋成为印度的印度洋。然而，鉴于印度洋独特的战略地缘环境，世界主要的海上贸易安全都与其密切相关，美国、欧洲、日本、澳大利亚等传统海上力量在印度洋上保持了较强的军事存在，同时不断加强与印度洋沿岸地区国家的合作，这使得印度不仅无法排除这些外部力量的影响，还试图通过与其进行策略性的接触与合作来稳固自身的地位与影响。

---

① 印度宣布的首要利益区包括：阿拉伯海和孟加拉海，它们包括了印度大部分专属经济作业区、岛屿及附近水域；印度洋上的战略要冲有马六甲海峡、霍尔木兹海峡、曼德海峡、好望角；海岛国家；印度石油的主要来源地波斯湾；印度洋地区的主要海上航线；次要利益主要包括南部印度洋地区；红海；南中国海；东太平洋地区。参见孙现朴：《印度的海军战略——兼论印度对中国印度洋政策的认知》，汪戎等主编，《印度洋地区研究（2012/3）》，北京：社会科学文献出版社，2012 年版，第 108—109 页。

② 《日媒：印度海军实力与日俱增，需远洋海军应对中巴》，中新网，2016 年 2 月 12 日。

第二节　印度海上军力建设的指导思想

印度坚持以综合海上力量观为指导，相对均衡地发展空中、水面和水下军事力量，把“控海”和“制海”作为海上军事力量建设的落脚点。在“控制印度洋”、建设“蓝水海军”的目标指导下，印度将海上力量建设与海岸力量建设统筹起来，试图建立一支既能维护近海和海上交通线安全，又能进行远洋力量投送和打击的海上力量。

一、综合海上力量观

根据2016年最新升级的印度《海洋安全战略》，印度的海上利益主要包括如下几个方面：一是维护海岸线和近海安全。印度《海洋安全战略》提出要保护其“7516公里长的海岸线、1197个岛屿、12个主要港口以及200个次要港口”的安全；二是保护海上贸易。印度“90%以上的贸易量”以及“贸易总额的70%”都是通过海上运输。特别值得注意的是，印度与太平洋地区的贸易量在不断攀升。2007—2008年，印度与东盟、澳大利亚、日本和韩国的贸易额分别为400亿美元、109亿美元、98.9亿美元、112.2亿美元。2012—2013年，印度与上述国家的贸易额分别攀升至800亿美元、138亿美元、160亿美元、174.4亿美元。[①] 三是保护印度商船安全，确保海外贸易交通线的畅通。四是维护海洋资源和利益。印度“10%—15%的人口住在滨海地区，且以渔业为生。渔业不仅支撑印度的经济增长，还为印度带来一定的外汇收入。”此外，印度《海洋安全战略》还提出要保护海床资源、能源安全、能源资产安全。需要强调的是，印度《海洋安全战略》还强调印度在南极的利益，认为通过

---

① Harsh V. Pant and Yogesh Joshi, “The American ‘Pivot’ and the Indian Navy: It's Hedging All the Way,” Naval War College Review, Winter 2015, Vol. 68, No. 1, p. 52.

监控气象数据，预测印度洋的季风，可以为印度农业和经济服务。[①]

印度对海上安全威胁的判断随形势的发展而变化。2004 年版的《印度海洋军事学说》认为随着地缘地位的上升，印度洋可能成为各种力量关注的焦点，大规模杀伤性武器的扩散、恐怖主义、海盗活动、巴基斯坦和其他国家不断加强海上力量使得来自于印度西部海岸的威胁日益突出。在 2008 年孟买恐怖袭击事件之后，印度加大了对非传统安全威胁的重视程度。印度认为来自海洋方向的非传统威胁可能包括恐怖主义、海盗袭击、海上走私、环境污染等等。对于传统安全威胁，印度认为区内的主要安全挑战来自巴基斯坦及其他国家。对于域外国家，印度十分关注中国及其他大国在印度洋的活动或存在。2016 年，印度海军在《确保安全的海域：印度海洋安全战略》中提出：

> “近年来，影响印度的海上安全因素变得更加复杂。传统安全威胁和非传统安全威胁依然存在，地区海上安全环境面临的挑战也在持续增加。鉴于传统来源的威胁并未减少，为应对所有的紧急事态，印度有必要持续、恰当地进行军事力量准备。……非传统安全领域的威胁程度急剧增加。海上恐怖主义近年来不断扩展，同时发展出新的方法和样式，这可能带来潜在的非对称战争或混合战争。这种超越传统意义的威胁给印度带来了严重而持续的挑战，因此有必要加强海上态势感知体系建设。……近年来其他的非传统安全威胁也在不断增加，海盗和武装抢劫对国际航运和海洋安全造成巨大威胁。……过去 10 年，自然灾害和地区不稳定因素也在增加，印度海军有必要增加力量部署来进行人道主义和灾害救援。”[②]

---

① Indian Navy, *Indian Maritime Doctrine*, Naval Strategic Publication 1. 1, February 2016, pp. 63 – 65.

② Indian Navy, *Ensuring Securing Seas*: *Indian Maritime Security Strategy*, Naval Strategic Pubication1. 2, October 2015, pp. 6 – 7.

从上文看出，印度认为面临着复杂、多样的利益和威胁。为此，2016年印度《确保安全的海域：印度海洋安全战略》提出了明确的目标：实施海上行动，以便能够在有利的条件下尽早终结冲突，从而保护沿海和近海资产，并且“无缝”应对海上的传统和非传统安全威胁。[①] 在此思想指导下，印度提出要使用综合性的手段来维护利益、应对威胁。印度海军2007年发布的《自由使用海洋：印度海洋军事战略》提出：海洋安全战略是“一个国家针对海洋及周边的所有方案及手段”，具体应该包括“经济、贸易、政治、军事以及科学技术”等各个方面。[②] 印度的军政当权者很早就认为：要“获得区域性海上强国的地位，以使印度能够对印度洋地区的力量平衡起作用”，需要建立起“得到科学研究和工业充分支持的多层海上力量”。这种多层海上力量应该是：一支远洋立体的深海海军；一支用以保卫海岸线、港口和其他设施的浅海海军；一支用以保卫200海里专属经济区内海洋资源的海岸警卫队；还有一个控制与监督海洋勘测与工程的组织体系。[③] 从这些表述来看，印度对海上力量的看法具有独特性，即认为海上力量的来源并不单单是海军，还包括商船队、警卫队和海洋工程力量在内的力量集合。印度海军前参谋长A·K·查特吉则表示：“海上强国的概念并不单纯地指军舰和海军飞机。海上强国是由许多因素构成的综合体，这首先是指一支强盛的商船队、一个依赖海洋的社会、一个重商的民族以及一支能够保卫本国海运的海军。”[④] 也就是说，印度围绕海上强国的目标，把海上军事力量、海洋开发力量、近海警卫保护力量、海上商船队等都纳入到力量建设体系之中，构成了一种独特的综合力量建设观念。

---

① 《从反恐到核反击！外媒：印度海军要主导印度洋》，参考消息网，2016年2月6日。

② Indian Navy, *Freedom to Use the Seas: India's Maritime Military Strategy*, May 2007, p. 3.

③ 何树才编著：《外国海军军事思想》，北京：国防大学出版社，2006年版，第360页。

④ 转引自阮光峰等：《印度海上力量——挺进大洋》，北京：海洋出版社，1999年版，第93页。

二、海上军力总体相对均衡的建设思路

与综合力量观相呼应，印度试图建设一支均衡、全维、多样化的海军力量。2000 年，印度海军前参谋长苏什·库马尔（Sushil Kumar）上将提出印度海军的构成应该为：一支水面舰队，由战舰、轻型护卫舰和配备有多种远程、近程导弹的高速攻击艇组成；一支由潜艇组成的水下舰队，配备有实质性“杀伤力”的远航程鱼雷，弹道导弹和对地巡航导弹；以及由航空母舰及其他的战机和直升机组成的一支海军航空舰队。装备有现代电子战和通讯系统，印度海军将会位于世界上设备最佳的海军之列。[①] 从结构上来看，印度海军的构成跟英国海军比较相似，既有水面舰艇，又有水下舰队，还有航空母舰、空中作战力量以及两栖登陆舰艇。有观点甚至认为：印度海军的战斗序列在许多方面很像缩小版的西方“蓝水海军”。[②]

自建立之初，印度海军就试图参照英国海军的模式，建设一支均衡且能胜任多种任务的部队。冷战期间，印度就从英国获得了巡洋舰、护卫舰和航空母舰，后来又从苏联获得潜艇等水下力量，并逐步发展了海上空中作战、巡逻和反潜力量。从力量性质来看，印度海军除了常规力量之外，还逐步获得了核潜艇技术，具备了水下威慑能力。2006 年 5 月，印度公布《印度海军的构想文件》，概括起来就是建立一支“全维”“全时”“全频谱”作战能力海军。所谓“全维”作战，是指能够在水面、水下、空中和电磁/信息的四维空间展开兵力；“全时”指能够随时用兵；“全频谱”则指能够遂行从低烈度军事行动到全面战争的各种类型的军事行动。[③]

---

① 张仁花：《能针对大陆的多种海洋挑战的海军——印度海军司令访谈录》，《水雷战与舰船防护》，2005 年 3 月，第 58—59 页。

② Anthony H. Cordesman and Abdullah Toukan, “The Indian Ocean Region: A Strategic Net Assessment,” February 20, 2014, p. 243.

③ 周德华、陈良武编著：《蓝色方略：21 世纪上半叶的海洋和海军》，北京：海潮出版社，2013 年版，第 277 页。

显然，建立一支相对均衡的海上军事力量是一项长期而复杂的工作，不仅需要庞大的资金还需要科学技术和造船业的支撑。为此印度海军前参谋长A·K. 查特吉曾提出“两条腿走路”的方针：即既要扩大商船队也要扩大海军舰队，以便发展并保护印度的海上贸易。商用和军用联合造船计划能够提高新兴造船工业的经济效益，并为辅助工业提供有用的副产品，从而可以使海军所需的巨额投资大为减少。[①] 目前，印度海军的总体建设目标是建立一支“针对多种海洋挑战”的远洋海军，并且把电子战和导弹作为主要的发展方向。

三、坚持“控海”与“拒海”的战略目标

印度面临的海上环境是：印度半岛被广阔的水域所环绕，东西海岸线延展较长。印度洋水域广阔，向南延伸区域广。印度洋东西方向海峡是重要的海上战略运输通道，致使其素来为大国所重视。有观点提出：基于这种地缘特性印度提出了以多层控制为核心的“围栏战略”。“围栏战略”（ring fence strategy）的两条关键核心概念：“控海”（sea control）和“拒海”（sea denial）。[②]

该战略的提出体现了印度与其他国家有所区别的战略目标和战略手段。对于印度来说，其战略目标并不仅仅局限于整个近海地区，而是要建立一支“蓝色海军”对印度洋东至马六甲海峡，西至波斯湾直至好望角等海域进行控制。然而，印度的“控海”（sea control）战略又与西方早期传统的海上控制（command of the sea）有着明显不同。后者强调在无条件的时间和空间内使己方使用海洋，而使对手不能使用海洋。印度《海洋安全战略》提出的“控海”是指在特定的海域（a defined sea area）和特定的时间内（a defined period of time）使己方使用海洋，而使对手不能使用海洋。[③] 这种定义与传统

① 转引自阮光峰等：《印度海上力量——挺进大洋》，北京：海洋出版社，1999年版，第93页。

② 宋德星、白俊：《新时期印度海洋安全战略探析》，《世界经济与政治论坛》，2011年第4期，第46页。

③ Indian Navy, *Indian Maritime Doctrine*, Naval Strategic Publication 1.1, February 2016, p. 77.

的制海权观念有所差别，其背后的原因可能是基于印度目前海上军力的总体考察，也有可能是对印度洋海上安全形势的具体权衡结果。当然，随着技术条件等因素的发展，世界其他国家也逐渐认识到任何国家想要绝对控制海洋是基本不可能实现的目标。此外，美国、法国、英国、澳大利亚和日本等传统海上强国在印度洋上保持着军事存在，印度也不得不将这方面的因素考虑进去。为此，印度的“控海”战略是限定在特定的空间和时间范围之内实施的。在区域上，印度将印度洋划分为“绝对控制区”“中等控制区”“软控制区”等三层不同区域。

> “绝对控制区”：即在现阶段建立距海岸500千米以内的“绝对控制区”。在该区域内，印度海军要具有保卫印度200多万平方千米专属经济区及各种经济、军事设施的绝对海上控制能力。部署的兵力有导弹艇、水面舰艇、海岸警备队的炮艇和岸基飞机。“中等控制区”：即在可预见的未来，建立距海岸500—1000千米的“中等控制区”。在这一海域，印度海军应具有制海、监视和反潜能力。“软控制区”：在上述两层防御区建立之后，建立距海岸1000千米以外的“软控制区”。在该区域，印度海军要有自我防护能力、预警巡视能力和一定的兵力投送能力，以便保护印商船或可能的海上利益。①

从上述战略看出，印度海军目前的力量部署重点是以海岸为起点的500千米的海域。在这个区域内，印度海军拥有绝对优势兵力，可能是进行近海防卫或对敌突击的预定区域。在距印度海岸500—1000千米的范围内，可能是印度海军进行监视、预警和反潜的区域，也可能是破袭、消耗对手的预定区域。在距海岸1000千米以外的海域，印

① 朱伟：《印度建亚洲最大海军基地专为航母筑“巢”》，载《环球时报》，2005年6月6日。

度海军可能采取的主要行动是保护海上交通线和进行兵力投送。

从作战的角度来看，“控海”的内涵包括控制水面、水下、空中和电磁环境。“控海”本身不是目的，而是为了实现更高的目标。它往往是为其他的海上作战和目标作准备，包括力量投送、保护海上交通线、拦截交通线或者两栖登陆作战。[①] 在实施“控海”战略的同时，往往离不开“拒海”战略。一般来说，印度“拒海”战略的手段包括：在“咽喉”点附近使用潜艇；在浅海地区使用水雷；使用岸基飞机和反舰导弹；拦截破坏对手的交通线以降低其自由行动的能力，等等。[②] “控海”和“拒海”战略并不互相排斥。当实施某一战略之时，使用另一战略作为补充策应反而会取得较好的战术效果。

四、国外引进与独立发展相结合

印度海上军事力量建设的重要路径就是采取国外引进与独立发展相结合的办法。潘尼迦曾经描述了建设印度海上力量的具体路径：

> “首先，印度应该发展多种类型的海战训练机构，没有足够的训练有素的人员，任何海军，无论大小，都搞不成器；第二，就是要搞一些轻型舰艇快速舰、驱逐舰、轻巡洋舰和辅助舰船。海军的规模不一定大，但要顶用。第三，印度必须尽快发展一支商船队，它既能提供必要的技术储备力量，又可以在战时改作军用。第四，印度必须不惜切代价发展自己的造船工业，倘若一个国家什么船都得到国外去买，还成什么海权国呢？第五，对于印度这样海岸线特别长的国家最重要的是应该建设一支海军航空兵部队，作为海军的一个组成部分”。[③]

---

① Indian Navy, *Indian Maritime Doctrine*, Naval Strategic Publication 1. 1, February 2016, p. 77.

② Indian Navy, *Indian Maritime Doctrine*, Naval Strategic Publication 1. 1, February 2016, pp. 77 – 78.

③ 转引自阮光峰等：《印度海上力量——挺进大洋》，北京：海洋出版社，1999 年版，第 55 页。

上述观点涉及海上军事力量建设的五大要素：人员、舰艇、商船、造船业和海军航空兵。其中关于商船队和造船业的观点非常具有前瞻性，这是建立海上军事力量的重要支撑。鉴于印度独立之初的工业基础比较薄弱，印度采取了先建立区域性海军，再逐步扩展海上实力的办法。独立之后，印度从英国接收购买了舰船，以英国为样板建立海军；冷战后期，利用美苏争霸的背景，印度借助苏联的力量采购、引进和仿制大量海上装备。尽管与当时的美苏海上力量相比，印度海军总体规模相对较小，加上军舰因为老化等原因时常出现故障，但印度海军基本构建了空中、水面、水下的立体作战体系。与此同时，各舰艇的规模比较多样，达到了相对均衡的配置。在此基础上，印度在1968年对海上力量配置进行了调整，分别设立了三大海军司令部，同时建立了海岸警卫队等准军事力量。在引进苏联海军装备的过程中，印度“独创”了一种武器引进模式：“特许仿制”或称“特许生产”，即每单从苏联购买的武器中，大约一半直接购进，其余部分经苏联授权在印度国内生产、组装。[①] 这种方式使印度在快速掌握和吸收苏联军事装备方面发挥了巨大作用。

为发展海上军事装备，印度提出要加强对科学技术和基础设施的投资，密切与高校和研究力量的合作，推动武器装备本土化。截至20世纪80年代，印尼海军得到了突飞猛进的发展，拥有2艘航空母舰、14艘常规动力攻击型潜水艇、1艘核动力潜水艇、6艘“林德”级导弹护卫舰、5艘苏制“卡辛”级导弹驱逐舰、3艘国产“戈达瓦里”级导弹驱逐舰、2艘1200吨排水量的国产“库克里”级导弹护卫舰、5艘“皮特亚”级大型反潜舰等113艘舰艇；17个飞行中队，合计约180架军用飞机，海军兵力约为5.2万人。[②]

---

① 郭培清：《俄罗斯（前苏联）与印度海军合作关系分析》，《东北亚论坛》，2007年第9期，第73页。

② 吴华、沈威力、郑洪涛著：《南亚之狮—印度》，北京：时事出版社，1997年版，第243页。

第三节　印度海上军力建设的具体思路

鉴于战略目标、装备样式和威胁判断的动态变化，印度海军建设的具体思路会随着时空条件发生调整。在这个过程中，印度海上军力建设也表现出诸多稳定的特征。总结起来，印度强调围绕咽喉点和交通线配置力量，把海上态势感知体系建设作为重要内容，优先发展核武器和远程投送力量。近年来，印度还更加强调濒海作战能力的建设。本节主要围绕这些相对稳定的特征探索印度配置海上军力分布的具体思路及其背后的战略意图。

一、围绕海上咽喉点和交通线配置力量

在印度的海上安全战略思维中，对海上咽喉点和海上交通线给予了极大的关注度。有观点认为这是受到了印度海军中“门罗主义学派”（Monrovian school）的影响。该学派提出印度应把外部威胁排除在印度洋之外，要务实或基于威胁地实现“控海”（control of the sea），在力量建设上更多地重视对“咽喉”点的控制和对海上交通线的保护。[①]

在印度海军历次发布的官方文件之中，无一例外地强调了需要加强对咽喉点和交通线的重视。1988 年，印度海军发布的《印度的海上军事战略（1989—2014 年）》文件，规定印度海军在战争时期的任务包括：通过实时近海控海，防止敌人对印度主要岸上和海上资产的破坏及对沿海商业交通的干扰；在印度洋特定海域实施远程控海来保护经济利益和商业交通。[②] 该文件直接把保护海上交通线作

---

① Iskander Rehman, India's Aspirational Naval Doctrine, p. 78. http://www.academia.edu/Indias_ Aspirational_ Naval_ Doctrine.

② 周德华、陈良武编著：《蓝色方略：21 世纪上半叶的海洋和海军》，北京：海潮出版社，2013 年版，第 265 页。

为其军事战略的主要任务。2004 年的《印度海洋军事学说》提出："控制海上咽喉点、重要岛屿和交通线"是"控制印度洋的关键"。该学说还认为：控制海上咽喉点能够提高在国际权力游戏中讨价还价的筹码（bargaining chip）。[①] 之所以如此，这可能跟印度洋上的海上贸易特性有关。在大西洋和太平洋地区，80% 的海上贸易是在滨海和沿岸国家之间展开的。而印度洋上的海上贸易仅有 20% 属于滨海和沿岸国家，剩余的 80% 都是属于域外国家。[②] 显然，如果控制了印度洋上的海上咽喉点，就能直接对印度洋上的海上贸易施加影响，自然会提升印度在国际政治博弈中的地位。

在印度的海上安全战略中，"控海"和"拒海"战略是其主要的战略目标。围绕这个目标，控制进出印度洋的海上咽喉点显然是其中最重要的手段，这当然也是保持印度海上交通线安全开放的重要途径。对于印度来说，控制咽喉点具有双重意义：一是可以保证本国海上交通线免于他国的控制、袭扰和破坏。二是可以作为威慑和拒止他国的手段。印度可以自由地进入印度洋地区，这是其他国家无法比拟的地缘优势。而印度洋以其相对封闭的地理构筑使得域外大国要进入该地区必须经过东西两端狭长的海上通道。这些通道成为域外大国进入印度洋的必经之路，也可被印度作为拒止大国进入的海上前哨。印度前总理拉·甘地曾表示："如果我们要把印度的命运掌握在自己手中，我们就必须完全控制我国周边的海域。……印度的防务需要我们对通往印度的海上通道进行无可争议的控制。"[③] 目前看来，印度对好望角、莫桑比克海峡、曼德海峡、苏伊士运河、霍尔木兹海峡、马六甲和新加坡海峡、巽他海峡、龙目海峡、翁拜和威塔海峡等 9 条进入印度洋的海上通道（见下表）极其重视。除了上述进入印度洋的咽喉点之外，可能会增加一个更远的、在中印度洋上的"咽喉点"，或者称之为集中点（point of concentration），

---

① India Navy, *Indian Maritime Doctrine*, 25 April 2004, p. 64.

② Indian Navy, *Indian Maritime Doctrine*, Naval Strategic Publication 1. 1, February 2016, p. 58.

③ 阮光峰等：《印度海上力量——挺进大洋》，北京：海洋出版社，1999 年版，第 181 页。

即位于毛里求斯和印度最南端（southern tip of India）之间的东西方关键贸易线路之上。①

进入印度洋9条海上通道的情况简介②

通道名称	主要特点
好望角	好望角并非是一个传统的咽喉点，由于其宽阔的空间和水深，通过的船只并不受大陆环境的限制。然而，出于经济考虑或者对那些无法从苏伊士运河通过的船只来说，只能选择这条路线。
莫桑比克海峡	最窄处大约1000海里长、250海里宽。该海峡附近估计拥有100万亿立方英尺天然气，可能变为重要的海上航线和咽喉点。
曼德海峡	17海里宽，连接海湾和红海地区，如果切断曼德海峡将无法进入苏伊士运河。
苏伊士运河	105海里长，是欧洲和亚洲之间的门户。孟买经好望角到伦敦的距离为10800海里，如果经过苏伊士运河到达伦敦则只需6200海里。
霍尔木兹海峡	连接海湾地区至阿曼和阿拉伯海的重要通道，30海里宽，主要的航行通道大约6海里宽。世界35%的海上石油运输由此通过，通过该海峡可大幅减少在海上绕道而行的距离。
马六甲和新加坡海峡	从海湾至太平洋地区最短的路线，是印度洋地区的战略咽喉点。最窄处为新加坡海峡的飞利浦水道（Phillips Channel），约1.5海里。
巽他海峡	是马六甲与新加坡海峡的替代航线，东北部大约50海里长、15海里宽。
龙目海峡	最窄处宽度11.5海里，是印度洋至太平洋地区大型船只通航的替代航线。
翁拜（Ombai）与威塔（Wetar）海峡	由于距离较远，并未经常被选作通过马六甲海峡的替代航线，但该海峡提供了足够的水深，可供潜艇在印度洋和太平洋之间进行潜航。

① David Brewster, "Indian Strategic Thinking about the Indian Ocean: Striving Towards Strategic Leadership," *India Review*, 10 Jun 2015, p. 231.

② Indian Navy, "Ensuring Securing Seas: Indian Maritime Security Strategy," Naval Strategic Publication1. 2, October 2015, p. 21.

基于上述考虑，目前印度海上军事力量配置与建设思路主要包括如下三个方面：

一是推进西部、东部与南部三个海军司令部的建设。印度海军南部司令部位于科钦，主要负责南印度洋方向的任务。西部司令部位于孟买。根据“海鸟计划”（Project Seabird），印度在位于“卡纳塔克（Karnataka）邦的加尔瓦尔（Karwar）附近建设了卡达姆巴海军基地（INS Kadamba）；于 2012 年 7 月要求在古吉拉特邦（Gujarat）的甘地纳格尔（Gandhinagar）修建设施；升级了位于古吉拉特邦境内的贝迪港（Bedi Port）、奥卡（Okhat）和博尔本德尔（Porbandar）机场”。[①] 修建这些措施的主要目的是为了加强对霍尔木兹海峡等区域的监视，增强印度海军向西南印度洋和阿拉伯海的行动能力。有资料显示：印度海军东部司令部位于安德拉邦（Andhra Pradesh）的维沙卡帕特南（Vishakhapatnam），在迪戈（Dega）、瓦加里（Rajali）、泰米尔纳得邦（Uchipuli）的帕鲁图（Parundu）部署有航空站，主要负责孟加拉湾和北印度洋方向的作战任务。2010 年开始，印度在帕拉迪布（Paradip）和图蒂科林（Tuticorin）修建新的基地，并计划未来对维沙卡帕特南和加尔各答（Kolkata）的基地进行升级。[②]

二是推进海上咽喉点附近的军事支点建设。由于印度提出的 9 个海上咽喉点中，有 5 个位于西印度洋、4 个位于东部，故印度极其重视安达曼和尼科巴群岛基地的建设。印度海军制定的《海军基地扩建新建规划》提出，计划在 2022 年前使以安达曼和尼科巴群岛为基地的海军舰艇数量增加一倍至 32 艘，将最新型 P－8I 反潜巡逻机部署到坎贝尔湾[③]，逐步形成对太平洋进入印度洋的海上通道的控制

① David Scott, “India's Aspirations and Strategy for the IndianOcean－Securing the Waves,” Journal of Strategic Studies, Vol. 36, No. 4, 2013, pp. 492－493.

② David Scott, “India's Aspirations and Strategy for the IndianOcean－Securing the Waves,” Journal of Strategic Studies, Vol. 36, No. 4, 2013, p. 493.

③ 谢永亮：《印度新建海军基地强化印度洋部署》，《中国国防报》，2015 年 8 月 18 日。

态势。印度海军参谋长罗宾·杜万曾表示：安达曼和尼科巴群岛将成为印度海洋战略的“新里程碑”，是抵御东部海上威胁的“防火墙”以及印度向太平洋投送海军力量的“绝佳跳板”。[①] 2012 年，印度决定在拉克沙群岛（Lakshadweep islands）建立海军基地，使其能够停靠航母、直升机等装备。印度还考虑：通过向拉克沙群岛的比特拉岛、米尼科伊岛和安拉斯岛派遣分遣队，在杜蒂戈林和帕拉迪普建立前线作战基地，在卡莫尔塔、坎贝尔湾、什普尔、底格里普尔建立作战中转基地[②]，逐渐扩大在上述区域的军事存在，继而实现对附近水域的控制。

三是加强在海上交通线附近的军事存在和影响力。除了控制咽喉点，印度保护海上交通线的手段还包括沿交通线配置军事力量，对交通线附近的海域进行监视巡逻，对过往船只进行保护或者护航。这不仅需要一定的海外基地进行保障，还可能需要借助岸基航空兵的支援，甚至还有赖于与其他国家保持良好的海上军事关系。因此，对咽喉点和交通线的双重重视，不仅影响到印度海上力量的布势，也影响到印度海军与其他军种的合作情况，使印度在寻求海外基地时也会把控制海上交通线的因素考虑进来。[③] 为此，印度非常重视与新加坡、毛里求斯和阿曼等国家的关系。2008 年以来，印度军舰获得在阿曼的停泊权；2009 年，印度的侦察和监视飞机取得使用位于马尔代夫甘岛（Gan island）上的英国老空军基地的使用权；另外，马达加斯加允许印度海军建造一座雷达监视站。印度海军还在寻求毛里求斯北部和南部的阿加莱加群岛（Agalega Islands）的使用权。[④]

---

① 谢永亮：《印度新建海军基地强化印度洋部署》，《中国国防报》，2015 年 8 月 18 日。

② 《印媒：印度强化海军以反制中国珍珠链战略》，《环球时报》，2016 年 6 月 8 日。

③ Balaji Chandramohan, “India’s Evolving Maritime Security Strategy and Force Posture,” 3 March 2016, p. 2.

④ David Scott, “India’s Aspirations and Strategy for the IndianOcean – Securing the Waves,” Journal of Strategic Studies, Vol. 36, No. 4, 2013, p. 494.

二、加强海上态势感知体系建设

印度比其他国家更加重视海上态势感知能力，主要有如下几个原因。一是地理因素影响。印度可以自由出入印度洋，这是其特殊的地理优势。但漫长的海岸线也给其近岸防卫带来了巨大挑战。如果沿着各个港口逐一设防，势必要分散资源且无法达到防卫效果。二是经济发展因素的考虑。印度的资源、能源和贸易主要来自海上，保护海上交通线成为印度海上安全的重要任务。印度经济主要依赖海上贸易，近97%的海外贸易是通过海洋运输完成的；印度能源高度依赖波斯湾等区域，因此掌握和了解相关区域的态势情况至关重要。此外，印度数百万劳工在波斯湾工作，保护其安全也不可或缺。① 相比漫长的海岸线，印度到波斯湾、欧盟或者西太平洋地区的海上交通线更加漫长，这更需要增加对海上情况的感知能力。三是来自海上威胁的挑战。除了对传统大国在印度洋上的活动保持疑虑之外，海上非传统安全成为印度近年来比较重视的因素。2016 年，印度总理莫迪表示海上恐怖主义和海盗行动是海上安全的两大威胁。② 目前，印度洋地区的恐怖主义、极端势力、海盗威胁、导弹和大规模杀伤性武器对其海上安全造成了严重挑战。印度的濒海区域生产了全国大部分的能源和产品，而这些地区极易成为恐怖主义攻击的对象。为了有效加强对海岸区域和近海地区的管控，增强印度对中远海地区的监视能力，印度近年来加强了海上态势感知体系建设，试图建立一套由近至远的立体海上态势感知体系，以增强近海监视控制能力。具体而言，印度主要的思路包括如下几个方面：

其一，建立多层海岸电子监视体系。据报道，印度海岸电子监视体系主要由五大部分组成：由海岸雷达链（chain of Coastal Ra-

---

① Satyavir Singb, "The Indian Ocean and India's Maritime Security in the 21st Cencury," Rajendra Prasad Ed, *India's Security in 21st Century: Challenges and Response*, New Delhi: Dominant Publishers and Distributos, 2002, p. 284.

② 《日媒：印度海军实力与日俱增，需远洋海军应对中巴》，中新网，2016 年 2 月 12 日。

dars)、国家自动识别系统网（National Network of Automatic Identification System，NAIS)、船舶交通管理系统（Vessel and Traffic Monitoring Systems，VTMS)、渔船监控系统（Fishing Vessel Monitoring System）和远程识别和跟踪系统（Long Range Identification and Tracking Systems，LRIT）构成。[①] 印度的基本考虑是通过雷达、视频监控和自动识别等设备，对印度港口、以及近海数十海里内的目标进行监视、跟踪、识别，然后与海岸警卫队的地区作战中心、海军的海上作战中心以及印度四大联合作战中心（位于孟买、维萨卡帕特南、布莱尔港和科钦）的数据进行交换融合，从而构建统一的海域态势感知体系。[②]

其二，加强海岸警卫队的力量建设。对于印度而言，恐怖分子或者海盗可能利用海上通道袭击其濒海地区的石油管道等战略设施，也可能利用庞大的渔船队伍作为掩护对印度的港口发动袭击。为此，印度提出要建立一支海岸警卫力量来维护海岸安全，同时承担态势监控、目标识别查证、危机管控、环境保护、搜救援助等任务。到2018年，预计印度海岸警卫队将拥有200艘水面舰艇和100架飞机。印度《海岸警卫队2012—2022年发展规划》认为水上平台的需求是280艘，即154艘舰船和126艘小艇。[③] 可以认为，印度海岸警卫队是印度在近海区域活动的一支重要力量，它既承担了濒海地区的安全管理和防护工作，又可以对稍远距离的海上目标进行查证识别。2013年5月，印度国防部长安东尼向印度海军和海岸警卫队提出实施“海岸安全计划”，试图建立更多的海军基地和航空站来延长印度海军的作战半径。具体做法是在沿着印度海岸线的84个远程基站中布置了一系列静态雷达和光电传感器，组成了印度的“海岸安全网

---

① 刘雷：《印度海军总结孟买恐怖袭击案》，搜狐网，2015年3月6日。

② 刘雷：《印度海军总结孟买恐怖袭击案》，搜狐网，2015年3月6日。

③ 李有观：《印度的海岸监控和海上安全保护措施》，中国网，2015年11月20日。

络”，将印度海军和海岸警卫队的操作基地进行实时连接。[①]

其三，加强印度海军的态势感知能力。除了非传统安全威胁之外，印度提出要“前进”至远洋监控大国或其他周边国家的活动。要实现这个目标，需要依赖海军特别是海军航空兵的侦察监视能力。目前，提高海域感知（MDA）能力是印度海军建设的重点。印度海军的海域感知能力除了来自舰艇自带的雷达和声纳等设备之外，主要依靠海上远程巡逻机。印度除了装备伊尔－38海上巡逻机、图－142M远程海上巡逻机之外，还从美国引进了P－8I远程巡逻机。随着P－8I的入役，印度海军的海上态势感知能力将大幅提升。2011年3月，时任印度海军参谋长的尼玛尔·维尔马（Nirmal Verma）上将宣称：印度将“使用主动和被动手段来发展海域感知”体系，“由海军主导建设的国家海域感知工程一旦完成，整个国家所有的利益相关者都将可以共享海域感知数据”，那么就可以“确保对利害区域的‘无缝’覆盖”。[②]

其四，加强与远海国家的海上联系。有观点提出：鉴于印度如此依赖印度洋的安全，由此驱动海上力量走向海洋深处，除了要监控或者检视（check）其他地区大国的海洋活动之外，还要与其他国家发展作战或者军事外交关系。例如，印度已经与莫桑比克、毛里求斯、塞舌尔和越南等国开展了密切的海上联系。[③]

三、优先发展核威慑与远程投送力量

在印度海上军力的建设过程中，有两项优先发展任务：核潜艇和航母。在印度看来，拒止大国主导印度洋的最根本途径是发展海

---

① 吴静颐：《印度将增加海军基地及战舰应对中国海军》，中国国防科技信息网，2013年5月15日。

② 陈传明：《印度海军航空兵：转型发展六十年》，搜狐网，2014年2月8日。

③ Rupert Herbert－Burns. *Naval Power in the Indian Ocean: Evolving Roles, Missions and Capabilities*. Daivid Michel and Russell Sticklor eds, *Indian Ocean Rising: Maritime Security and Policy Challenges*, July 2012, p. 50.

上威慑力量。2000年，印度国防部长费尔南德斯在“海军新战略构想”提出要“威慑其他进入印度洋的海洋强国”。目前来看，印度的海上威慑力量主要有两大类：常规海上力量和海上核威慑力量。前者依靠航母或者其他水面舰艇的力量投送能力，能够对其他国家的海上交通线发动攻击，或者在印度洋东西方的一些关键水域进行封锁控制。除此之外，核动力潜艇是印度实施核威慑的主要手段。

（一）印度潜艇部队的建设思路

印度前海军参谋长S. N. 科利提出：纵观海军平时的职责，我们发现其主要任务是威慑。从印度海军方面来说，威慑并不意味着具有攻击超级大国的能力，而是具有影响印度洋冲突的可能结果的能力……[①]印度认为核潜艇能够增加核力量的生存能力，能够“确保按照我们的核学说实施惩罚性报复”。2016年《确保安全的海域：印度海上安全战略》对其逻辑进行了如下解释：

> 印度的核威慑是基于保持“可信的最小威慑力量”，同时确保能够进行大规模的核报复，也就是在印度遭到核打击之后能够发动核反击，且能给攻击方造成无法接受的损失。印度核威慑的可信度和“只用于报复”（realiation only）政策依赖于核力量的生存能力以及确保能够进行惩罚性反击。这需要保持一支充足、分散的核力量。……印度核威慑的三个中心原则是：可信、有效和生存。海基核力量是“三位一体”打击力量的重要组成部分。海基核力量主要的装备是携带弹道导弹的核潜艇。携带弹道导弹的核潜艇行动隐蔽，可以精确、远程部署并增加武器的射程，这提高了印度核威慑的可信度、有效性和生存能力，能够

---

① 曹永胜等：《南亚大象：印度军事战略发展与现状》，北京：解放军出版社，2001年版，第215页。

在印度核学说的指导下确保实施惩罚性报复行动。[1]

印度将核潜艇作为应对域外力量介入印度洋的威慑工具，同时希望核潜艇在海洋侦察和防御行动中发挥作用。印度发展核潜艇主要通过两条路径：外部引入和自主研发。在1988年到1991年期间，印度海军曾从苏联租借过一艘“查理”（Charlie）级核潜艇，后改名“查克拉”号。后来，印度海军又从俄罗斯租借了“阿库拉”（Akula）级“猎豹”（Nerpa）号攻击核潜艇，该潜艇租期为10年，于2012年4月份加入印度海军服役。这艘潜艇仍然以“查克拉”号命名，配备了反舰和对地攻击巡航导弹、鱼雷以及最新型的传感器。这艘潜艇主要用于训练“歼敌者”级潜艇的艇员，并积累攻击核潜艇作战方面的知识和技能。另外，印度海军正在设法按照租借“猎豹”号的模式从俄罗斯再租借一艘攻击核潜艇，租期也是10年。有报道称，印度打算建造5到6艘攻击核潜艇。[2]

目前，印度海军的优先任务是研发国产核潜艇。2009年7月，印度第一艘“先进技术潜艇”（Advanced Technology Vessel）弹道导弹核潜艇下水，2012年部署海军。近期，印度完成首艘国产核潜艇“歼敌者”（Arihant）号的海试。“歼敌者”号核潜艇搭载12枚射程达750千米的K-15导弹以及鱼雷和巡航导弹，发射距离700千米。目前印度正加紧研发射程3500千米的K-4潜射弹道导弹。2013年8月10日，潜艇上的核反应堆发生了严重故障。目前，印度第二艘“歼敌者”级潜艇“阿里达曼”号（Aridhaman）号已经开始建造，并可能随后建造第三艘。印度的总体计划是建造4艘左右的该型潜艇，以保持全天候的不间断值班巡逻。

在常规潜艇方面，1999年印度批准了名为《国家潜艇建造能力

---

① Indian Navy, *Ensuring Securing Seas: Indian Maritime Security Strategy*, Naval Strategic Pubication1. 2, October 2015, p. 48.

② Sataluri Govind, "A Credible Submarine Force for India," Defence and Security of India, Issue 5, 2014, http://www.defencesecurityindia.com.

和30年潜艇建造计划》，提出分两个阶段建造24艘潜艇。在计划的第1阶段（2012年前），在“75项目”（Project 75）和“75－I项目”下分别基于西方技术和俄罗斯技术建造6艘潜艇；随后，在第2阶段（2012—2030年）根据从技术转移中获得的经验并利用外国的设计理念和最佳做法自主设计建造12艘潜艇，也就是30年内装备潜艇24艘。① 不过，由于资金缺乏、成本上升等原因，“75项目”进展被延后，“75－I项目”被搁置。目前，印度海军服役的有13艘常规柴电攻击潜艇，其中9艘来自俄罗斯、4艘来自德国。不过，印度目前的潜艇年限比较长，有11艘的年龄在20—30年，最新的“辛杜沙斯特拉”号潜艇于2000年入役。2005年，印度与法国达成购买6艘鲉鱼级潜艇的协议。2016年5月1日，印度首艘“本土制造”的“鲉鱼”级常规潜艇“卡尔瓦里”号成功进行了首次海试，剩下的5艘潜艇可能将依次间隔9—12个月的时间服役。②

（二）以航母为中心的水面力量建设情况

印度提出需要3个航母战斗群来保证其在印度洋上的活动。具体分工为一艘负责控制东边的孟加拉湾，一艘负责控制西边的阿拉伯湾，一艘则作为机动力量随时支援其他海域。1986年，印度从英国购进首艘航空母舰“维拉特”号。由于该型航母已经老化，将退出服役；故2013年11月，由俄罗斯“戈尔什科夫海军上将”号航母改装而成的“维克拉玛蒂亚”号航母被交付印度，该航母能够携带24架米格－29K舰载战斗机和10架“卡莫夫”舰载直升机。目前，印度把国产航母列为仅次于核潜艇的优先战略工程。2013年8月12日，印度首艘国产航母“维克兰特”号下水。印度对航母的追

① Sataluri Govind, “A Credible Submarine Force for India,” Defence and Security of India, Issue 5, 2014, http://www.defencesecurityindia.com.

② 《印度海军苦盼十多年终迎国产潜艇，未来3年内或无法装备鱼雷》，观察者网，2016年5月6日。

求深受泛大洋学派（Raj pan－oceanic school）的影响。[1] 从潘尼迦和尼赫鲁等人的观点中发现，他们在“大国情节”的影响下非常强调对印度洋的控制。该学派提出印度的利益覆盖整个印度洋地区，要把印度的海上力量投送到波斯湾至马六甲的广泛区域。因此，发展远洋投送力量，建设一支大型远洋海军成为首要选择。

据统计，印度海军目前拥有12艘驱逐舰和多艘护卫舰。印度海军计划到2020年拥有16艘护卫舰，使其装备3C－14E垂直发射装置，能够发射海基巡航导弹、反舰导弹和反潜导弹。[2] 在航空兵方面，印度装备了直升机、巡逻机、预警机和战斗机等多种机型。2016年5月，印度海军副总参谋长特立帕什宣布了印度海军新一轮海军扩张计划：到2027年，印度海军舰艇将从现役的138艘增加到约200艘，飞机将从230架增加到约600架。其中，航母数量将由目前的2艘增至3艘，潜艇将由13艘增至20艘以上。

四、重视发展濒海打击力量

除了考虑大国因素之外，印度非常重视周边国家的海上力量。印度认为其东南部的安达曼·尼科巴群岛和西南部的洛克沙威·米诺科伊（Lakshadweep & Minocoy）群岛极易受外部威胁。印度目前与巴基斯坦还存在海上领土权益争端，认为巴基斯坦等国家的海上力量对其构成一定的威胁。为此，2004年版的《印度海洋军事学说》强调海军的任务不应只限于进行“控制海上交通线和进行海战”，而且还要有能力“到达敌方海域，控制敌方濒海地区”。[3]

印度国防部在1996—1997年称：印度洋上的濒海国家和岛国的安全和稳定对印度来说至关重要。印度的海上安全依赖于在该地区

---

① Iskander Rehman, India's Aspirational Naval Doctrine, p. 78. http://www.academia.edu/Indias_ Aspirational_ Naval_ Doctrine.

② 马军：《印度增添国产新型战舰打造“蓝水”海军》，《解放军报》，2014年9月20日。

③ 腾渊：《海洋·航母·强国梦——印度发展海军之路》，《国防科技工业》，2009年第3期，第64页。

进行有效巡逻、监控和反击国家或次国家主体实施非法行动的能力。[①] 近年来，印度海军加强了远距离攻击敌方港口，以及进行封锁、反潜、布雷、扫雷和两栖作战能力建设。印度海军认为，根据印度的海洋战略任务，海军需要建立“一个可以对付在孟加拉湾和阿拉伯海出现的威胁的两栖作战步兵旅，以及一支可在海上对付恐怖主义和担负两栖登陆突击任务的海军陆战特种部队”。[②] 2007 年，印度从美国采购“奥斯汀”级两栖运输舰“特伦顿”号（Trenton），更名为“加拉什瓦”（Jalashwa）号，后又陆续服役“沙杜”号（Shardul）、“克萨里”号（Kesari）和“艾拉瓦特”号等登陆舰。此后，印度宣布采购更多的两栖登陆舰，进一步增强在濒海地区的作战打击能力。

① 转引自 David Scott, “India's ‘Grand Strategy’ for the Indian Ocean: Mahanian Visions,” Asia - Pacific Review, 28 Nov 2006, p. 107.

② 阮光峰等：《印度海上力量——挺进大洋》，北京：海洋出版社，1999 年版，第 156 页。

参考文献

安应民：《南海安全战略与强化海洋行政管理》，中国经济出版社，2012 年版。

白海军：《海洋霸权：美国的全球海洋战略》，江苏人民出版社，2014 年版。

白虹：《第二次世界大战战史》，北京联合出版公司，2015 年版。

曹永胜等：《南亚大象：印度军事战略发展与现状》，解放军出版社，2001 年版。

查攸吟：《日俄战争：开战背景及海战始末》，武汉大学出版社，2012 年版。

陈明义：《海洋战略研究》，海洋出版社，2014 年版。

成汉平：《越南海洋战略研究》，时事出版社，2016 年版。

丁炜：《世界著名海战系列：偷袭珍珠港》，新世纪出版社，2000 年版。

丁一平、李洛荣：《世界海军史》，海潮出版社，2000 年版。

董志正等：《日俄战争始末》，东北财经大学出版社，2005 年版。

杜小军：《幕末日本海军史》，中国文史出版社，2015 年版。

范虎巍、李进编译：《美国海军作战构想》，航空工业出版社，2012 年版。

冯梁：《亚太主要国家海洋安全战略研究》，世界知识出版社，2012 年版。

干焱平：《海战风云》，中国海洋大学出版社，2011 年版。

郭松岩：《现代海战》，国防大学出版社，2016年版。

国家海洋局海洋发展战略研究所：《联合国海洋法公约》，海洋出版社，2014年版。

何国治：《南太平洋海战记——美日圣克鲁斯群岛航母对决》，武汉大学出版社，2013年版。

何永胜：《日本海军陆战队》，华文出版社，2016年版。

侯鲁梁：《大西洋战场空海战》，外文出版社，2015年版。

胡杰：《海洋战略与不列颠帝国的兴衰》，社会科学文献出版社，2012年版。

嘉虎：《海战之最》，海洋出版社，1987年版。

蒋树声：《海域安全与海洋经济研究报告》，群言出版社，2008年版。

李斌：《经典海战武器装备》，中国经济出版社，2015年版。

李景光、阎季惠：《主要国家和地区海洋战略与政策》，海洋出版社，2015年版。

李景光、张士洋、阎季惠：《世界主要国家和地区海洋战略与政策选编》，海洋出版社，2016年版。

李双建、于保华：《美国海洋战略研究》，时事出版社，2016年版。

李双建：《主要沿海国家的海洋战略研究》，海洋出版社，2014年版。

李雪威：《韩国海洋战略研究》，时事出版社，2016年版。

廉德瑰、金永明：《日本海洋战略研究》，时事出版社，2016年版。

廖兴谬、杨耀源：《大国海权兴衰启示录》，人民出版社，2014年版。

林国基、王恒：《海权、革命与现代的诞生》，上海人民出版社，2012年版。

凌翔、杨尧鑫：《21世纪海战》，未来出版社，1999年版。

刘洪滨、刘振、孙丽：《韩国海洋发展战略及对我国的启示》，海洋出版社，2013 年版。

刘娟：《美国海权战略的演进》，社会科学文献出版社，2014 年版。

刘致：《世界鱼雷艇战史》，山东画报出版社，2014 年版。

倪乐雄：《周边国家海权战略态势研究》，上海交通大学出版社，2015 年版。

潘石：《战舰：世界王牌战舰暨海战实录》，哈尔滨出版社，2013 年版。

潘蔚娟主编：《2013 年世界重要安全文件汇编》，时事出版社，2014 年版。

阮光峰等：《印度海上力量——挺进大洋》，海洋出版社，1999 年版。

施鹤群：《改变历史的战争故事：二战海战》，上海科学技术文献出版社，2015 年版。

施建宇：《亚太地区战略形势与和谐海洋建设》，世界知识出版社，2012 年版。

石家铸：《海权与中国》，上海三联书店，2008 年版。

石磊：《航母决斗——中途岛海战》，武汉大学出版社，2014 年版。

石炜：《海权文明揭秘》，新华出版社，2012 年版。

宋德星：《印度海洋战略研究》，时事出版社，2016 年版。

苏联国防部军事历史研究所编，苏联武装力量翻译组译：《苏联武装力量（建设史）》，战士出版社，1981 年版。

孙志国：《海权、竞争产权与屯海策》，社会科学文献出版社，2011 年版。

唐彦生：《世界海战》，蓝天出版社，2010 年版。

王宏亮：《击沉超级航母—21 世纪海战场上的航母生存危机》，机械工业出版社，2015 年版。

王连元：《美国海军争霸史》，甘肃文化出版社，1996 年版。

王生荣：《海权对大国兴衰的历史影响》，海潮出版社，2009 年版。

王曙光：《海洋开发战略研究》，海洋出版社，2004 年版。

王永生：《中途岛大海战》，石油工业出版社，2014 年版。

吴纯光：《世纪海战》，辽宁人民出版社，2014 年版。

吴荣华：《二战苏联海军史》，人民日报出版社，2014 年版。

夏一东：《世界战史札记》，国防大学出版社，2011 年版。

肖辉忠、韩冬涛：《俄罗斯海洋战略研究》，时事出版社，2016 年版。

熊显华：《海权简史：海权与大国兴衰》，台海出版社，2017 年版。

修斌：《日本海洋战略研究》，中国社会科学出版社，2016 年版。

徐舸、严建平、王家金：《濒海总动员：21 世纪的海军战略》，江苏人民出版社，2000 年版。

薛桂芳：《澳大利亚海洋战略研究》，时事出版社，2016 年版。

叶向东：《现代海洋战略规划与实践》，电子工业出版社，2013 年版。

于祖范、毕振刚：《世界海战奇观》，军事科学出版社，1998 年版。

俞天任：《浩瀚大洋是赌场：细说日本海军史》，东方出版社，2014 年版。

俞学标：《海权——利益与威胁的双刃剑》，海潮出版社，2008 年版。

元佑：《北海狂涛：日德兰海战》，军事科学出版社，2001 年版。

张斌：《航空母舰：世界王牌航空母舰暨海战实录》，哈尔滨出版社，2013 年版。

张卉妍：《第一次世界大战战史》，北京联合出版公司，2015年版。

张培忠：《海权战略》，生活、读书、新知三联书店，2013年版。

张宇翔：《巨人的对决：日德兰海战中的主力舰》，吉林文史出版社，2016年版。

张玉坤、左立平：《戍海固防——海上安全环境与海洋权益维护》，海潮出版社，2013年版。

张越：《莱特湾大海战》，外文出版社，2010年版。

章骞：《不列颠太阳下的美国海权之路》，上海交通大学出版社，2016年版。

赵青海：《可持续海洋安全：问题与应对》，世界知识出版社，2014年版。

赵振愚：《中外海战大全》，海潮出版社，1995年版。

周世锋、秦诗立：《海洋开发战略研究》，浙江大学出版社，2009年版。

朱贵生、王振德、张椿年：《第二次世界大战史》，人民出版社，2008年版。

朱新山：《菲律宾海洋战略研究》，时事出版社，2016年版。

左立平、王校轩：《世界海军百年风云》，国防大学出版社，2000年版。

（德）克劳塞维茨著，孙志新译：《战争论》，北京联合出版公司，2014年版。

（德）乔尔根·舒尔茨等著，鞠海龙等译：《亚洲海洋战略》，人民出版社，2014年版。

（俄）波罗维金著，常拉堂等译：《海上战争：大国海军使用观点的历史演变》，解放军出版社，2006年版。

（俄）库罗帕特金著，林赛译：《俄国军队与对日战争》，商务印书馆，1980年版。

（俄）伊·马·卡皮塔涅茨著，李太生、王传福译：《第六代战争中的海军》，东方出版社，2012 年版。

（美）B. L. 克拉姆利著，钱娱、石健译：《由海制陆：美国海军陆战队作战全史》，海洋出版社，2016 年版。

（美）C. W. 尼米兹著，赵振愚等译：《大海战：第二次世界大战海战史》，海洋出版社，1987 年版。

（美）F. C. 范·奥斯滕著，钱苏安译：《爪哇海战》，海洋出版社，1986 年版。

（美）S. F. 比米斯著，叶笃义译：《美国外交史（第二分册）》，商务出版社，1987 年版。

（美）阿尔弗雷德·塞耶·马汉著，一兵译：《海权论》，北京日报出版社，2012 年版。

（美）阿伦·米利特等著，张淑静等译：《美国军事史（1607—2012）》，解放军出版社，2014 年版。

（美）埃里克森等主编：徐胜等译，《中国、美国与 21 世纪海权》，海洋出版社，2014 年版。

（美）爱尔兰著，甘咏译：《莱特湾 1944——史上规模最大的海战》，海洋出版社，2015 年版。

（美）布莱恩·吉米德、唐·耶格著，李鹏飞译：《托马斯·杰斐逊与海盗：美国海权的崛起》，北京联合出版公司，2016 年版。

（美）戴维·贾布隆斯基著，韩子满等译：《陆战、海战和空战》，军事科学出版社，2014 年版。

（美）弗里德曼著，肖丁、彭英武、毛翔译：《海军火力：巨舰大炮时代的舰炮和技术》，航空工业出版社，2013 年版。

（美）惠普尔著，秦祖祥、李安林译：《英法海战》，海洋出版社，1986 年版。

（美）卡斯滕著，王培译：《海军贵族——安纳波利斯的黄金时期及现代美国海军至上主义的出现》，海潮出版社，2011 年版。

（美）拉塞尔·F·韦格利著，彭光谦、张孝林、赵汉生译：

《美国军事战略与政策史》，解放军出版社，1984 年版。

（美）罗杰 · W. 巴尼特著，吴东风等译：《海军的战略和文化：海军所想所为为什么不一样》，中国市场出版社，2009 年版。

（美）马汉著，安常容等译：《海权对历史的影响（1660—1783）》，中国人民解放军出版社，2006 年版。

（美）马汉著，蔡鸿幹、田常吉译：《海军战略》，商务印书馆，2003 年版。

（美）马汉著，李少彦等译：《海权与 1812 年战争的关系》，海洋出版社，2013 年版。

（美）马克 · 斯蒂尔著，姚丽瑞译：《太平洋大海战中的日本海军》，中国市场出版社，2016 年版。

（美）马克斯 · 布特著，石祥译：《战争改变历史：1500 以来的军事技术、战争与历史进程》，上海科学技术文献出版社，2006 年版。

（美）米兰著，邢焕革、黎放、张立译：《海军战役理论与实践》，电子工业出版社，2011 年版。

（美）莫里斯著，勒绮雯译：《美国海军史》，湖南人民出版社，2010 年版。

（美）内森 · 米勒著，卢如春译：《美国海军史》，海洋出版社，1985 年版。

（美）诺曼 · 波尔马著，汪肇译：《美国潜艇史》，海洋出版社，1988 年版。

（美）诺曼 · 弗里德曼等著，肖丁等译：《海军火力：巨舰大炮时代的舰炮和战术》，航空工业出版社，2013 年版。

（美）乔纳森 · 帕歇尔、安东尼 · 塔利著，蒋民、于丰祥译：《断剑：中途岛海战尚不为人知的真相》，学林出版社，2013 年版。

（美）乔治 · 贝尔著，吴征宇译：《美国海权百年：1890—1990 年的美国海军》，人民出版社，2014 年版。

（美）切斯特 · G · 赫恩著，李进、易亮译：《美军战史 · 海军陆战队》，中国市场出版社，2011 年版。

（美）斯蒂芬·豪沃思著，王启明译：《驶向阳光灿烂的大海：美国海军史（1775—1991）》，世界知识出版社，1997 年版。

（美）唐纳德·W·米切尔著，朱协译：《俄国与苏联海上力量史》，商务印书馆，1983 年版。

（美）威廉森·莫里等著，时殷弘等译：《缔造战略：统治者、国家与战争》，世界知识出版社，2004 年版。

（美）韦恩·休斯著，易亮译：《舰队战术与近岸战斗》，海洋出版社，2016 年版。

（美）詹姆斯·R. 福尔摩斯等著，鞠海龙译：《印度二十一世纪海军战略》，人民出版社，2016 年版。

（日）坂本金美著，龚建国等译：《日本潜艇史》，海潮出版社，1987 年版。

（日）外山三郎著，龚建国译：《日本海军史》，解放军出版社，1988 年版。

（日）伊藤正德著，刘宏多译：《联合舰队的覆灭》，海洋出版社，1991 年版。

（日）枙林秀、一木壮太郎著，贾璞、李楠译：《美日航母太平洋海战》，西安地图出版社，2015 年版。

（苏）H·A·科罗特科夫著，李大军、毛雨译：《苏联军事思想史》，解放军出版社，1980 年版。

（苏）M. M. 基里杨等著，中国人民解放军军事科学院外国军事研究部译：《军事技术进步与苏联武装力量》，中国对外翻译出版公司，1984 年版。

（苏）谢·格·戈尔什科夫著，房方译，《国家海上威力》，海洋出版社，1985 年版。

（印）雷嘉·莫汉著，朱宪超、张玉梅译：《中印海洋大战略》，中国民主法制出版社，2014 年版。

（英）安德鲁·圣乔治著，涂晓芳、郑海滨译：《皇家海军领导力》，电子工业出版社，2015 年版。

（英）彼得·哈特著，何卫宇译：《世界大战 1914—1918：一战中的关键战役和重要战场》，新华出版社，2014 年版。

（英）布莱恩·莱弗里著，李志涛译：《海上力量——海上帝国海军如何“锻造”现代世界》，海洋出版社，2017 年版。

（英）戴维·雷格著，张国良译：《太平洋大海战》，中国市场出版社，2014 年版。

（英）基斯·杰弗里著，徐添译：《1916：全球史》，海南出版社，2017 年版。

（英）杰弗里·蒂尔著，师小芹译：《21 世纪海权指南》，上海人民出版社，2013 年版。

（英）康拉德·沃特斯著，郑臻益译：《全球海军和舰队》，中国市场出版社，2015 年版。

（英）杰弗里·雷根著，陈海宏等译：《人类海战史上的重大失误》，山东画报出版社，2007 年版。

（英）李德·哈特著，钮先钟译：《第二次世界大战战史》，上海人民出版社，2009 年版。

（英）罗伯特·杰克逊著，于仓和译：《第二次世界大战时期的德国海军发展史》，中国市场出版社，2014 年版。

（英）汤森·沃特福德著，贾华林等译：《二战颠峰战役之经典大海战》，京华出版社，2009 年版。

（英）伊恩·韦斯特威尔、唐纳德·萨默维尔著，姚好、蔡新苗译：《一战战史二战战史大全集》，中国华侨出版社，2012 年版。

（英）朱利安·S. 科贝特著，仇昊译：《海上战略的若干原则》，上海人民出版社，2012 年版。

（英）朱利安·S. 科贝特著，陈骆译：《特拉法尔加战役》，社会科学文献出版社，2016 年版。